KB033249

종교
없는 삶

LIVING THE SECULAR LIFE:
New Answers to Old Questions
by Phil Zuckerman

Copyright © Phil Zuckerman 2014

All rights reserved including the right of reproduction
in whole or in part in any form.

Korean Translation Copyright © Minumin 2018

Korean translation edition is published by arrangement with
Penguin Press, an imprint of Penguin Publishing Group,
a division of Penguin Random House LLC, through Eric Yang Agency

이 책의 한국어 판 저작권은 에릭양 에이전시를 통해
Penguin Press와 독점 계약한 ㈜민음인에 있습니다.
저작권법에 의해 한국 내에서 보호를 받는 저작물이므로 무단 전재와 무단 복제를 금합니다.

종교 없는 삶

불안으로부터
나는 자유로워졌다

필 주커먼

박윤정 옮김

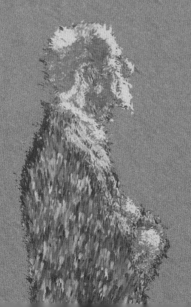

판미동

스테이시와 루비, 플로라, 어거스트에게

차례

무종교는 어떻게
오늘날 가장 활발한 종교 활동이 되었나?

오강남 캐나다 리자이나 대학교 종교학 명예교수, 지식협동조합 '경계너머 아하!' 이사장

한국 독자들에게 꼭 필요한 책이 나왔다. 전통 종교의 가르침이 현대 정신과 상충한다는 기본적 인식뿐 아니라 작금 우리나라 종교계에서 일어나는 여러 가지 불미스러운 문제들을 접하면서 종교 자체에 환멸을 느끼고 종교를 떠나는 사람들이 많다. 이런 구체적인 이유가 아니더라도 이런저런 이유로 종교와 상관하지 않고 사는 사람들도 많다. 이런 사람들에게 이 책은 가히 필독서라고 해도 과언이 아니다. 이 책은 이런 탈종교 현상을 분석하고 종교 없이 사는 삶이 가져다줄 수 있는 긍정적인 면을 훌륭하게 부각하고 있기 때문이다.

사실 사람들이 종교를 버리는 것은 한국만의 문제가 아니다. 이 시대의 가장 중요한 특징 중 하나가 바로 탈종교화다. 이른바 산업화된 사회에서는 전체적으로 전통 종교와 상관없이 사는 무종교인들의 숫자가 급증한다. 말하자면 무종교가 현재 가장 급성장하는 종교 현상인 것이다. 종교 인구가 미미한 유럽의 경우는 말할 것도 없고, 미국의 경우도 지난 25년간 종교가 없다고 하는 사람들의 수가 200% 증가했다고 한다. 어느 연구 결과에 의하면, 미국 청소년들이 고등학교를 졸업하면 절대다수가 교회를 떠나고, 그중에서 다시 돌아오는 경우는 거의 없다는 것이다. 이런 탈종교화 현상을 두고 성공회 주교 존 셸비 스퐁(John Shelby Spong) 신부는 미국에서 제일 큰 동창회는 '교회 졸업 동창회(church alumni association)'라는 재치 있는 말까지 할 정도다.

한국도 예외는 아니다. 2015년 통계에 의하면 한국에서 종교가 없다고 하는 사람들이 전체 인구의 56.1%라고 한다. 종교 인구는 10년 만에 무려 9%인 300만 명 정도가 감소했다. 이제 무종교 인구가 종교 인구보다 많아졌다는 뜻이다. 특히 주목할 만한 현상은 '종교 없음'이라고 답한 무종교 층이 연령별로 보아 10대에서 40대의 젊은 층, 그리고 교육을 많이 받은 사람들에게서 더욱 두드러진다는 사실이다.

왜 이런 탈종교화 현상이 생기는 것일까? 이 책의 저자는 크게 다섯 가지 구체적인 이유를 상세하게 설명하고 있지만, 우리 나름대로 꼽을 수 있는 주된 이유는 현대인들이 기복이나 상벌을 기본 전제로 하는 종교에 더 이상 매료되지 못하기 때문이 아닌가 생각해 볼 수 있다.

달라이 라마가 최근에 낸 『종교를 넘어서』라는 책에서도 극락이나 천국, 지옥으로 사람들을 회유하거나 협박하는 종교는 이제 그 설득력을 잃었다고 주장한다. 그는 이제 종교와 상관없이 인간의 내면에서 우러나오는 '무종교적 윤리(secular ethics)'가 인간 사회를 움직이는 힘이 되어야 한다고 강조했다. 달라이 라마만이 아니다. 중국 당나라에서 화엄종과 선종의 조사로서 한국 조계종의 창시자 지눌(知訥) 사상에 크게 영향을 준 승려 종밀(宗密, 780-841)도 그의 저술 『원인론(原人論)』에서 불교의 가르침을 다섯 가지로 분류하고, '인천교'(人天教)를 제일 하급으로 취급했다. 인천교란 죽어서 사람으로 태어나느냐 천상에 태어나느냐를 궁극 관심으로 삼는 태도를 말한다. 이런 인과응보적 태도는 '내 속에 불성이 있다.'는 것을 깨달으라는 가르침과 너무 먼 신앙이라는 것이다.

이를 그리스도교적 용어로 고치면, 죽어서 천당 가느냐 지옥에 떨어지느냐 하는 문제가 신앙생활을 하는 데 가장 중요한 관심사가 되어 있다면 그런 신앙은 '질이 낮은 신앙'이라는 뜻이다. 미국에서 영향력이 큰 신학자 마커스 보그(Marcus Borg)는 이런 신앙 형태의 그리스도교를 인간의 인지가 발달하기 전의 패러다임에 입각한 '인습적 그리스도교(conventional Christianity)' 혹은 '천당/지옥 그리스도교(heaven/hell Christianity)'라고 하고 이제 이런 식의 그리스도교는 더 이상 받들기 힘들다고 했다. 이래저래 신자들은 줄어들 수밖에 없는 셈이다.

종교가 완전히 무용지물인가? 종교사회학자 뒤르켐(Durkheim)의 영향을 받은 캐나다 브리티시컬럼비아 대학교 사회심리학자 아라 노렌자얀(Ara Norenzayan)은 그의 책 『거대한 신들(Big Gods)』에서 종교를 필요로 하는 시대, 종교를 필요로 하는 사람들이 있었다고 주장한다. 수렵시대 이후 인지가 발달되면서 사회관계를 넓혀 가고 유지하기 위해서는 하늘에서 인간들의 행동거지를 감시하는 거대한 감시자(Watcher)가 필요하다는 것을 알게 되었다는 것이다. 물론 오늘도 이런 신을 필요로 하는 사회나 사람들이 있다. 그는 또한 인간 사회가 오늘의 수준에 올라오기까지 일종의 사다리 역할을 했지만, 이제 상당수 앞서 가는 나라에서는 그 사다리를 걷어차게 되었다고 한다. 여러 가지 사회 제도나 기구가 그 역할을 대신하고 있기 때문이라는 것이다.

이렇게 종교 없는 사회가 되면 어떤 일이 벌어지는가? 미국의 기독교 설교자들에 의하면 종교 없는 사회, 신을 믿지 않는 사회는 어쩔 수 없이 혼돈과 무질서, 범죄가 창궐하는 흑암의 사회가 된다고 한다. 그런데 이 책의 저자가 안식년을 맞아 덴마크에 가서 1년여를 지나면서 관찰한 바에 의하면, 덴마크, 스웨덴 등 스칸디나비아 국가들은 실질적으로 신이 없는 사회인데도 불구하고 범죄율이나 부패지수가 세계에서 가장 낮은 나라, 나아가 세계에서 가장 잘 사는 나라들임을 발견하게 되었다는 것이다. 그가 전에 쓴 『신 없는 사회』라는 책은 이런 사실을 전해 주고 있다.

이제 이 책 『종교 없는 삶』에서는 이를 더욱 구체적으로 지적한다. 세계를 둘러보면 "신을 믿는 비율이 가장 낮은 나라들이 번영과 평등, 자유, 민주주의, 여권, 인권, 교육 정도, 범죄율, 기대수명 면에서 가장 '건강'하다."는 것이다. 세계적으로도 그럴 뿐 아니라, 미국 내에서도 신을 가장 많이 믿는 이른바 '바이블 벨트'에 위치한 중남부 주들이 교육 수준이나 범죄율 등 여러 면에서 신을 가장 덜 믿는 서부와 동북부 주들보다 훨씬 낙후되어 있다고 한다. 저명한 종교학자 카렌 암스트롱(Karen Armstrong)이 그의 책 『신의 역사』 마지막 부분에서 전체적으로 미국이 도덕적으로 낙후한 것은 신을 믿는 사람들이 많기 때문이라고 지적한 것도 이 책의 요지를 뒷받침하고 있는 셈이다.

저자는 신을 믿고 종교적으로 살 때의 부작용을 구체적으로, 그리고 상세하게 열거하고 있다. 여기서 되풀이할 필요는 없지만, 저자의 이런 주장은 한국 사회를 보면 더욱 설득력 있어 보인다는 점을 지적하고 싶다. 자칭 열렬하다는 근본주의 신자들의 경우 대부분 한번 받은 고정관념에서 벗어날 줄 모르고 자연히 보수화된다. 정치적으로나 사회적으로 닫힌 마음의 소유자들이 되어 흑백·선악 등 모든 것을 이분법적으로 보고 자기와 다른 생각을 가진 사람들을 용납하지 못한다. 민주적이고 다원주의적인 현 사회에서 자기만 옳다고 고집하는 이런 배타주의적 정신으로는 다른 이들과 어울릴 수가 없다.

　종교 없이 산다고 허무하게 살아야 하는가? 저자는 절대 그렇지 않다고 한다. 오히려 더욱 풍요로운 삶을 살 확률이 높아진다는 것을 실증적 자료를 통해 명확히 하고 있다. 단도직입적으로 말하면, 종교가 없어도, 신이 없어도, 잘 사는 것이 아니라 '종교가 없어야, 신이 없어야' 잘 산다는 것이다. 숨 막힐 정도인 종교의 도그마에서 벗어나면 삶과 세계를 보는 눈이 달라진다. 지금껏 당연히 여기던 것을 새롭게 보게 된다. 밤하늘의 무수한 별을 보고, 봄에 솟아나는 들풀 한 포기, 바람에 나부끼는 잎새 하나를 보고도 경이로움과 놀람을 느끼게 된다. 이처럼 사소한 일상의 일에서부터 광대한 우주의 '경이로운 신비(awesome mysteries)'를 하나하나 발견하며 경외감과 환희와 황홀함을 체험할 수 있게 된다. 그야말로 '아하!(aha!)'의 연속이다. 이렇게 종교를 넘어서 모든 것을 신기한 눈으로 보며 사는 삶의 태도를 저자는 '경외주의(aweism)'라고, 그리고 이런 태도로 사는 사람을 '경외주의자(aweist)'라 부른다. 이것이 오늘날 절실한 '종교 아닌 종교'인 셈이다. 아인슈타인이 가지고 있던 기본 태도도 바로 이런 것이었다.

본 추천자는 평소 종교를 표층종교와 심층종교로 분류하고 있다. 모든 종교에는 기복중심적이고 자기중심적인 표층이 있고, 만물과 내가 하나요, 만물이 서로 의존하고 연관되어 있다는 사실을 깨닫는 것을 주목적으로 하는 심층이 공존하고 있다는 것이다. 물론 바람직한 종교적 발달은 표층에서 심층으로 심화되는 것이다. 이런 심화 과정에서 계속 '아하!(aha!)'를 외치게 된다고 본다. 그리고 이 책의 저자 주커먼의 주장은 본 추천자가 말하는 표층종교의 단계를 벗어나 '아하!'를 경험하라는 말과 대략 일치한다고 본다. 심층종교의 내용면에서는 우리가 약간 다를 수 있지만 그가 말하는 '경외주의'도 일종의 심층의 일부라 볼 수도 있을 것 같다. 그런 의미에서 이 책은 본 추천자에게 아주 의미 있는 책이라 할 수 있다. 본 추천자가 이 책이 한국어로 번역되도록 추천한 이유도 바로 여기에 있다.

이 책이 한국에서 본래부터 종교와 관계없이 살아오던 사람들,

종교에 몸담고 있다가 종교와 무관하게 살아가는 사람들, 종교가 가져다주는 부작용을 알지 못하여 본의 아니게 맹신자나 광신자가 되어 있는 사람들에게 깊이 생각할 기회를 주고, 이를 통해 더욱 풍요롭고 경외감으로 충만한 삶을 살게 되는 계기가 마련될 수 있으리라 믿는다.

들어가며

아무것도 아닌 '하찮은 존재(nothing)'. 다시 이 개념이 등장했다. 한 주일에 서로 다른 사람들에게서 두 번이나 들었는데 첫 번째는 질이었다. 그녀와 나의 아이들이 첼로 수업을 받는 동안 우리는 스튜디오 밖 모퉁이에 서서 대화를 나눴다. 질은 샌프란시스코가 고향인 40대 초반의 여성인데, 아이들과 집에서 보내는 시간을 늘리기 위해 운영하던 가구점을 최근에 팔았다. 첼로 수업이 끝난 후 아이들이 근처 숲 속에서 정신없이 노는 사이에도 우리는 종종 잡담을 나누곤 했다.

요전 날에는 대화 중에 종교 문제가 튀어나왔다. 질이 내가 전에도 여러 번 들었던 마음을 표현한 것은 바로 이때였다. "내 아이들이 '하찮은 존재'가 되는 건 바라지 않아."

질은 종교가 없는 수천만 미국인들 가운데 한 명이다. 그녀의 어머니는 불교 신자이고 아버지는 가톨릭 신자였다. 덕분에 두 종교의 전통을 많이 흡수하며 자랐다. 그러다 대학에 들어갈 무렵 자신이 신을 믿지 않음을 깨달았다. 그게 다였다. 중요한 무언가가 더 있을 수 있었다. 누가 알겠는가? 그러나 종교는 확실히 그녀의 것이 아니었다. 그녀의 남편도 똑같이 느꼈다.

몇 년 동안 아무런 문제도 없었는데, 최근 들어 아이들이 각각 3살과 6살이 되면서 상황이 다르게 느껴지기 시작했다. 질은 살짝 걱정이 됐다. 그녀는 아이들을 동네 가톨릭 성당 같은 곳에 보낼까 생각 중이라고 했다. 그녀가 갈등하고 있는 게 보였다. 전적으로 마음이 내키는 것도 아니면서 아이들을 성당에 보낼 생각을 하는 이유가 뭐냐고 묻자 그녀는 이렇게 대답했다. "아이들이 도덕을 배웠으면 해서요. 도덕은 중요하니까요."

"하지만 종교가 없어도 도덕을 건강하고 굳건하게 키울 수 있잖아요." 나의 대답에 그녀가 말했다.

"그렇죠. 당신 말이 맞을 거예요. 그래도……."

나도 종교가 없는 부모이고, 무종교적 문화의 명암을 꽤 오랫동안 연구해 왔기 때문에 질이 괴로워하는 이유를 알 수 있었다. 아이를 종교 없이 키우는 것은 실수일지도 모른다는 느낌. 종교 없이 미국에서 살아가는 많은 사람들이 경험하는 그런 불안을 나는 아주 잘 알고 있었다.

　질은 종교적 믿음이나 속해 있는 종교가 없지만, 그럼에도 충분히 의미 있고 사려 깊으며 윤리적인 삶을 살고 있었다. 그런데도 아이들에게 모종의 종교적 정체성을 부여해 주지 않으면, 다시 말해 아이들을 종교적으로 어딘가에 참여시키지 않으면 하찮은 사람이 되어 버릴지도 모른다고 느끼고 있었다. 심지어 비도덕적이기까지 한 사람이.

　며칠 후 나는 '아무것도 아닌 하찮은 사람'이 될지도 모른다는 불안의 문제와 다시 맞닥뜨렸다. 이번에는 종교가 있는 여성과 나눈 이야기 때문이었다. 60대 후반의 비벌리라는 여성은 자신이 '단순한 기독교인'이라고 했다. 그녀를 만난 건 친구의 주선으로 패서디나 근처의 공원으로 함께 소풍을 갔을 때였다. 그녀가 직업을 물어서 나는 작은 단과대학에서 학생을 가르치고 있다고 했다. 그러자 그녀는 커다란 대학의 종교 센터에서 프로그램 편성하는 일을 하고 있다고 했다. 이 센터에서는 다양한 종교의 학생들이 모여서 공동체를 찾고 예배에 참석하고 성직자를 만나는 등의 활동을 했다.

　비벌리는 그녀의 일을 사랑했다. 종교 행사들을 주선하고 토론 참석자들을 조직해서 토론회를 개최하고, 무엇보다도 자발적인 자선의 기회를 만들기도 했다. 나의 연구 주제를 물어서 '종교가 없는 사람들'이라고 대답하자 그녀가 잠시 침묵을 지켰다.

"그러니까 종교를 안 갖고 살아가는 사람들이죠."

그 말을 듣고 그녀는 차분히 대답했다.

"음, 종교가 없으면 아무것도 얻지 못해요."

그녀의 대답 속에는 뭐랄까, 비난이나 경멸의 기미는 하나도 없었다. 삶의 경험과 내적인 믿음, 개인적인 성향에서 비롯된 친절하고 허심탄회하며 진심 어린 표현이었다. 종교적 믿음과 참여가 없는 삶을 그녀는 공허하고 탈선적인 것으로 여기는 듯했다.

무종교를 하찮음과 연결 짓는 이런 태도가 우리 문화에도 깊이 스며 있다. 많은 이들이 종교가 없는 삶은 약간 공허할 뿐만 아니라 본질적으로 문제가 있으리라고 짐작하는 것이다. 요컨대 종교가 없다면 죽음의 문제는 어떻게 다룬단 말인가? 삶의 문제들과 어떻게 싸운단 말인가? 도덕과 윤리는 또 어떻게 키워 나가나? 공동체는 어떻게 찾을 것이며, 초월감은 어떻게 경험한단 말인가? 이런 대단히 타당한 의문들이 일어난다.

그래도 이런 문제들을 다루는 최선의 혹은 유일한 선택이 종교라는 생각에는 간단히 동의하기 어렵다. 수백만의 사람들이 종교 없이 살아가면서도 아주 잘 해내고 있기 때문이다. 이것은 분명한 진실이다. 종교가 없다고 해서 이들이 목적 없이 살아가지는 않으며, 진공관 같은 허무주의적 공허 속에서 부유하지도 않는다.

질은 이것을 모르거나, 분명하게 표현할 만큼은 이해하지 못하고 있었다. 그러나 사실 그녀의 무종교적인 생활방식은 대단히 도덕적이고, 윤리적인 토대에 깊이 뿌리를 두고 있었다. 매일 주변 사람들과 영향을 주고받는 방식을 비롯해 그녀가 어머니와 아내, 이웃, 일하는 여성, 시민으로서 하는 선택, 자신을 둘러싼 세상을 이해하고 반응하는 태도 등은 모두 공감할 줄 아는 영혼을 키우고 표현하는 것, 타인들과 더욱 넓은 세계에 관심을 기울이는 것, 책임감 있고 강직한 사람이 되는 것과 연결되어 있었다. 또 무종교적 감수성과도 상당히 연관되어 있었다.

이 책에 소개되어 있는 이야기들이 입증해 주듯, 실제로 종교 없이 살아가는 사람들의 삶에는 구체적이고 핵심적인 미덕들이 있다. 또 그들의 문화에도 도덕적인 강직함을 향상시키고 인간의 위엄을 증진시키는 중요한 지주들이 있다.

나는 소풍을 간 자리에서 이런 이야기를 하고 싶지는 않았다. 하지만 종교가 선하고 의미 있으며 고무적인 삶을 살 수 있는 유일한 길은 분명히 아니라는 점을 비벌리에게 알려 주고 싶었다. 종교와는 무관한, 다른 길들도 있다고 말이다.

종교가 없는 삶은 '아무것도 아니거나 무언가 결여된 삶'이 아니다. 종교가 없는 사람들과 무종교적인 문화 속에도 삶의 문제들을 이겨 내는 능력을 향상시키고, 성취와 실존적 경외의 순간들을 경험하게 해 주고, 사회적 안녕까지 증진시켜 주는 공통의 속성과 특징, 특색, 가치들이 있다.

실제로 무종교적인 태도를 구성하는 기본적인 요소들은 아주 풍부하고 칭찬할 만하다. 이들은 문제를 실용적이고 합리적인 태도로 해결하고, 집단적인 사고나 군중심리에 맞서 자기를 강화할 줄 알며, 현세의 일들과 사람들에게 애착감을 갖고, 자연의 장엄함을 영적으로 음미한다. 또 과학적인 탐구를 장려하고, 인간적 공감을 드러내며, 성숙한 도덕성을 키우고 삶의 유한성을 고요히 받아들이는 태도와도 관련이 깊다. 이런 무종교성은 지혜와 경이의 풍요롭고 자랑스러운 원천이 된다. 또 뒤에서 만날 많은 이들이 증명해 주듯, 종교 없이 살아간다는 것은 분명한 세계관과 긍정적이고 목적 있는 삶의 자세를 지닌다는 의미이기도 하다.

이처럼 종교 없이 살아간다는 것의 의미와 무종교적 삶의 주요한 미덕들은 아주 중요하게 인식하고 이해해야 할 문제들이다. 종교가 없는 사람들의 수가 가파르게 치솟고 있는 상황을 감안할 때 이 문제들은 지금 특히 더 중요하다. 실제로 최근 미국에서 나타나고 있는 무종교인들의 급속한 증가는 전례를 찾아보기 힘든, 정말로 주목할 만한 현상이다.

1950년대 미국인들 가운데 종교가 없는 사람은 채 5%도 되지 않았다. 그러나 1990년대 들어 이 수치는 8%로 치솟았다. 그 후 2001년에는 14%로, 2010년에는 16%로, 2013년에는 19%로 급등했으며, 국가적 차원의 최신 조사에 의하면 오늘날에는 30%까지 증가했다. 이것은 지난 25년 동안 종교가 없는 미국인들의 숫자가 200% 넘게 증가했으며, 종교 없음이 미국에서 가장 빠르게 성장하는 '종교적' 태도가 되었음을 의미한다.

현재 18세에서 29세 사이의 미국인 가운데 1/3이 종교를 갖지 않겠다고 주장하고 있다. 1970년대 초에는 종교 예배에 결코 참석하지 않겠다고 말하는 미국인이 9%에 불과했다. 그런데 오늘날에는 거의 25%에 달하는 미국인들이 그렇게 이야기하고 있다. 또 현재 미국에는 어떤 종교도 믿지 않는 무종교 가정에서 성장한 사람들이 아프리카계 미국인들보다 더 많다. 종교를 멀리하는 사람들의 이런 급증은 정말로 주목할 만한 일이다. 이런 현상은 《타임》지가 미국 사회에서 가장 중요한 10가지 변화의 하나로 '무종교를 주장하는 사람들의 급증'을 꼽은 이유를 설명해 준다.

나는 이런 변화에 마음이 사로잡혔다. 그래서 무종교를 연구하는 교수 겸 사회학자로서 종교가 없는 사람들이 삶에 접근하는 태도를 철저하게 탐구하고, 그들의 세계관과 시각이 낳은 부차적 결과들을 살피고, 그들의 경험과 기쁨, 도전들을 조명해 보고자 했다. 또 연구 과정에서 미국은 물론이고 전 세계의 더욱 넓은 사회 현장에 이 정보들을 결부시켜 보려 했다.

나의 주된 탐구 방법은 미국 내 다양한 인종과 민족 집단, 연령, 직업, 성적 취향, 출신 계층을 대변할 수 있는 각계각층의 무종교인들을 심층적으로 인터뷰하는 것이었다. 그리고 신념이 확고한 사람에서부터 살짝 모호한 사람, 확실한 무신론자에서부터 그냥 조용하고 무관심한 사람에 이르기까지 무종교적 태도를 지닌 사람들을 폭넓게 찾아다녔다. 나와 대화를 나누기 전까지는 세속주의(secularism, 세속주의는 교회나 교권에 의한 지배와 통치의 거부에 바탕을 두고 있다. 세속주의자들은 신의 은총이 없어도 인간의 노력으로 충분히 잘 살아갈 수 있다고 주장한다. 이 책에서는 '세속적secular'을 모두 '무종교적'으로 옮겼다. '세속적'이라는 말이 흔히 '속물적'이라는 부정적 의미로도 통용되고 있기 때문이다. ―옮긴이)에 대해 전혀 생각해 보지 않은 사람은 물론이고, 무종교에 삶을 바친 이들, 그리고 두 극단의 사이에 있는 사람들까지 많은 이들을 인터뷰했다.

인터뷰 대상자들을 모집할 때는 상상할 수 있는 모든 통로를 활용했다. 잠재적 정보원을 찾기 위해 무종교인들의 웹사이트를 뒤지기도 하고, 다양한 형태와 규모의 인문주의자 모임에 가서 참가자들을 만나기도 하고, 이런저런 회의에서 접촉한 사람들을 조사하기도 하고, 신문에서 읽은 이야기들의 주인공을 찾아내기도 하는 등, 일 때문에 만나거나 개인적인 네트워크를 통해 알게 된 인물들을 전부 추적해 보았다.

특히 이런 질적 연구는 적절한 통계 수치와 양적 자료들이 뒷받침될 때 사람들의 삶과 세계관을 들여다보는 최고의 문을 제공해 주고, 그들의 굴곡진 이야기와 개인적인 사색들을 이끌어 낸다. 개개인의 고유한 것이지만 동시에 다른 무수한 사람들에게도 적용되는 그런 이야기와 생각들 말이다.

이런 연구를 통해 나는 종교 없는 사람들이 종교와 아무 상관이 없을지는 몰라도 절망에 젖어 있거나 불운한 망각 속에서 허우적대고 있지는 않다는 점을 깨달았다. 이들은 오히려 건강한 윤리적 토대 위에서 예의바르고 합리적이며 이성적이고 놀랄 만큼 의미 있는 삶을 살아가고 있었다.

무종교적 미국인들은 확실히 놀라우리만치 색다른 집단이며, 정체성과 믿음, 성향, 기질 면에서 폭넓은 스펙트럼을 보여 주었다. 그러나 연구를 통해 확인한 바에 따르면, 대부분이 몇 가지 핵심적 특질과 가치들을 공유하고 있었다. 자기신뢰와 생각의 자유, 지적인 탐구, 아이들의 자율성 함양, 진리 추구, 황금률 속에 깊이 새겨져 있는 공감적 호혜를 도덕성의 바탕으로 삼기, 죽음의 불가피성 받아들이기, 내세가 아닌 지금의 세상을 기초로 하는 온건한 실용주의로 삶을 항해하기, 그러면서 설명할 수도 헤아릴 수도 없이 심오한 존재의 한가운데서 때때로 깊은 초월감을 만끽하기 등이 바로 그것이다.

남녀 불문하고 종교가 없는 거의 모든 사람들에게 무종교인이 된다는 것은 궁극적으로 활력과 의욕, 열정, 끈기를 갖고 지금 여기의 삶을 살아간다는 것을 의미한다. 지금 여기의 삶이야말로 우리가 누릴 수 있는 유일한 삶이기 때문이다. 또 이 세상이 우리가 가진 전부이므로 세상을 더욱 나은 곳으로 만드는 일에 헌신한다는 의미이기도 하다. 신이나 구원자보다 가족과 친구들을 더 사랑하고 선을 행하며 타인들을 올바르게 대하는 것과도 연관되어 있다. 이런 행위가 세상을 모두에게 더 나은 곳으로 만들어 주기 때문이다. 또 갓난아기나 폭풍우, 배, 눈물, 조화와 내적인 것들, 대수학, 용서, 오징어, 아이러니 같은 삶의 설명할 수 없는 경이들에 어떤 초자연적이거나 신적인 보호테이프를 붙이지 않고, 이것들 속에서 기쁨과 충족감을 발견하는 것과도 관련이 있다.

미국의 무종교적 인문주의를 주도하는 인물 가운데 한 명인 폴 커츠(Paul Kurtz)가 그의 많은 책과 에세이, 연설 등에서 강조했듯, 대부분의 무종교인들은 교육과 과학의 발전에 삶을 향상시킬 잠재력이 있다고 믿는다. 또 민주주의와 인권 존중이 좋은 사회의 필수 요건이고 정의와 공정이 법제화할 만큼 이상적인 가치이며, 지구를 소중하게 보호하고 개개인이 정직과, 품위, 참을성, 성실함, 사랑, 이타주의, 자기책임 같은 자질들을 함양해야 한다고 믿는다. 더불어 창조적이고 예술적인 표현이 인간 경험에 중요하고, 때때로 공포와 절망에 포위돼도 삶은 본질적으로 아름답고 경이로우며 숭고한 것이라고 깊이 믿고 있다.

분명히 대부분의 종교인들도 위와 같은 생각들에는 진심으로 동의할 것이다. 그러나 비벌리의 말에서 알 수 있듯, 종교가 없는 사람들도 이런 원칙과 신념을 적극적으로 옹호하고 구현하며 산다는 것을 모르는 사람도 많다. 한편 질처럼 종교 없음의 어떤 점이 이런 원칙과 신념에 힘과 용기를 북돋아 주는지 이해하지 못하고 있는 이들도 많다.

무신론의 철학적 엄격함을 극찬하거나, 종교적 삶의 이런저런 면을 격렬하게 비판하거나 조롱하고 무시하는 책들은 수없이 많다. 그러나 내가 여기서 제시하려는 것은 전혀 다른 것, 즉 평범한 사람들이 평범한 삶 속에서, 말하자면 '현장에서' 발달시켜 가고 있는 진정한 세속주의가 지닌 긍정적인 시각과 고무적인 비전이다. 이를 위해 나는 미국의 무종교인들이 어떻게 지내고 어떻게 생계를 유지하는지, 영원한 삶에 대한 희망도 없이 어떻게 죽음과 대면하는지, 위안을 주는 종교적 믿음도 없이 어떻게 삶의 비극적인 면을 직면하고 고난들을 마주하는지, 교회·회당·절·사원의 벽 너머에서 어떻게 공동체를 찾는지, 아이들은 어떻게 키우는지, 요컨대 종교 없는 사람들은 어떻게 삶을 헤쳐 나가는지 탐구할 것이다.

　물론 미국에서 종교 없이 살아가는 사람들 중에는 아주 구체적이고 확고한 이유들 때문에 종교를 거부한 사람도 많다. 그들은 이데올로기와 철학 혹은 정치적인 의도로 종교 없는 삶을 받아들였으며, 무종교적인 삶의 가치와 희망을 잘 알고 있다. 그러나 분명한 의도나 자기반성적인 인식이 부족한 상태에서 다소 소극적으로 무종교적인 삶을 살아가는 이들도 많다. 질 같은 사람들이 그 예다.

　그러므로 나는 덜 자각적이거나 새로 무종교인이 된 사람들, 마지못해 종교 없이 살아가게 된 사람들 모두에게 신이나 신도회가 없어도 삶을 잘 헤쳐 나가도록 완벽하게 도와주는 안내서나 로드맵 같은 것을 제공해 주고 싶다. 종교 없는 삶을 살아가면서도 무종교인의 삶이 무엇을 의미하고 궁극적으로 어떤 결과를 불러올지 확신하지 못하고 있는 이들에게 이 책의 내용이 실존적인 면에서는 물론이고 실제적으로도 도움이 되었으면 좋겠다.

한편 비벌리처럼 행복하게 종교 생활을 하는 사람들에게도 이 책이 빛을 비춰 주기를 바란다. 이 책에 소개된 사람들의 이야기와 경험, 이에 대한 분석은 무슨 이유에서건 종교적 믿음과 참여를 공유하지 못하거나 안 하는 이웃과 동료, 친지들을 이해하고 납득하는 방식에 긍정적인 영향을 미칠 것이다. 이런 맥락에서 이 책의 정보와 자료, 논의들이 무종교인에 대한 몇몇 부정적인 고정관념을 제거하고, 무신론자와 불가지론자, 인문주의자, 회의주의자나 다른 자유사상가들에 대한 많은 오해들을 풀어 주었으면 좋겠다.

실제로, 종교를 가지고 있는 많은 미국인들은 신을 믿지 않는 사람들을 좋아하거나 신뢰하지 않는다. 무신론자들을 도덕이 없는 사람처럼 생각하기 때문이다. 이런 생각은 광범위하게 퍼져 있다. 미국인들에게 인종과 민족, 종교 집단에 따라 아이들의 잠재적 배우자감으로 선호하는 순위를 매겨 보라고 하자 대부분의 조사에서 무신론자를 맨 마지막으로 꼽았다. 또 최근의 여론조사 결과, 미국인들의 43%가 무신론자를 대통령으로 뽑지 않겠다고 답했다. 이슬람교도(40%)나 동성애자(30%), 모르몬교도(18%), 라틴계 남자(7%), 유대인(6%), 가톨릭교도(5%), 여성(5%), 아프리카계 미국인(4%)보다도 낮은 최악의 마지막 자리에 무신론자를 놓은 것이다.

최근에 실시된 다른 연구들에서도 사람들이 무종교인을 아주 싫어하는 것으로 나타났다. 한 예로, 심리학 교수인 아드리안 퍼넘(Adrian Furnham)은 사람들에게 신장이식 대기자들의 순위를 매겨 달라고 했다. 그러자 사람들은 무신론이나 불가지론적 견해를 지닌 환자들을 기독교 신자인 환자들보다 더욱 뒤에 위치시켰다. 또 법학자인 유진 볼록(Eugene Volok)은 무신론자 부모들이 이혼으로 양육권을 박탈당하는 정도를 상세히 조사했고, 심리학자 마르셀 하퍼(Marcel Harper)는 많은 미국인들이 무종교인들을 이기적이고 비도덕적인 사람으로 여긴다는 점을 발견했다. 또 심리학 교수 윌 제르베(Will Gervais)는 많은 미국인들이 무신론자들을 믿을 수 없는 사람으로 여긴다는 점을 확인했다. 마지막으로 사회학자 페니 에겔(Penny Edgell)은 미국인들의 거의 반이 자녀가 무신론자와 결혼하는 것을 못마땅하게 여기며, 아프리카계 미국인이나 모르몬교도, 이슬람교도, 라틴계 같은 소수 집단이나 다른 종교인들과 비교해서도 미국인들이 가장 문제로 여기는 사람들이 '무신론자'라는 점을 발견했다.

위와 같은 생각들은 모두 싸워 없애야 할 것들이다. 그러므로 이 책의 첫째 목적은 사람들이 무종교인들에 대한 혐오와 불신에서 깨어나게 돕는 것이다. 내가 무종교인이어서 그런 것만은 아니다. 종교 없는 사람들에 대한 혐오와 불신이 얼마나 비뚤어진 것인지를 무종교인들의 실제 삶과 가치가 보여 주기 때문이다.

신을 믿지 않는다고 비도덕적인 것은 아니다. 신을 믿지 않는 사람들도 거의 모두가 아주 건강한 윤리적 태도와 도덕 원칙을 갖고 있다. 사실 어떤 기준에서는 종교 없는 이들이 종교가 있는 이들보다 참을성이 더욱 많고 법도 잘 지키며 편견과 복수심도 적고 덜 폭력적인 것 같다.

이 중요한 경기장에 발을 들여놓고, 실제로 종교 없는 사람들이 그들의 도덕률을 어떻게 구축하고 경험하는지, 종교 없는 삶을 떠받쳐 주는 주요한 윤리들을 어떻게 구성하는지 살펴보면 비로소 현대의 무종교적인 삶과 문화 속으로 들어가게 될 것이다.

1장

신을
믿지 않으면
 도덕적인 사람이
될 수 없는 걸까?

최근에 아버지가 치아 관리를 받으러 치과에 갔을 때, 상냥한 치과조무사 브리트니가 날씨며 그녀의 남자친구가 새로 구입한 페인트볼 총, 카다시안네 식구들 소식 등을 떠들어 댔다. 그러다 어쩐 일인지 종교 이야기까지 꺼냈다. 그녀는 아버지에게 어느 교회에 다니느냐고 물었다. 아버지가 교회에 다니지 않는다고 하자 그녀는 왜 안 다니느냐고 물었다. 아버지가 유대인이라서 그렇다고 하자 그녀는 그럼 회당에는 나가느냐고 물었다. 아버지가 안 나간다고 하자 그녀는 또 왜 안 가느냐고 캐물었다. 아버지는 무신론자라서 그렇다고 대답했다. 그러자 그녀의 눈 속에서 반짝이던 빛이 순식간에 꺼져 버렸다. 그녀는 풀이 푹 죽어 버렸다.

"하지만 신을 안 믿으면 어떻게 좋은 사람이 될 수 있어요?"

그녀가 생각에 잠겨 치과 기구들을 공중에 든 채로 물었다.

"글쎄. 지미니 크리켓(Jiminy Cricket, 만화영화 「피노키오」에서 요정의 명령에 따라 피노키오의 양심 역할을 하는 캐릭터 ─ 옮긴이) 기억해요? 내 양심이 인도하는 대로 따라요."

아버지는 이렇게 대답했다. 브리트니는 지미니 크리켓이 누구인지 잘 몰랐지만 아버지에게 양심이 있다는 점은 정말로 마음에 들었다. 그래도 아버지가 종교도 없이 좋은 사람이 될 수 있다는 것은 이해할 수 없었다. 신에 대한 변치 않는 믿음이 있어야만 도덕적인 사람이 되고 양심도 가질 수 있다고 생각했기 때문이다.

도덕성이 종교적인 믿음과 참여에서 생겨난다는 생각은 오늘날 많은 미국인들 사이에 널리 퍼져 있다. 이들에게는 너무도 상식적이고 당연한 '진리'인 것이다. 그러나 이런 믿음의 필연적인 결과로 종교가 없으면 도덕적인 사람이 될 수 없다는 억측이 생겨났다. 무종교인이나 무신론자는 비도덕적인 사람이 틀림없을 것이라고 생각하게 된 것이다.

이런 생각을 브리트니 같은 사람만 갖고 있는 게 아니다. 인디애나 주 테일러 대학교의 제임스 스피겔(James Spiegel) 교수도 그의 저서 『무신론자 만들기(The Making of an Atheist)』에서 무신론은 본질적으로 비도덕성에 기초한다고 주장했다. 또 대법관 안토닌 스칼리아(Antonin Scalia)는 최근에 "무신론자는 악마의 소망을 더 지지

한다."는 견해를 밝혔다. 뿐만 아니라 '들어가며'에서 소개한 것처럼, 다양한 전국적 조사에서도 대다수의 미국인들이 신에 대한 믿음의 부족을 개인적인 도덕률의 결여와 연결 짓는 것으로 나타났다.

그러나 여러분도 이미 알고 있으리라 생각하는데, 사실은 전혀 그렇지 않다. 본인에게 종교가 없거나, 종교가 없는 친구나 친지들을 둔 사람들 중에서 종교가 없는 사람들이 본질적으로 혹은 필연적으로 비도덕적이라는 생각을 집요하게 고수하는 사람은 없다.

종교가 사라진 자리에
남은 도덕성

종교가 없는 사람은 비도덕적일 것이라는 편견이 없어도 자연히 다음과 같은 의문이 들 수 있다. 본질적으로 무종교적 도덕성의 바탕을 이루는 것은 무엇일까? 종교적인 나침반도 없이 어떻게 개개인이 도덕적인 삶의 방향을 찾아나갈 수 있을까? 브리트니의 놀람이 말해 주듯 신이나 신의 심판, 천국이나 지옥을 믿지 않는다면, 무종교인들은 어떻게 윤리적 행위와 품위, 선량함을 구축할 수 있을까?

이 의문들에 대한 답변은 조지 제이콥 홀리요크(George Jacob Holy-oake)의 말로 시작할 수 있다. 1851년에 '세속주의(secularism)'라는 말을 처음으로 만들어 낸 사람이 바로 홀리요크다. 그는 잉글랜드 버밍햄 출신으로 사립학교 교사에 강연자, 작가, 잡지 편집인으로 일했다. 또 무신론자이기도 했는데 기독교에 적대적인 것처럼 들리는 연설로 6개월간이나 옥살이를 했다.

홀리요크의 주장에 따르면, 세속주의는 종교에 반대하는 것과는 상관이 없다. 그것보다는 현세 중심적 에토스에 바탕을 둔 개인적이고 긍정적인 성향 같은 것이다. 다시 말해, '인간과 자연, 삶과 실존, 지금 여기'에 관심을 기울이도록 삶을 이끌어 주는 믿음과 원칙에 입각한 이상이 바로 세속주의다. 1896년에 출간된 저서에서 그는 이렇게 설명했다. "세속주의는 현세와 관련된 의무 규범으로서 순전히 인간적인 고려 사항들에 기초하고 있다. 그리고 주로 신학이 모호하거나 불충분하며 신뢰할 수 없거나 믿음이 안 간다고 생각하는 사람들을 위한 것이다. 세속주의의 근본 원칙은 세 가지다. (1)물질적인 수단들로 현세의 삶을 향상시킨다. (2)과학은 인간이 이용할 수 있는 섭리(providence)다. (3)선을 행하는 것은 좋은 일이다. 다음 생에 보답이 주어지든 안 주어지든, 현세의 선은 좋은 것이며 이 선을 추구하는 것은 바람직한 일이다."

'선을 행하는 것은 좋은 일'이라는 말은 더없이 멋지다. 그런데 무엇이 '선'일까? 종교가 없는 현대인들에게 이 답은 아주 간단하다. 선은 바로 황금률이다. 선한 존재가 된다는 것은 자신이 대접받고 싶은 대로 타인들을 대한다는 의미다. 이것이 세속주의적 도덕의 기반이다. 타인들에게 해를 입히지 않는 것, 타인들을 돕거나 지원해 주면 자신도 그런 지원이나 도움을 얻을 것이라는 점이 큰 부분을 차지한다.

종교 없는 사람들에게 도덕성은 섹스를 자제하거나, 알코올을 피하거나, 권위적인 인물이 시키는 대로 하거나, 내세의 결과가 두려워서 무언가를 하지 않는 것과 관련된 문제가 아니다. 그보다는 타인들에게 해를 입히지 않고 어려움에 처한 사람을 돕는 것에 더 가깝다. 무종교적 도덕성은 모두 공감에 의한 호혜라는 황금률의 기본적이고도 간단한 논리에서 직접적으로 자연스럽게 비롯된다.

본질적으로 사리에 맞고 실천하기 쉽다는 면을 생각할 때, 황금률이 전 세계적으로 널리 퍼져 있다는 점은 놀랍지 않다. 게다가 황금률은 아주 오래된 것으로서 기독교의 유명한 도덕적 가르침들보다도 먼저 생겨났다. 말로 표현된 것은 분명히 더 오래 전이겠지만, 황금률을 글로 가장 먼저 남긴 것은 고대 이집트인들이었다. 기원전 600년까지 거슬러 올라가는 파피루스에는 다음과 같은 문구가 적혀 있었다. "다른 사람에게 당하고 싶지 않은 일을 다른 사람에게 행하지 말라."

또 고대 중국에서도 공자(기원전 551 - 479년)의 가르침 가운데 황금률이 있었다. 공자는 『논어』에서 이렇게 가르쳤다. "네가 바라지 않는 것은 남에게 하지 말라." "친구에게 요구할 것이 있으면, 먼저 친구를 대할 때 그 요구를 적용해 보라." 또 고대 그리스에서는 탈레스(Thales, 기원전 624 - 546년경)가 이렇게 말했다. "타인들에게서 발견한 허물을 스스로 행하지 않을 때 가장 착하고 바르게 살 수 있다." 이소크라테스(Isocrates, 기원전 436 - 338년)는 "화를 돋우는 타인들의 행위로 고통받아도 타인들에게 그런 일을 행하지 말라."고 했다. 기원전 1세기에 살았던 고대 이스라엘의 랍비 힐렐(Hillel)은 "그대가 싫어하는 일을 이웃에게 행하지 말라."고 가르쳤다. 이 모든 구절들은 복음서에서 볼 수 있는 예수의 가르침들보다도 먼저 나왔다. 복음서에 나와 있는 예수의 가르침들은 다음과 같다. "무엇이든지 사람들이 너희에게 해 주기를 바라는 대로 너희도 그들에게 그렇게 해 주라."(마태복음 7:12), "사람들이 너희에게 해 주기를 바라는 대로 너희도 그들에게 그와 같이 해 주라."(누가복음 6:31)

불교에서부터 이슬람교, 자이나교, 바하이교에 이르기까지 세계의 모든 종교에서 황금률의 다른 표현들을 찾아볼 수 있다. 그러나 황금률을 종교적으로 표현한 가르침들 가운데 어느 것도 신을 필요로 하지 않는다. 필요한 것은 인간의 기본적이고도 근본적인 공감 능력뿐이다.

그렇다면 인간의 기본적이고 근본적인 공감 능력은 어떻게 발달시킬 수 있을까? 그저 공감할 줄 아는 사람들 사이에 섞여서 살아가면 된다. 영국의 위대한 철학자 존 스튜어트 밀(John Stuart Mill)은 지혜롭고도 재치 있게 말했다. "직접적인 도덕적 가르침도 큰 도움이 되지만 간접적인 가르침이 훨씬 더 좋다." 다시 말해, 설교나 강의, 잠잘 때 들려주는 이야기 등은 확실히 타인들을 배려하도록 가르쳐 준다. 하지만 정말로 효과가 있는 것은 실제적인 삶의 경험이다. '간접적'이지만 이것이 도덕성을 훨씬 효과적으로 키워 준다. 사람들은 주변 사람들을 관찰하고 경험하면서 공감 능력을 배우고 이해하고 발달시킨다. 물론 도덕성을 설교하고 가르치는 것도 좋은 방법이지만, 일상의 상호작용에서 배우는 것은 비교할 수 없을 만큼 강력하다.

사려 깊고 공정하며 공감할 줄 아는 사람들과 함께 자란 아이는 역시 사려 깊고 공정하며 공감할 줄 아는 사람으로 성장한다. 또 안정적이고 안전하며 힘을 북돋아 주는 환경에서 성장한 아이들은 일반적으로 타인들을 친절하고 섬세하며 인간적으로 대하는 능력이 발달한다.

어떤 철학적 증거나 이론적인 주장도, 논리적인 금언이나 성서의 이야기도, 신학적인 믿음도 필요하지 않다. 『신이 필요 없는 윤리학(Ethics Without God)』의 저자인 카이 닐센(Kai Nielsen)은 이렇게 말했다. "우리를 도덕적인 존재로 만들어 주는 것은 우리가 물려받은 이론적 믿음체계라기보다 (…) 어린 시절의 양육 방식이다. 훌륭한 도덕적 역할모델을 가질 정도로 운이 좋았다면, 다시 말해 친절하고 지혜롭고 이해심이 있는 부모를 만나 기본적 욕구들을 안정적으로 충족시킬 수 있는 안전한 조건에서 성장했다면, 도덕적으로 바람직한 특성들을 갖게 될 가능성이 많다."

많은 무종교인들에게 '왜 도덕적이어야 하는가?' '신에 대한 믿음 없이 어떻게 도덕적인 사람이 될 수 있는가?' 같은 질문들은 거의 무의미하다. 이런 질문들 속에는 특정한 이론이나 논리적 증거, 이데올로기, 믿음, 신성한 존재에 대한 믿음 등을 기초로 순전히 인지적이고 지적인 방식에 따라 도덕적인 사람이 되기를 '선택한다'는 생각이 내포되어 있기 때문이다. 그러나 종교 없이 살아가는 대부분의 사람들에게 도덕성은 경험적이고 본능적이며 자동적인 것에 훨씬 가깝다. 또 그들의 성장 방식과 자라면서 보아 온 것들, 이런저런 사상이나 이론, 믿음, 금언, 교리가 아니라 사회화의 과정을 통해 무의식적으로 흡수한 것들과 더 연관되어 있다.

많은 무종교인들과 도덕성에 대해 대화를 나누면서 그들의 도덕성이 어디서 생겨나고 어떻게 작용하는지를 구체적으로 물어보았다. 그 대답들 속에서 나는 여러 가지 흥미로운 철학적 견해와 일화들을 들었다. 또 개인적인 견해들도 많이 접하고 이런저런 책이나 영화들도 열정적으로 추천 받았다.

특별히 두드러졌던 두 가지 사례를 자세히 소개하려고 한다. 하나는 펜실베이니아 주 출신의 밀턴 뉴콤비라는 남자의 대답이고, 다른 하나는 매사추세츠 주에서 온 소냐 와이스라는 여성의 이야기였다. 이들이 무종교적 도덕성 대한 생각을 표현하는 방식이 내게 특히 매력적이었다.

"어쩌면 이건 '도덕을 아웃소싱하는 문제'로 볼 수도 있다." 이런 표현을 쓴 사람은 46살의 밀턴이었다. 무종교적 도덕성에 대한 밀턴의 생각은 이랬다. 도덕성의 기초를 신에 대한 믿음에 두는 사람이나 도덕성이 신에게서 비롯된다고 생각하는 사람은 '도덕을 아웃소싱'하는 죄를 저지를 수 있다는 것이다. 밀턴 같은 무종교인의 생각에 따르면, 도덕성은 본질적으로 상황에 대한 사색과 평가, 대안들에 대한 이해, 일어날 수 있는 결과에 대한 수용을 토대로 한 결정과 선택 그리고 자신의 양심에 따라 삶의 복잡한 문제들을 헤쳐 나가는 것과 관련된 문제다. 옳고 그름, 공정과 부정, 연민과 잔인성에 대해 항상 내면의 도덕적 나침반이 전하는 소리를 듣고 지키며, 타인들과의 관계 속에서 이 소리에 따라 행동하는 것이 도덕성인 것이다.

그러나 신을 도덕성의 원천으로 삼으면, 내면의 도덕적 나침반을 참조할 필요가 없어진다. 그냥 신이 방향을 알려 주리라고 기대하게 되기 때문이다. 그런데 신이 도덕적인 사람이 되는 길로 인도해 주리라고 기대하는 것은 기본적으로 도덕적인 숙고라는 힘든 일의 책임을 회피하는 것이나 마찬가지다. 자신보다 높은 권위자에게 고분고분 따르는 것, 자신이 아닌 외부의 다른 곳에서 도덕적인 인도를 구하는 것일 뿐이기 때문이다.

많은 무종교인들의 생각에 따르면, 이것은 중대한 포기다. 윤리적인 의무를 심각하게 외면하는 것이자 도덕적인 결정을 철저히 미루는 태도인 것이다. 요컨대 이것은 책임 회피와 다르지 않다. 무종교인의 도덕성은 이런 책임 회피를 용납하지 않는다. 신을 믿지 않는다는 것은 자신의 양심에 따라 살아가고, 타인을 대하는 방법과 관련해서 누구도 아닌 본인 스스로가 결단해야 한다는 의미다. 이것이야말로 많은 무종교인들이 주장하는 진정한 도덕성이다. 철학자이자 인문주의자인 스티븐 로(Stephen Law)는 말했다. "외부의 어떤 권위자에게 책임을 떠넘기려 하지 않고 스스로 도덕적 판단을 내리는 것은 우리의 개인적인 책임이다."

밀턴은 하느님이나 목사 혹은 오래된 문헌의 가르침에 의지해서 인도를 구하는 대신 도덕성의 바탕을 자신의 양심에 두었다. 덕분에 그는 아주 잘, 혹은 적어도 우리 대부분의 사람들만큼 살아가고 있다. 또한 더욱 큰 차원에서 보면, 밀턴 같은 사람들이 받아들인 무종교적 도덕성에는 한 가지 분명한 이점이 있다. 권위적인 위치에 있는 사람에게 맹목적으로 복종하여 무조건적으로 추종하거나 군중심리에 빠질 가능성이 적다는 것이다.

역사가 되풀이해서 보여 주듯, 한 사회의 많은 구성원들이 자신의 외부에서 도덕적 가르침을 구하는 경우가 있다. 이런 사람들은 자신의 양심을 무시하고 바깥에서 도덕적 인도를 구한다. 이런 경우 유혈이 낭자하는 파국적 사태까지는 아니더라도 좋지 못한 결과가 발생하곤 한다. 이를 막기 위해 자신의 도덕성을 외부에 맡기는 대신 본인의 양심에 의지하는 밀턴 같은 사람의 태도가 필요하다. 독립적인 사고와 개인적인 책임, 주도권을 쥐려는 과장된 정치적 선전에 대한 회의, 바르게 행동해야 하는 이유에 대한 온건한 자기인식을 촉진시킬 가능성이 더 크기 때문이다. 그리고 이 모든 것들은 건강한 민주주의와 잘 양립하며 실제로 꼭 필요한 것이기도 하다.

"무종교적인 도덕성 이론은 내가 '천장의 눈'이라고 부르는 것으로도 설명할 수 있어요." 이 말은 62살인 소냐의 이야기에서 가져온 것이다. 인터뷰 중에 소냐는 신에 기초한 도덕성보다 무종교적인 도덕성이 우월하다고 생각되는 이유를 설명하기 위해서 가상의 상황을 제시했다.

그 시나리오는 다음과 같다. 방이 하나 있고, 방 중앙의 작은 테이블 위에 아름답고 멋지고 난해한 예술 작품이 한 점 놓여 있다. 다채로운 색깔의 온갖 손잡이와 황금빛 지렛대, 반짝이는 크리스털, 은빛의 공, 귀여운 종, 스파이크가 박힌 바퀴, 붉은 바큇살, 부서지기 쉬운 나뭇가지, 거미집처럼 얽힌 철사 등이 상상 속에서나 나올 것 같은 사이키델릭한 형태로 배열되어 있어서 정말로 화려해 보인다. 그런데 이 작품은 손상되기 쉬운 데다 유일한 것이기도 하다. 이 작품을 만든 작가는 이미 고인이 되었다.

자, 이제 두 명의 9살짜리 아이들을 방으로 들여보낸다. 첫 번째 아이에게는 이렇게 말해 준다. "방으로 들어가서 이 놀라운 예술 작품을 구경해. 방 안에서 혼자 작품을 독점할 수 있는 시간은 10분이야. 방에는 너 말고 아무도 없을 거야. 하지만 예술 작품을 건드리면 안 돼. 아주 섬세하고 부서지기도 쉬운 데다 유일하게 존재하는 작품이거든. 손을 대면 사고로 부서지거나 얼룩이 묻을 수도 있어. 작품이 달라질 수도 있지. 작품이 복구 불가능하게 손상돼서 다른 아이들은 본래의 작품을 못 보게 될 수도 있어. 물론 네가 작품에 손을 대서 작품이 사고로 망가져도, 우린 널 벌하지는 않겠지만 굉장히 슬플 거야. 그래서 네가 작품을 건드리지 않기를 진심으로 바라." 아이는 안으로 들어가 작품을 만지지는 않고 감상만 하다 나왔다. 기특했다.

이제 두 번째 아이 차례다. 이 아이에게는 아주 다른 이야기를 해 주었다. "방으로 들어가서 이 놀라운 예술 작품을 구경해. 방 안에서 혼자 작품을 독점할 수 있는 시간은 10분이야. 방에는 너 말고 아무도 없을 거야. 하지만 예술 작품을 건드리면 안 돼. 아주 섬세하고 부서지기도 쉬운 데다 유일하게 존재하는 작품이거든.

또한 천장에 작은 구멍이 있어서, 이 구멍으로 교장 선생님이 널 살펴볼 거야. 그의 눈이 내내 널 지켜볼 거야. 만약에 네가 작품에 손을 대면, 그도 이걸 보고 단단히 화가 날 거야. 그래서 네가 방에서 나오면 엄벌을 내릴 거야. 하지만 네가 작품을 건드리지 않으면, 그도 이것을 보고 아주 기뻐할 거야. 그리고 방에서 나오면 네게 멋진 상을 줄 거야." 이 아이도 방으로 들어가 작품을 만지지는 않고 감상만 하다 나왔다. 역시 기특했다.

소냐를 포함해 많은 무종교인들에게 첫 번째 시나리오는 무종교적 도덕성이 무엇인지를 말해 준다. 아이가 작품을 만지지 않기로 선택한 이유는 그 위험성과 잠재적인 결과, 앞에 놓여 있는 예술 작품의 가치를 이해하고 있었기 때문이다. 벌에 대한 두려움이나 상에 대한 희망, 혹은 천장에서 그녀를 지켜보고 있는 눈을 의식해서 올바른 일을 하기로 선택한 것은 아니라는 말이다.

반면에 두 번째 아이는 종교적 도덕성을 상징적으로 보여 준다. 즉 그가 작품에 손을 대지 않기로 선택한 주된 이유는 천장에서 지켜보는 눈을 의식하고 벌이 아닌 상을 받고 싶었기 때문이다. 그런데 소냐의 주장에 따르면 이런 태도는 도덕성과는 상관이 없다. 그저 순종적이거나 두려움에 차 있거나 신중하거나 탐욕적인 것에 불과하다.

소냐가 제시한 가상의 시나리오에서 두 아이 모두 확실히 올바르게 행동했다. 그러나 저변의 동기는 확연히 달랐다. 도덕적으로 모호하거나 위태로운 상황에 처했을 때 하느님의 눈이 우리를 지켜보고 있다는 생각이나 벌은 피하고 개인적인 상은 받고 싶은 마음에 어떤 선택을 한다면, 그건 진정으로 도덕적인 태도라고 할 수 없다고 소냐는 주장했다. 나도 소냐의 주장에 동의한다.

벌이나 상을 주기 위해 기다리고 있는 우주적인 눈을 타산적으로 의식하기보다, 지금 우리에게 중요한 것이 무엇이며 얻을 것과 잃을 것은 무엇인지, 해를 입거나 도움을 받을 사람은 누구인지에 대한 이해를 바탕으로 자신의 의지에 따라 선택을 내린다면 이것이야말로 진실로 도덕적인 태도라고 할 수 있다.

소냐의 시나리오에서 오로지 천장의 눈 때문에 도덕적으로 행동한 아이는 밀턴이 말한 도덕적 아웃소싱을 한 것이다. 자신의 양심에 의지한 것이 아니라는 말이다. 그는 스스로 결정을 내리고 실수를 하더라도 다시 훌륭한 선택을 해 나가는 과정에서 자라난 자신만의 도덕의식에 의지하지 않았다. 그보다는 그 눈 때문에 자신의 행위를 조정했을 뿐이다. 만약에 어느 시점에서 아이가 그 눈의 존재를 의심하기 시작한다면 어떤 일이 벌어질까? 글쎄, 우리는 적극적으로 못된 짓을 저지르거나 올바른 일은 하지 못하는 비도덕적인 개인과 꼼짝 없이 맞닥뜨리게 될지도 모른다. 그러나 종교 없이 자라난 아이는 감히 그런 위기를 무릅쓰지 않는다. 도덕성의 기초를 애초부터 모든 것을 지켜보는 눈에 두지 않았기 때문이다.

도덕성에 대한 이런 무종교적 태도는 현실에서 구체적인 이득을 가져다준다. 존재 여부도 확신할 수 없는 신을 두려워하거나 거기에 의존하지 않고, 자신의 행위가 불러올 파장과 타인들에게 끼칠 해악, 개인적인 즐거움에 대한 이해와 평가를 바탕으로 결정하기 때문이다. 그러면 도덕적인 태도가 훨씬 단단해져서 어떤 맹신도 하지 않게 된다. 뿐만 아니라 합리적으로 결정을 내리고 자기성찰을 회피하지 않으며, 가장 중요한 지점인 공감할 줄 아는 기질을 키우는 데도 도움이 된다.

미국 사회의
무종교적 도덕성

사고 실험에 의존하지 않아도, 무종교적 도덕성이 가지는 현실적인 이점들을 확인할 수 있다. 남녀 불문하고 무종교인들이 생명을 깊이 존중하며, 고통받는 이들에게 공감하고 공정한 결과를 갈망하며, 불의와 잔인함을 증오하는 윤리적 태도와 이상을 간직하고 있음을 분명하게 보여 주는 최근의 연구 결과들도 많다.

예를 들어 인종차별주의를 한번 살펴보자. 듀크 대학교의 데보라 홀(Deborah Hall) 교수는 동료들과 획기적인 논문을 발표했다. 이 논문은 55건의 다양한 연구들을 주의 깊게 분석해서 종교와 무종교, 인종차별주의 간의 관계를 밝혀냈다. 이 인상적인 메타–분석에서 그들은 종교적으로 강경한 미국인들의 인종차별주의적 성향이 가장 강한 반면, 온건하게 종교적인 미국인들은 인종차별주의적 성향이 덜하다는 아주 흥미로운 점을 발견했다. 한편 모든 집단들 가운데서 인종차별주의적 성향이 가장 적은 집단은 무종교적 미국인들, 특히 불가지론적 태도를 지지하는 사람들이었다.

또 심리학자 랄프 우드(Ralph Wood)와 피터 힐(Peter Hill), 버나드 스필카(Bernard Spilka)가 수십 년간의 연구를 기초로 평가하고 주목한 것처럼 '대범하게 일반화하자면, 종교적인 성향이 강할수록 편견도 더욱 강한' 것으로 나타났다. 종교가 없는 백인들이 종교적인 백인보다 시민평등권운동을 지지하는 경향이 강하고, 종교가 없는 백인 남아프리카공화국인들이 종교가 있는 백인 남아프리카공화국인들보다 인종차별정책에 반대하는 경향이 더욱 큰 이유도 아마 여기에 있을 것이다.

그러면 고문에 대해서는 어떻게 느꼈을까? 911 사태 이후에 조지 W. 부시 대통령은 테러 행위에 혐의가 있는 죄수들의 고문을 허용하기 시작했다. 정부가 고문을 용인하고 합법화시켜 버린 이 결정은 엄청난 논란에 휩싸였다. 이와 관련해 2009년에 실시한 전국 설문조사 결과를 보면, 가장 강경하게 종교적인 미국인들이 정부의 고문 허용을 가장 크게 지지하는 것으로 나타났다. 반면에 무종교적 성향이 아주 강한 사람들은 정부의 고문 허용을 가장 많이 반대했다. 사형제도 찬반에서도 똑같은 결과가 나타났다. 종교적인 사람일수록 사형을 강하게 지지하고 용서보다는 복수를 좋아하는 경향이 있었다. 반면에 무종교적인 성향이 강한 사람은 사형에 가장 강력하게 반대하고 한층 자비로운 태도를 보여 주었다.

이처럼 종교가 없는 사람들은 종교적인 사람들에 비해서 인종차별주의자가 되거나 복수를 할 가능성이 대체로 덜하다. 뿐만 아니라 강경한 국수주의자가 될 가능성도 적다. 또 군국주의에 대한 태도만 따로 살펴보면, 종교적인 사람일수록 이라크나 베트남 같은 다른 나라들을 공격하고 침략하는 행위에 더 찬성하는 반면, 무종교적인 성향이 강한 사람들은 이런 군사적인 공격을 전혀 지지하지 않았다.

종교가 없는 사람들은 또 종교적인 사람들에 비해 어떤 입장에든 더 관대하다. 정치적으로 의견이 크게 다르거나 반대되는 사람들의 시민적 자유도 더욱 잘 지지해 주는 편이다. 그리고 종교적인 미국인들(특히 가장 종교적으로 강경한 사람들)은 환경을 보호하는 문제에 관해 전혀 우호적이지 않다. 반면에 무신론자와 불가지론자들은 환경보호를 가장 크게 지지한다. 종교가 없는 미국인들은 종교적인 미국인들에 비해서 지구 온난화로 인한 대재앙의 위험성을 더욱 잘 이해하고 진지하게 받아들이는 편이다. 그들은 또 여성 평등도 더욱 잘 지지해 준다. 실제로 종교가 없는 미국인들이 종교적인 미국인들에 비해 부인이 남편에게 순종해야 한다고 믿을 가능성이 적다.

그럼 게이의 인권에 대해서는 어떤 태도를 취할까? 예상한 대로, 종교적인 사람들은 반대하고 종교가 없는 사람들은 지지할 가능성이 크다. 아이들을 때리는 것에 대해서는 어떨까? 대체로 종교적인 사람들이 체벌을 많이 지지하는 반면, 무종교적인 사람들은 반대할 가능성이 훨씬 많다. 미국 내 불법이민자들의 법적 신분 문제에 대해서도 무종교인들은 합법적인 시민권을 얻도록 길을 열어 주는 쪽을 훨씬 많이 지지한다. 반면에 종교적인 사람들은 여관에 정말로 더 이상 방이 없다는 주장을 펼 가능성이 많다. 또 종교가 없는 사람들이 종교적인 사람들에 비해서 동물들의 고통에도 관심을 더 많이 기울이는 편이다. 요컨대 고문, 전쟁, 지구 온난화, 동물들의 안녕에 이르기까지 많은 쟁점과 입장을 놓고 볼 때, 무종교인들은 현세에서 좋은 일을 하는 것이 좋다고 분명하게 느끼고 있다.

물론 무종교적인 사람들이 종교적인 사람들보다 모든 면에서 더 뛰어난 것은 아니다. 예를 들어, 관대함과 자원봉사, 자선기부 면에서는 종교가 없는 사람들이 더 소극적이다. 가령 종교적인 사람들이 그들의 시간과 돈을 더욱 많이 기부한다. 그러나 도덕적인 행위(혹은 이것의 결여)의 최종적 지표라 할 수 있는 폭력적 범죄에 대해 말하자면, 현재 우리의 감옥에서 무신론자들이 차지하는 비율은 대단히 낮다. 몇몇 보고에 따르면, 수감 중인 미국인들 중에서 무신론자는 0.5%도 안 된다고 한다. 영국에서도 수감자들 중에 종교가 없는 사람들의 비율은 아주 낮다. 이것은 무종교인들의 낮은 수감 비율이 우연이 아님을 말해 준다. 심리학 교수인 벤저민 베이트-할라미(Benjamin Beit-Hallami)의 결론처럼 "범죄학이라는 학문이 시작되어 범죄자들의 종교적 소속에 대한 자료들을 수집해 온 이래로 소속 종교가 없는 무종교인들의 범죄율이 가장 낮다는 사실을 발견했다."

신이 없어도 선해질 수 있다

종교가 없는 사람들이 신을 믿지 않고도 도덕적일 수 있다는 점을 밝히는 데 있어 사회과학이 발견한 사실들은 중요하다. 아니 필수적이다. 앞에서 요약한 여론 조사들과 통계상의 평균치, 조사 자료들은 현대 무종교인들의 도덕적 선호나 성향과 관련해서 구체적인 증거를 제시해 주기 때문이다.

그러나 무종교인들의 실제적 도덕성을 개인적인 차원에서 더욱 풍부하고 깊게 이해할 수 있도록 두 사람을 소개해 주고 싶다. 브라이언 맥켈로이와 파울라 헨드릭스가 바로 그들이다. 둘 모두 응급실 간호사로서 곤경에 처한 사람들을 보살피는 일에 하루하루를 바치고 있다. 이들의 삶은 무종교적 도덕성과 관련해서 몇 가지 심오하고 실제적인 진실들을 보여 준다.

먼저 브라이언의 이야기를 시작하겠다. 그는 위스콘신 주의 대도시에 있는 병원 응급실 간호사로 일하고 있다. 37살의 기혼 남성이자 쌍둥이 소년의 아버지다. 가톨릭 신자로 자라났지만 10대 후반에 자신의 믿음에 의심을 품기 시작했다. 그러다 21살 때 위스콘신 대학교에서 실존주의에 대한 철학 강좌를 들었다. 실존주의의 핵심적인 주장은 개개인들이 자신의 의식을 통해 삶에서 자신만의 의미를 창조해 내야 하며, 자신이 세상에 부여하는 것 말고는 사실 세상에 큰 의미가 없다는 것이다.

실존주의자이면서 동시에 기독교 신자가 되는 것도 확실히 가능한 일이다. 그러나 브라이언을 비롯해 많은 사람들은 실존주의가 전통적인 종교와 적대적이라고 생각한다. "이 철학을 공부하고 나자, '오, 가만 있자.' 하는 생각이 들었어요." 브라이언이 웃으며 말했다. "그 후로는 무신론적인 성향이 있는 불가지론자로 쭉 지내게 됐습니다."

그러나 믿음을 상실하면서 소외감을 느끼거나 실의에 빠지지는 않았다. 오히려 정반대였다. "믿음을 잃고 사실 아주 홀가분해졌어요. 오늘을 더욱 잘 누리고 싶어 하게 됐죠." 또 타인들을 향한 책임감도 강화되었다. "우리는 사회적인 창조물입니다. 상호

의존적인 존재들이죠. 서로 함께 있으면서 도움을 주고 싶어 하는 것이야말로 우리가 진화를 통해 발전시켜 온 인간 본성의 한 부분이라고 생각해요."

며칠 전 브라이언은 술에 취해 의식이 아예 없는 상태로 실려 온 여성을 보살펴 주었다. 응급실에 도착했을 당시 그녀의 바지와 속옷은 무릎 아래로 내려지고 온몸에 멍이 나 있었다. 그 전날에는 당뇨병에 암까지 진행 중인 남자가 들어왔다. 간과 척추를 포함해서 곳곳에 커다란 종양들이 퍼져 있다고 했다. 또 그 전날에는 눈을 감고도 맞힐 수 있는 가까운 거리에서 산탄총에 맞은 남자가 실려 왔다. 그의 왼쪽 어깨는 완전히 나가고, 왼쪽 폐도 망가져 있었다. 그 전날에는 칼에 수차례 찔린 여성이 실려 왔다.

매일같이 브라이언은 말 그대로 삶과 죽음의 경계에 있는 사람들을 도와주고 위로해 주었다. "요전 날 궤양과 대장염을 앓던 여자가 들어왔어요. 장엔 구멍이 나고, 대장 속의 궤양 중 하나가 터져서 심각한 감염에다 내부 출혈도 심했죠. '즉각 수술실로 옮겨야 당신을 구할 수 있어요.' 이렇게 말하자 그녀가 대답했습니다. '고맙지만 됐습니다.' 그녀는 55살 정도였어요. 그녀의 여자 형제들이 와 있었는데 다들 그녀에게 수술을 받으라고 애원했지요. 그래도 그녀는 '싫다.'고 했습니다. 그래서 저는 이 여인이 그녀의 가장 중요한 권리, 즉 자신의 운명을 결정할 권리를 행사하는 걸 그냥 지켜봤어요. 그녀는 계속 이렇게 말했습니다. '저는 아주 잘 살았어요. 최근까지도 정말 좋았지요. 지금은 고통을 받고 있지만요. 저는 이렇게 살고 싶지 않아요. 잘 살아왔기 때문에 이제는 죽을 준비가 돼 있습니다.' 그래서 저는 그녀가 죽는 걸 지켜봐 줬어요. 하지만 아름다운 죽음은 아니었습니다. 그녀의 두 여형제들이 병실에서 계속 소리를 질러 댔거든요. 정말로 제정신이 아니었어요. 게다가 죽을 때 그녀가 피를 엄청나게 많이 토해 냈어요. 보기 힘든 상황이었죠. 대변에, 피에 전부 다 그랬습니다. 저는 그녀를 깨끗이 닦아 주고, 여자형제들에게 필요한 만큼 시간을 주면서 자주 그들의 상태를 점검했죠. 그리고 망자와 원하는 만큼 시간을 가질 수 있다고 말해 주었습니다. 정말로 힘든 상황이었겠죠? 그렇지 않아요? 하지만 저는 이런 경험들을 영광으로 느낍니다. 그게 삶이고, 그게 죽음이니까요."

맞다, 그건 정말로 힘든 일이다. 폐해도 클 것이다. 그런데 어떻게 그는 그 일을 계속할 수 있는 걸까? 무엇이 그를 계속하게 만드는 것일까?

"매일매일 사람들과 긍정적인 상호작용을 하다 보면 정말로 만족감이 느껴집니다. 누군가에게 보살핌이 절실하게 필요할 경우, 말하자면 사느냐 죽느냐 하는 상황에 있을 경우 놀라운 협동심이 생겨나죠. 저는 그런 게 좋아요. 그러면 마음을 다해 환자를 돕게 됩니다. 긴장해서 정말로 열정적으로 일을 하게 되죠. 이럴 때는 상황을 개인적으로 받아들일 수 없어요. 믿기지 않을 정도로 상호의존적이 됩니다. 모두가 하나로 뭉치죠. 그리고 물론 너무 당연한 말인지 모르지만, 이렇게 함께 일하고 사람들을 돕는 것만으로도 너무 기분이 좋아요. 사람들을 돕는 것만으로도요. 도움을 준다는 것. 그런 면을 저는 즐깁니다."

브라이언의 개인적인 도덕성을 떠받쳐 주는 것은 무엇일까? 그의 도덕성의 원천은 무엇일까?

"정말로 솔직하게 말씀드리면, 정확한 답변은 못하겠어요. 하지만 저는 진화생물학이라는 렌즈로 세상을 봅니다. 생물학으로 학위를 땄거든요. 종교 없이 어떻게 윤리적일 수 있는지 물으신다면, 이렇게 답하겠어요. 자연선택의 관점에서 볼 때 우리는 사회적인 창조물입니다. 오래전 작은 공동체를 이루고 살았을 때 사람들은 함께 일하며 대중과 집단의 이익에 기여해야 했어요. 이게 생존의 열쇠였지요."

하지만 신이 없다면, 다시 말해 도덕성을 세워 주는 궁극의 신성한 존재가 없다면, 어떻게 도덕에 따라 살아갈 수 있을까?

"우리는 황금률이 신에게서 비롯된 것이라고 생각하죠. 하지만 황금률은 훨씬 오래전부터 널리 퍼져 있었어요. 저는 황금률을 오로지 인간 진화의 관점에서 바라봅니다. 함께 일하고 단결해야만 포식자들로부터 자신을 방어하고 음식과 물, 은신처도 구할 수 있는 상황에서 살아가는 인간집단이 있다고 합시다. 그런데 자신의 이익을 위해 체제를 조종하려 들고 약탈이나 도둑질을 일삼는 누군가를 이 집단에 포함시키면, 그는 얼마 동안은 잘 살아갈 겁니다. 하지만 이런 사람들이 갑자기 더 많이 등장하고 커지면, 타인들에게서 훔치고 약탈하는 것만 좋아하는 사람들의 공동체가 만들어지겠죠. 음, 그럼 이 공동체는 망할 겁니다. 음식과 물, 은신처도 구하지 못하고 결국 잡아먹힐 테니까요. 요컨대 '네가 망을 봐주면 나도 망을 봐줄게. 그러면 네가 내게 해 주기를 바라는 대로 나도 네게 해 줄게. 안 그러면 우리는 망할 테니까.' 하고 믿는 사람들이 자연선택에 따라 살아남는 겁니다.

 제 생각엔 인간의 도덕성도 바로 이렇게 시작된 것 같아요. 우리가 물려받은 것도 바로 이것이고요. 도덕적인 사람이 된다는 것은 같은 종족의 동료들에게 골탕을 먹고 싶지 않은 만큼 나도 그들을 골탕 먹이지 않는 것을 의미해요. 아주 간단하죠. 괜히 신의 개념을 끌어들여서 문제를 복잡하게 만들 필요가 없어요."

 자연선택과 조정을 통한 진화과정이 인간 도덕성의 토대가 되었다는 브라이언의 생각은 특별한 것이 아니다. 이렇게 생각하는 사람들이 많기 때문이다. 발달심리학자와 진화심리학자, 역사인류학자, 영장류 동물학자들 중에서 이런 관점을 강화시키는 증거를 발견해 내는 사람들이 갈수록 증가하고 있다.

 예를 들어, 매트 리들리(Matt Ridley)는 그의 저서 『이타적 유전자』에서 인간의 신뢰와 상호 협조, 윤리적 협력이 시간이 흐르면서 어떻게 자연적으로 진화해 왔는지를 설명하고, 그런 주요한 본능이 개인적으로나 집단적으로 초기 인류의 생존을 도왔다는 점을 보여 주었다. 뿐만 아니라 프란스 드 발(Francois de Waal)도 그의 저서 『타고난 선(Good Natured)』에서 비슷한 주장을 펼쳤다. 영장류의 도덕성이 인간은 물론이고 인간과 가장 가까운 영장류 사이에서 자연스럽게 진화한 특성이며, 진화론적으로 협동과 인간적인 행위는 우리가 하나의 종족으로서 성공하는 데 핵심적인 역할을 했다는 것이다. 드 발은 그의 가장 최신작인 『착한 인류』에서 더욱 깊이 있는 주장을 첨가했다. 인간의 도덕성은 하늘에서 내려온 것이 아니라 진화의 산물로서 우리 안에서 자연스럽게 발달했다는 것이다.

또 크리스토퍼 보엠(Christopher Boehm)은 『도덕의 기원(Moral Origins)』에서 이기주의 역시 진화 면에서 분명한 이점이 있지만 협동도 마찬가지라고 주장했다. 보엠은 이타주의가 진화에 한 역할을 분석하고, 타인의 요구에 주의를 기울이는 태도와 이타적인 마음이 인간의 번영과 진화에서 가장 확실하게 긍정적인 역할을 했다고 주장했다.

과학자 앤더슨 톰슨(J. Anderson Thomson)과 클레어 오코퍼(J. Clare Aukofer)가 요약한 것처럼 현재 급속히 증가하고 있는 이런 새로운 연구들은 인간의 도덕성이 "자연선택 과정에서 우리가 갖게 된 적응 전략"임을 알려 준다. 심리학 교수 제임스 월러(James Waller)가 설명했듯 인간의 진화 역사를 살펴보면, 작은 사회 집단이 늘 존재했다. 이런 사실은 우리가 "단체 생활의 환경 속에서 진화해 왔음"을 말해 준다.

그렇다면 '집단 안에서 개인의 적합성을 향상시키는 심리적 적응법'에는 어떤 것들이 있을까? "사랑과 우정, 협력, 선택적이고 상호적인 이타주의, 보살핌, 연민, 소통, 공평성 등은 사회를 묶어 주는 것들이다." 때문에 초기 인류든 보노보든 모든 사회적 동물에게는 나누고 아껴 주고 서로를 보살펴 주는 집단의 일원이 됐을 때 주어지는 보상이 이기심으로 얻는 이득보다 일반적으로 더욱 크다.

서로를 아끼고 보살펴 주는 문제에 관한 한 파울라 헨드릭스는 아주 훌륭한 표본이다. 파울라는 뉴저지 출신으로 53살의 이혼녀이며 딸이 한 명 있다. 25년 넘게 트라우마와 응급실 전담 간호사로 일하고 있다. 브라이언처럼 파울라도 자랄 때 종교가 있었기 때문에 어린 시절에는 확고하게 신을 믿었다. 그러다 20대 초부터 신앙과 교회, 종교에 질색을 하게 됐다.

범죄와 빈곤율이 아주 높은 뉴저지주 대도시의 병원에서 일하는 동안 파울라는 칼에 찔리거나 총을 맞거나 강간을 당한 희생자처럼 큰 충격을 받은 사람들을 많이 목격했다. 그리고 사람들이 죽어 가는 모습도 지켜봤다. 때로는 평화롭게 죽어 가는 이들도 있었지만, 고통 속에서 오랜 시간 마음을 졸이게 만들며 떠나는 이들도 있었다.

그러나 몇 년 동안 이런 일을 했어도 일에 대한 파울라의 열정은 조금도 시들지 않았다. "저는 간호사인 게 좋아요. 간호사라는 점이 기쁘지 않은 날은 단 하루도 없었어요. 모든 환자들과 상호작용하는 경험이 제게는 선물처럼 느껴집니다. 제 자신과 인간이 된다는 것의 의미를 가르쳐 주는 선물이지요. 간호사로서 사람들을 돕는 순간들에 대해서도 매일, 하루 종일 감사의 마음이 듭니다. 덕분에 매일 사람들과 나눌 수 있는 것 같아요."

파울라가 무엇에든 우울해지거나 침울해한다면 그것은 그녀가 일하는 병원이 더 많은 사람들을 도와주지 못하기 때문일 것이다. 그녀는 현재 미국의 부적절한 의료보험 체계로 인해 너무도 많은 사람들이 지원이나 치료를 제대로 못 받고 있어서 마음이 아프다고 했다.

"정말 기가 막혀요. 어떤 날엔 정말이지 너무 속이 상합니다. 치료를 받으러 오는 사람들이 있어도, 일자리를 잃거나 의료보험이 실효됐다는 이유로 그들의 짐을 덜어 줄 수 없는 경우가 종종 있거든요. 또 병원 문 앞에 구급차가 늘어서 있는데 병상이 충분하지 않은 날도 있어요.

그래서 언제나 환자 한 명 한 명을 최대한 보살펴 주기 위해 싸우고 있는 것 같은 느낌이 들곤 합니다. 더 빨리 다음 환자에게 가 보라고 항상 누군가가 떠미는 것 같은 느낌도 들고요. 그러면 제대로 보살펴 주기가 힘듭니다. 그저 신속하게 일을 처리할 뿐이죠. 이런 날은 정말이지 괴로워요. 간호사는 그냥 업무를 수행하는 존재가 아니거든요. 간호사는 환자들을 위해 그 자리에 있어 주는 존재입니다. 환자들에게 말을 걸고, 환자들의 말에 귀 기울여주는 사람이죠. 제가 환자에게 들을 수 있는 최고의 말도 이런 거예요. '선생님이 보살펴 주면 정말 안심이 돼요.' 저는 환자들에게 이처럼 안전하다는 느낌을 주고 싶어요."

파울라가 가장 힘들다고 느끼는 순간은 폭력에 희생당한 아이들이 병원에 올 때다. "항문 성교나 학대를 당한 아이들을 많이 봤어요. 정말 안 좋은 끔찍한 일을 당한 거죠. 참혹한 일입니다. 그런 짓은 절대 이해해 줄 수 없어요. '밝은 희망'이라곤 조금도 찾아볼 수 없죠. 나쁜 짓일 뿐입니다." 이따금 그런 일을 겪은 아이들이 한 주에 여러 명 들어오면, 그녀는 슬픔을 이기기 위해 하루나 이틀씩 휴가를 내곤 했다. 그러면 다시 기분이 나아졌다. 그러나 이런 경우는 흔치 않았다.

많은 고통과 죽음을 마주해야 했지만 그녀는 대체로 일에 만족했다. "사람들의 죽음을 목격하고 나면 삶에 진심으로 감사하게 되죠. 우리에게 있는 건 매 순간뿐이라는 걸 죽음이 상기시켜 주니까요. 바로 이겁니다. 삶의 이전이나 이후에 다른 무언가가 있는지 몰라도, 우리가 정말로 아는 건 이것뿐이죠. 이게 전부입니다. 다른 것은 무엇도 확실하지 않아요. 그러니 늘 감사해야죠."

파울라의 일에 대한 태도와 삶의 목적은 대단히 도덕적이다. 어려움에 처한 사람들을 돌보는 것과 관련되어 있기 때문이다. 이보다 더 따스한 일이 어디 있겠는가? 그런데 신을 믿지도 않는 그녀의 이런 도덕성은 어디서 생겨나는 것일까?

　"그 질문에는 정말로 대답을 못하겠어요. 많이 생각해 보지도 않았거든요. 이유는 음, 아는 사람 중에 그런 문제를 이야기하거나 고민하는 사람이 없기 때문인 것 같아요. 뉴스에서 그런 이야기를 듣기는 하죠. '이렇게 되어야 하는 것이라고 신이 말씀하셨습니다!' 이런 이야기를 들으면 겁이 나요. 참을 수도 없고요. 진심이냐고요? 제가 하고 싶은 말은, 도덕성은 제게 그저 인간이 되는 것과 관련된 문제일 뿐이라는 거예요. 달리 설명할 방법을 모르겠어요. 도덕성은 사람과, 품격과 관련된 거예요. 추위에 떠는 사람이 있으면 담요를 끌어다 덮어 주는 것. 그렇게 하는 데 신은 필요 없어요. 그저 사람을 보고 이렇게 생각할 줄 알면 되는 거죠. '이 사람이 네 어머니라면, 네 아버지라면 너는 어떻게 했을까? 이 사람이 어떤 대접을 받았으면 좋겠어?' 하고 생각하는 거죠. 저는 모르겠어요. 도덕성이란 문제를 그렇게 많이 생각해 보지 않은 것 같아요. 그저 올바른 일 정도로 생각했죠. 살아오는 동안 도덕성이 그렇게 큰 문제로 대두된 적도 없었고요."

처음부터 종교가 없었던 사람들

브라이언과 파울라는 둘 다 자랄 때 종교가 있었다. 그러므로 성인이 되면서 종교를 거부하기는 했지만, 어린 시절에 경험한 종교가 타인을 향한 헌신과 이를 강화시킬 만한 저변의 성향을 불러일으키거나 빚어냈을 수도 있다.

그렇다면 자랄 때 어떤 종교도 안 믿었던 사람들은 어떨까? 그들은 어떻게 도덕성을 발달시킬까? 그들을 선한 사람이 될 수밖에 없도록 만들어 주는 것은 무엇일까? 이것은 중요한 문제다. 아직은 소수지만 미국에서 어떤 종교도 없이 자라는 사람들의 수가 몇 년 전부터 꾸준히 증가하고 있기 때문이다. 현재 미국 어린이의 약 11%가 가정에서 아무런 종교적 영향도 받지 않고 자라나고 있다.

무종교 가정에서 자라는 아이들은 과도하게 죄를 짓거나 악의적인 사람이 될까? 절대 그렇지 않다. 종교가 없는 가정에서 자란 아이들이 유난히 비도덕적이고 비윤리적이며 폭력적이라고 암시하는 연구 결과도 전혀 없다. 종교심리학자인 벤저민 베이트-할라미의 주장처럼 "어떤 종교적 소속도 준법적인 행위에 대한 최고의 예측 변수가 되지 못한다." 그리고 "평생 무신론자로 살아온 사람도 사회화가 잘 되어 있으며 (…) 비폭력적인 것으로 밝혀졌다."

펠릭스 캄파넬라는 29살이다. 메릴랜드 주가 고향이지만 지금은 플로리다 주에서 약혼녀와 함께 살고 있다. 낮에는 웨이터로 일하고 밤에는 현대의 윤리 구축을 비판적으로 다룬 논문 작업에 몰두하고 있다. 그의 목표는 나중에 교수가 되는 것이다. 평생 신을 믿지는 않았지만, 그는 자신에게 무신론자라는 딱지가 붙는 것은 좋아하지 않는다. "무신론자라는 딱지를 붙이면 신의 존재를 묻는 질문에 대한 반응으로 제 정체성이 결정되는 것 같잖아요. 그건 바람직하지 않아요. 저를 배낭여행자나 스쿠버 다이버, 스노우보더라고 부르는 게 오히려 더 정확하죠. 신을 안 믿는다는 점보다는 이것들이 저의 정체성에 훨씬 중요한 영향을 미치니까요."

그는 삶을 통해서 자연스럽게 도덕성을 이해하게 됐다고 설명했다. "저는 삶을 살아 냈어요. 타인들을 경험하고, 사람들이 타인에게 상처 받는 것도 지켜봤죠. 가족들이 싸우는 것도 보고, 혼란도 경험했습니다. 타인들에게 관심을 기울이지 않을 때 어떤 결과가 빚어지는지 알았어요. 타인들에게 진심으로 마음을 쓸 때 그런 마음에서 더욱 좋은 일들이 생긴다는 것을 경험으로 배운 겁니다. 이렇게 제 도덕의식은 삶의 경험에서 생겨났어요. 훌륭한 역할 모델도 영향을 미쳤고요. 부모님이 선량하고 진실한 분들이시거든요."

신으로 대표되는 신성하고 초월적인 존재나 궁극의 도덕적 권위의 원천이 필요하다고 주장하는 사람들에게 그는 뭐라고 말할까?

"터무니없는 주장이라고 생각해요. 그런 주장에는 인류 전체가 배제되어 있어요. 타인들과의 경험을 고려하지 않은 주장입니다. 순전히 무언가를 하거나 하지 말라는 말을 들었다는 이유 때문에 그에 따르기만 한다면, 실제로 우리가 한 경험들을 완전히 무시하는 게 돼요. 자신의 행동이 다른 사람들에게 주는 고통과 아픔도 이해하지 못하니 이것들도 무시하게 되죠. 어떤 행동과 결과 사이의 연관성을 스스로 깨닫지 못하면, 도덕성에 대한 인식은 격이 떨어지고 맙니다. 보이지 않는 신이 부여한 규칙들에 그냥 복종하는 것이 도덕성일 수 있을까요? 아닙니다. 도덕성은 타인들과의 경험과 우리의 인간성에서 생겨나는 것입니다. 그게 바로 도덕성이에요."

완전한 무종교인이어서 신은 고사하고 종교에 대해서도 할 말이 전혀 없는 사람들도 이따금 만날 수 있었다. 종교가 없다는 점이 그들에게는 하나도 중요한 문제가 아니었다. 그래서 깊은 생각이나 논평을 거의 이끌어 내지 못했다. 이런 사람들에게 종교나 종교 없음은 최신의 실내 가구나 타지키스탄(1991년 구소련에서 독립한 중앙아시아의 내륙국 ─ 옮긴이)의 정치상황 정도밖에 중요하지 않았으며, 그들의 삶에서 딱 그만큼만 차지했다.

이런 사람과 인터뷰를 할 때는 우선 김이 모락모락 나는 차를 앞에 두었다. 분위기가 충분히 익으면 그제야 테이프 리코더를 켰다. 그러나 종교를 갖거나 갖지 않고 사는 것에 대해 질문을 던지기 시작하면, 할 말이 그리 많지 않았다. 그웬 리의 경우도 마찬가지였다.

22살인 그웬은 미국 최고의 인문 대학에서 졸업을 앞두고 있었다. 그녀의 전공은 분자생물학이었으며 불멸의 존재처럼 보이는 '히드라속 미세 담수성 유기체의 노화 과정'이 졸업논문의 주제였다. 졸업 후에는 미국에서 가장 명망 있는 대학원 중 하나에 들어갈 계획이었으며, 최종 목표는 대학교 연구실에서 생체의학을 연구하는 것이었다. 그웬은 아이오와 주에서 성장했는데, 그녀가 10살 때 부모님이 미네소타 주에서 일자리를 얻는 바람에 유년의 나머지를 그곳에서 보냈다. 그녀의 어머니는 귀 안에 들어 있는 털 모양의 세포를 연구하는 유전학자이고 아버지는 컴퓨터 생물학자였다.

그웬의 가족은 교회나 절, 회당에 한 번도 간 적이 없었다. 기도도 하지 않았다. 어떤 종교 의식도 행하지 않았다. 신에 대해 토론을 벌이거나 영성을 이야기하지도 않았다. 내세에 대한 이야기도 전혀 나누지 않았다. 이런 문제들에 비판을 하거나 반대의 발언도 하지 않았다. 종교나 무종교의 문제를 입에 올리거나 토론하지 않고 그저 그들의 삶을 살아간 것이다.

자연히 그웬은 무종교인이라는 말을 들은 적이 없고, 부모님도 그들이 무신론자라고 말하지 않았다. 종교가 있고 없고는 그들에게 그야말로 사소한 문제였다. "3학년 때 아주 친한 친구가 유대인이어서 종교를 가진 사람을 처음으로 접하게 되었죠. 하지만 제가 알게 된 건 그들이 금요일 밤마다 특별한 만찬을 갖는다는 것뿐이었습니다. 그 이상은 전혀 몰랐어요."

이제 그웬은 자신이 무신론자라고 밝히는 것을 전혀 불편해하지 않는다. 철저히 무종교적인 데다 신을 전혀 안 믿고 자라서인지, 도덕성과 관련된 모든 문제들도 결국 핵심에는 연민의 마음이 있다고 생각했다. 그래서 도덕적인 사람이 된다는 것은 그렇게 큰 문제나 드문 일이 아니라고 서슴없이 주장했다. 또 친구와 가족들을 포함해서 그녀가 아는 사람들은 거의 도덕적이라고 했다. "제가 아는 사람 중에 끔찍하고 비도덕적인 사람은 정말이지 한 명도 없어요."

그렇다면 종교와 신에 대한 믿음이 있어야만 도덕적인 존재가 될 수 있다는 생각은 어떻게 받아들일까? 그웬은 이렇게 말했다. "그건 핵심에서 완전히 벗어난 생각이라고 봅니다. 종교나 신에 대한 믿음과 상관없이 아이들에게 도덕 규칙을 쉽게 가르칠 수 있어요. 그리고 제 생각에 도덕적인 충동은 대체로 아주 직관적인 것 같아요. 가르침을 받지 않아도, 비도덕적으로 행동하다 보면 그것을 이해하게 됩니다. 비도덕적으로 행동하면 곧 모든 사람들이 우리를 미워하게 되니까요. 아이들도 훔치거나 거짓말을 하지 말아야 한다는 것을 아주 잘 이해합니다. 꼭 신을 믿어야 이런 문제들을 분명히 이해할 수 있는 건 아니에요."

하지만 신의 눈이 언제나 지켜보고 있다는 생각이 없을 때 비도덕적인 일을 하지 않도록 우리를 막아 주는 것은 무엇일까? 특히 무언가를 훔쳐 달아나도 된다는 것을 아는 상황에서는 무엇이 그런 역할을 해 줄까? 예를 들어, 어느 날 기숙사에 혼자 있는데 바닥에 떨어진 지갑을 보았다고 하자. 지폐 몇 장이 지갑 밖으로 삐죽이 나와 있고 주변에는 아무도 없다. 그런데도 그 돈을 가지지 않는 것은 무엇 때문일까? "그게 제 지갑이고 제 돈이라면, 누군가 그것을 주워서 돈과 함께 돌려주기를 바랄 거예요. 사회의 한 부분이 되고 싶다면 취해야 할 행동방식이 있어요. 살면서 그런 방식으로 행동하려고 노력해야 합니다. 사람들에게 도움 받기를 바란다면 저도 그들을 도와야죠. 이건 아주 기본적인 거라고 봅니다."

종교적인 사람들은 도덕적인 딜레마에 직면할 때 기도를 할 수 있다. 방향을 찾기 위해 신에게 의지하는 것이다. 하지만 그웬 같은 무종교인들은 그렇게 하지 않는다. 그래서 그녀가 도덕적으로 이러지도 저러지도 못하는 상황에 직면해 본 적이 있는지, 그렇다면 신이 아닌 누구에게 혹은 무엇에 의지했는지 궁금했다.

"친한 친구가 제게 중요한 이야기를 털어놓은 적이 있어요. 그녀는 제가 다른 사람들에게 이 이야기를 퍼뜨리지 않기를 바랐지요. 제게만 은밀하게 말하면서 비밀을 지켜 달라고 부탁했어요. 하지만 저는 다른 사람들에게 말을 해야만 할 것 같았어요. 그녀는 섭식장애를 앓고 있었는데, 그건 아주 안 좋은 병이고 정말로 위험할 수도 있었으니까요. 누구에게도 이야기하지 않겠다고 맹세했지만, 그녀에게 도움이 필요하다는 생각이 들었어요. 그녀가 걱정이 됐지요. 그래서 어떻게 해야 할지 모르겠더라고요. 그녀에게 배신감을 안겨 주고 싶지는 않았지만, 그녀에게는 진지한 도움이 필요했으니까요. 그래서 결국은 믿음이 가는 다른 친구에게 가서 이야기를 하고 함께 해결책을 찾아 보았습니다. 그리고 이 친구와 함께 그녀에게 가서 대화를 나누고, 다른 누군가에게 도움을 청하라고 했죠. 결국 그녀는 전문적인 도움을 받았습니다."

나이가 들면서 그웬은 종교를 가진 사람들을 더 많이 만나게 되었다. 또 대학 기숙사에 있을 때는 다양한 종교의 학생들과 아주 가까이서 함께 살았다. 이따금 도덕성 문제가 대두됐는데, 이로 인해 어려움을 겪기도 했다. "한번은 기독교인 여자애가 제 도덕성의 근원을 묻는데 뭐라고 답을 해야 할지 모르겠더라고요. 이 문제에 대한 그녀의 답은 아주 간단했어요. '나의 도덕은 신에게서 비롯돼.'라거나 '성경이 내 도덕의 근원이지.'라는 식으로 말했거든요. 정말이에요. 하지만 그녀가 제 도덕성의 근원을 묻는 순간, 저는 그렇게 대답하지 못했어요. 그녀처럼 간단히 빠르게 답을 할 수 없어서 좀 당황했습니다."

무종교적 도덕성과
황금률

많은 무종교인들이 그웬과 같은 딜레마에 직면한다. 인터뷰를 했던 많은 사람들이 그들의 도덕성이 어디서 생겨났느냐는 질문을 갑자기 받으면 말이 잘 안 나온다고 했다. 나도 수업을 듣는 열성적인 학생들에게서 그런 질문을 받은 적이 있다. 동료와 이 문제를 이야기하고 종교를 믿는 사람들과 공적으로 토론을 벌인 적도 있다. 그때에도 '당신 도덕성의 근원은 무엇인가요?'라는 질문은 어떻게든 침착하게 대답할 수 있는 나의 능력을 약화시켜 버렸다. 도대체 어디서부터 답을 시작해야 할까? 어떻게 해야 종교인들이 일반적으로 그러는 것처럼 적절하고 명료하고 확고하게 대답할 수 있을까?

사실 무종교적 도덕성에는 눈에 띄는 간단하고 분명한 근원이 없다. 무종교인들은 쉽게 인용할 수 있는 유일한 원천이나 초자연적인 신에게서 도덕성을 얻지 않기 때문이다. 이들의 도덕성은 이보다 훨씬 복합적인 창조물이며, 동시에 작용하는 많은 힘과 요인, 영향들의 결과다. 심지어 대체로 이 원인들을 충분히 인식하지도 못하고 있다.

사회과학은 이 문제를 잘 통찰하게 도와준다. 우리가 가진 도덕성의 많은 부분이 본질적으로 역동적이고 종종 혼란스럽기까지 한 작용들의 필연적인 결과임을 드러내 주기 때문이다. 심리학은 유아기의 경험이나 유전, 호르몬에 다양한 수준으로 영향받는 성격의 타고난 측면들이 공감을 표현하고 동정심과 수치심, 죄의식, 신뢰, 존경심을 느끼는 능력을 많이 결정짓는다는 것을 알려 주었다. 또 신경심리학은 도덕의식을 발달시키는 데 복잡한 두뇌가 얼마나 필수적인지 알려 주었다. 두뇌의 뉴런 배선은 우리에게 배우고 기억하고 이해하고 상상해서 타인에게 공감하고 친절하고 관심을 갖는 이타적인 사람이 되는 능력을 키워 주는 쪽으로 진화해 왔다. 그러나 이런 배선이 손상을 입거나 제대로 기능을 못 하거나 특이할 경우, 도덕적 추론 능력은 방해를 받거나 파괴되거나 기능적으로 제구실을 못한다.

사회학은 우리가 생각하고 보살피고 사랑하는 인간으로 발달하는 데 사회화 — 젊은 시절의 경험과 관찰을 토대로 삶의 방식을 배우는 비공식적이고 무의식적이기까지 한 과정 — 가 본질적인 것임을 알게 해 주었다. 우리를 키우고 보살피고 먹여 주고 사랑해 주는 사람들과의 모든 경험, 우리가 성장하면서 영향을 주고받은 모든 사람들이 의식적으로는 물론 무의식적으로도 부정할 수 없을 만큼 강력하게 우리를 형성한다. 그러므로 도덕성까지 포함하는 자기감(sense of self)은 이런 사회화의 피할 수 없는 원동력들과 단단하게 연결되어 있다.

또 인류학 덕분에 문화가 늘 우리를 형성하고 규정하고 한정짓는다는 것도 알게 되었다. 문화와 인간의 관계는 물과 물고기의 관계와 같다. 언제나 존재하고 그만큼 본질적이지만, 눈에 보이지 않는 경우가 너무 흔하다. 그러나 문화는 우리가 세계를 보고 해석하고 딱지를 붙이고 경험하는 방식에 큰 영향을 끼친다. 우리의 목적과 야망, 두려움과 걱정, 충실함, 혐오도 본질적으로는 문화에 영향을 받는다. 그러므로 문화가 없으면 개개인의 도덕성은 발달하기 힘들다. 또 문화마다 서로 다른 ─ 때로는 극적일 정도로 ─ 규범과 풍습, 가치 등을 가지고 있다. 이렇듯 우리가 그 안에서 헤엄치고 있는 문화라는 물은 옳고 그름에 대한 우리의 인식을 극도로, 크게, 피할 수 없을 정도로 결정짓는다.

범죄학은 구조적 가난과 가정폭력, 알코올, 약물 남용, 화기의 이용 가능성, 부실한 영양 상태, 취업 기회의 부족 같은 여러 제도적·경제적·사회적 요인들이 개인의 도덕적 나침반을 깨버릴 수 있음을 알려 주었다. 그리고 역사는 우리에게 도덕성의 의미가 시간이 흐르면서 크게 변화·발전한다는 점과 그렇기 때문에 우리가 어느 시대에 살고 있는가 하는 문제도 선과 악, 옳고 그름, 정당함과 부당함, 도덕과 비도덕에 대한 인식에 믿을 수 없을 정도로 큰 영향을 미칠 수 있음을 가르쳐 주었다.

정말로 복잡한 문제다. 다양한 사회과학 분야들이 노력하고 있지만, 위에서 말한 내용들은 사실 아주 엉성하고 불완전하고 슬플 정도로 불충분하다. 도덕성과 관련된 진화적, 사회학적, 심리학적, 신경학적, 인류학적, 역사적 등 복합적인 작용과 원천들을 고려할 때, '인간의 도덕은 어디서 비롯되는가?'라는 문제에 제대로 답하려면 끝없는 노력이 필요할 것이다.

그래도 이 문제에 적절하고도 간단한 답을 즉각 얻고 싶어 하는 이들에게 나의 의견을 제시해야 한다면, 나는 다음과 같이 말하겠다. '나를 길러 준 사람들과 내가 살고 있는 문화, 나의 뇌, 삶을 헤쳐 나가면서 경험한 일들에서 얻은 교훈들을 통해 나의 도덕을 구축했노라.'고.

물론 따지고 보면 '우리의 도덕성이 어디에서 근원하는가?'보다는 매일의 삶에서 이 도덕을 행동으로 옮기고 있는가 하는 문제가 더욱 중요하다. 종교를 가진 사람이 신에 대한 믿음을 통해 자신의 도덕을 발달시키고 그 결과가 연민과 친절, 정직, 이타주의로 나타난다면 그건 멋진 일이다. 그러나 종교가 없는 사람들에게 그런 신이 필요하지 않으며 쉽게 이해할 수도 없다. 이들에게는 단순하고 보편적인 법칙인 황금률이면 충분하다.

무종교적 도덕성과 종교적 도덕성은 철학의 학술적인 전당 안에서 언제나 활발한 논의를 많이 불러일으켰다. 지금도 동성결혼이나 낙태 같은 온갖 문화적 논쟁 속에서 이와 관련된 고찰이나 강한 암시가 종종 불타오르기도 한다.

그러나 여기서는 무종교적 도덕성의 사회적 의미를 처음으로 다루고 있다. 현대사회의 많은 집단들이 분명하게 무종교를 표방하고 있으며, 수백만의 사람들이 도덕적 인도의 신성한 원천이나 종교에 대한 믿음 없이 삶을 헤쳐 나가고 있기 때문이다.

이렇게 고도로 무종교화된 사회는 어떻게 될까? 무종교인들이 갈수록 많아지면서 이로 인해 사회적 부패가 일어나고 있을까? 세속주의의 증가는 사회 질서에 위협적인 해를 가할까? 이 질문들에 대한 답에 여러분은 놀라고 말 것이다.

2장

종교에서 멀어지면 좋은 사회에서도 멀어질까?

몇 년 전 아주 가까운 친구가 칼에 찔리고, 장모님은 유난히 가파른 계단을 오르다가 중간에서 넘어졌다. 짐작할 수 있듯이, 이 불운한 두 사건들로 인해 나는 엄청난 걱정과 근심에 휩싸였다. 그런데 그 여파는 여기서 멈추지 않았다. 이 사건들을 계기로 나는 좋은 일이든 나쁜 일이든 삶에서 일어난 개인적인 일들과 이 일들이 일어난 넓은 사회적 환경 사이의 관계를 곱씹어 보게 되었다.

간단히 말하면 이렇다. 시스템이 잘 돌아가지 않는 빈곤한 사회에 사는 사람들에게 안 좋은 일이 일어나면, 이 일은 진짜로 안 좋은 일이 된다. 필요 이상으로, 다시 말해 당연한 정도보다 더욱 안 좋은 영향을 미치는 것이다. 반면에 제대로 기능하는 풍요로운 사회에서는 안 좋은 일이 일어나도 대처를 잘해 주기 때문에 예상만큼 안 좋은 영향을 미치지는 않는다.

예를 들어 의료시설이나 지원의 부족에 허덕이는 각박한 사회에서는 폭력적인 공격을 당해도 충분한 보살핌을 받을 가능성이 확실히 낮다. 그러나 의료보험제도가 잘 되어 있는 부유한 사회에서 차가운 계단을 내려오다 심하게 구를 경우, 보살핌을 잘 받아서 잘 회복될 가능성이 아주 높다. 친구가 칼에 찔리고 장모님이 넘어지는 사고를 계기로 나는 이 모든 점을 쉽게 확인할 수 있었다.

그럼 먼저 친구가 칼에 찔린 이야기부터 들려주겠다. 아미 ─ 아마츠야의 약칭이다. ─는 20년 동안 나와 가장 가까운 친구였다. 오리건 대학교를 다닐 때 만났는데 사회학과 대학원생 시절에는 연구실을 함께 쓰기도 했다. 아미는 밥 딜런과 후무스(hummus, 병아리콩을 으깨 만든 이집트의 대표적인 대중음식 ─옮긴이), 자전거 타기를 좋아했으며 언제나 자메이카에 홀딱 빠져 지냈다. 그래서 자메이카 섬의 북부 지방에 이따금씩 가서 일을 하며 살다 오곤 했다. 덕분에 그곳에서 폭넓게 친구들도 많이 사귀었다.

비교적 최근에 자메이카로 여행을 갔을 때 그는 포트 안토니오에 사는 친구들을 보러 갔다가 저녁을 먹은 후 작은 선술집에 들렀다. 그런데 그만 그곳에서 칼을 맞고 말았다. 그가 전해 준 이야기는 이랬다. 술집에서 어느 모르는 여자가 계속 맥주를 사 달라고 졸랐다. 그는 계속해서 정중하게 거절했다. 자메이카의 시골 선술집에서 일어나는 그런 일에는 치러야 할 대가들이 따라붙는다는 걸 잘 알고 있었기 때문이다.

그러나 여자는 집요했다. 애원을 멈추지 않았다. 결국 그녀의 애원을 멈추기 위해서 레드 스트라이프 한 병을 사주었다. 그런데 바로 이때 그녀의 남자친구가 술집 안으로 들어왔다. 그는 아미가 그녀에게 맥주를 건네는 걸 보고, 자기 여자에게 작업을 건다고 생각했다. 그래서 즉시 아미의 뒤에 달려들어서는 왼쪽 신장을 겨냥해 등 아랫부분을 찔렀다. 다행히 칼은 빗나갔지만 금세 피가 솟구쳤다. 술집에 있던 손님들 모두 아미를 찌른 사람에게 분노를 폭발시켰다. 주먹질과 발길질을 해대며 그를 즉각 공격했다. 철제 접이의자로 그를 후려치기도 했다.

아미는 많은 출혈로 머리가 몽롱하고 충격에 빠진 상태였다. 그러나 살인을 목격하고 싶지 않다는 생각이 들 정도로 정신은 멀쩡했다. 실제로 분노에 찬 사람들을 누그러뜨린 것은 자신을 공격한 사람을 위한 그의 애원과 간청이었다.

작은 폭동이 가라앉자 아미의 부상에 관심이 모아졌다. 상태가 심각해 보였다. 이런 상황에서는 보통 911을 부르지만 이곳은 자메이카였다. 누군가 구급차를 보내 달라고 전화를 걸었지만 운이 없었다. 연결이 되지 않았다. 드디어 연결이 됐을 때는 이용할 수 있는 구급차가 없다는 말을 들어야 했다. 그러자 친구의 친구가 차를 이용할 수 있는 사람을 알고 있다고 했다. 이렇게 해서 약 한 시간 뒤 아미는 가장 가까운 병원으로 호송되었다.

사람들이 초만원인 데다 썩 쾌적하지도 않은 대기실에서 얼마 간 기다린 후 아미는 드디어 의사를 볼 수 있었다. 의사는 그의 상처를 살펴보고 이렇게 말했다. "괜찮아질 거예요. 그런데 상처를 봉합해야 합니다."

"알겠습니다." 아미도 안도하며 대답했다.

"상처를 봉합해야 한다고요."

"네, 알겠습니다." 의사가 같은 말을 되풀이해서 아미도 이렇게 대답했다. "어서 해 주세요." 그러자 의사가 말을 이었다.

"이해를 못 하셨군요. 상처를 봉합해야 한다고 말씀드린 건 저희 병원에서는 봉합을 할 수 없기 때문입니다. 봉합 도구들이 바닥났거든요. 정말로 죄송합니다."

결국 아미는 강력 접착테이프로 상처를 덮어야만 했다. 다행히 감염은 일어나지 않았고, 심각한 합병증도 없이 회복되었다. 하지만 보기 흉한 흉터는 선명하게 남았다.

이제 계단에서 심하게 넘어진 장모님에게 일어난 일을 살펴보겠다. 아미가 칼에 찔린 것과 같은 해였지만 장소는 덴마크였다. 그해 내가 가족들과 덴마크에 살고 있었기 때문이다. 당시 나는 스칸디나비아의 무종교성을 연구하면서 오르후스 대학에서 강의를 하고 있었다. 아내는 희곡을 집필하고 아이들은 학교에 다니면서 덴마크의 왕과 왕비들에 대해 배웠다.

우리는 대학 캠퍼스의 작은 아파트 3층에 살았다. 장모님이 열흘간 우리와 함께 지내러 오셨는데, 5일쯤 지난 어느 날 오후 딸 루비와 바깥 계단에서 게임을 하다가 어쩐 일인지 그만 발을 헛디뎌 계단 아래로 굴러떨어졌다. 다행히 부러진 곳은 한 군데도 없었지만, 여기저기 피가 나거나 심하게 멍이 들고 통증도 컸다.

우리는 얼른 그녀를 동네 병원으로 데려갔고, 그녀는 즉각 최상의 치료를 받았다. 의사들은 X선 촬영을 하고, 찢기거나 멍든 부위를 치료해 주고, 붓기를 가라앉히는 약과 진통제도 주었다. 그러고는 알아채지 못하는 사이에 심각한 문제가 발생하지는 않았는지 다시 확인했다. 물론 이 모든 치료는 완전히 무료로 이루어졌다. 덴마크의 의료체계는 세계에서 가장 뛰어난 편인 데다 보편적 의료를 시행하고 있었기 때문이다. 다시 말해, 방문 중인 장모를 포함해서 누구에게나 국가가 무료로 의료서비스를 제공하고 누진세를 통해 그 자금을 지원했다.

두 일화는 우리가 사회적 선과 안녕의 표준척도라고 일컫는 것들의 측면에서 봤을 때, 자메이카와 덴마크가 얼마나 다른지를 느끼게 해 준다. 우선 자메이카는 세계에서 가장 폭력적인 사회인 반면, 덴마크는 폭력이 가장 적은 나라다. 현재 자메이카의 살인율은 10만 명당 52명인 반면, 덴마크는 10만 명당 1명도 안 된다.

더 분명하게 말하면, 덴마크보다 자메이카에서 매년 1인당 50배는 더 많은 살인이 일어난다는 의미다. 게다가 슬프게도 자메이카의 의료체계는 수준 이하이지만, 덴마크인들은 지구상에서 가장 선진적이고 기능적인 의료체계를 누리고 있다. 이런 사실은 유엔의 인간계발지수에서 덴마크가 지속적으로 아주 높은 점수를 받는 이유를 설명해 준다.

이 작은 두 나라 사이에는 경제와 문화, 지리, 인구, 정치, 요리 등 다른 차이들도 많다. 대서양을 횡단하는 노예무역에서 피비린내 나는 잔혹한 연결점 역할을 한 자메이카는 역사적으로도 엄청난 압박을 받았다. 자메이카가 식민주의로 가장 많이 손해를 본 쪽이었다면, 덴마크는 확실히 이득을 본 편이었다. 이처럼 두 사회의 차이는 아주 많다.

그러나 여기서 내가 강조하고 싶은 한 가지 핵심적인 차이점은 종교성(religiosity)과 무종교성(secularity)이다. 간단히 말해 대부분의 자메이카인들은 아주 종교적이다. 반면에 대부분의 덴마크인들은 그렇지 않다. 대부분의 자메이카인들이 기도를 많이 하는 반면, 덴마크인들은 그렇지 않다. 대부분의 자메이카인들이 정기적으로 교회에 가는 반면, 덴마크인들은 그러지 않는다. 대부분의 자메이카인들이 신에 대한 믿음을 아주 중요하게 생각하는 반면, 대부분의 덴마크인들은 그렇지 않다. 대부분의 자메이카인들이 성경을 하느님의 말씀으로 믿는 반면, 대부분의 덴마크인들은 그렇게 생각하지 않는다. 대부분의 자메이카인들이 천국과 지옥을 믿지만, 대부분의 덴마크인들은 그렇지 않다. 또 대부분의 자메이카인들이 예수를 많이 사랑하며, 물론 이 점은 덴마크인들도 마찬가지다. 분명히 예수를 좋아한다. 하지만 예수를 사랑하기도 할까? 글쎄, 보통의 덴마크인들에게 이것은 좀 지나친 말이다. 요컨대 종교성이나 무종교성을 측정해 보려는 노력 속에서 우리가 생각해 낼 수 있는 지표 하나하나를 놓고 볼 때, 대부분의 자메이카인들은 종교적인 쪽에 가깝고, 대부분의 덴마크인들은 무종교적인 쪽으로 크게 기울어져 있다.

내가 자메이카와 덴마크에 초점을 맞추어, 종교성 내지는 무종교성과 사회적 안녕의 측면에서 두 나라의 차이를 밝힌 이유는 이 작은 두 나라가 전 세계적으로 대변하고 있는 것이 있기 때문이다. 우선 자메이카는 사회적으로 비슷하게 궁핍한 개발도상국인 아이티와 엘살바도르, 콜롬비아, 라이베리아, 짐바브웨, 필리핀처럼 가난하고 취약하고 폭력적인 나라들의 대변자와 같다. 반면에 덴마크는 노르웨이와 뉴질랜드, 일본, 한국, 캐나다, 오스트레일리아처럼 높은 수준의 풍요와 평화를 누리고 있는 많은 선진국들의 대변자 역할을 기꺼이 할 수 있다.

이 두 유형의 나라들을 비교해 보면, 종교성 내지 무종교성의 상관관계가 세계 모든 곳에서 나타난다는 것을 알 수 있다. 즉 가난하고 혼란스럽고 문제가 많은 나라일수록 가장 종교적인 나라들에 속하는 경향이 있는 반면, 부유하고 안정적이고 잘 돌아가는 나라들일수록 가장 무종교적인 나라들에 들어가는 경향이 있다.

이런 사실은 물론 예상을 빗나가는 것이다. 적어도 보수적인 기독교인들과 생각이 비슷한 많은 미국인들에게는 그렇다. 이들은 종교가 사회에 좋은 영향을 미치며 이득을 가져다주는 반면, 종교의 부재는 해롭고 좋지 않다는 믿음을 확고하게 갖고 일상적으로 이것을 주장한다. 다시 말해 자메이카처럼 종교성이 강한 나라들은 아주 잘 살아가는 반면, 덴마크처럼 상대적으로 무종교적인 나라들은 아주 비참할 것이라고 생각하는 것이다.

그러나 실제로 살펴보면, 상황은 정반대다. 런던대학교 스티븐 로(Stephen Law) 박사의 말처럼 말이다. "종교성의 약화가 (…) 모든 사회적 악의 주요 원인이라면 가장 종교적이지 않은 나라들이 가장 큰 문제들을 안고 있어야 할 것이다. 그러나 현실은 정반대다."

신이 빠진 사회의 안녕

"신이 없으면 도덕적인 사회도 없다." 최근 라디오 토크쇼 진행자인 데니스 프레이저가 《주이시 저널(Jewish Journal)》의 칼럼기사에서 한 말이다. 오늘날 미국이라는 나라에서 프레이저의 선언은 많은 지지를 얻고 있다. 많은 미국인들 — 언제나 그런 것은 아니지만 보통은 더욱 보수적인 — 의 내면에는 무신론과 세속주의에 대한 오랜 불신이 뿌리 깊게 박혀 있기 때문이다. 그들은 현대 사회에서 증가하고 있는 이 두 요소가 본질적으로 사회의 안녕에 위험하고 해롭다고 생각한다.

공화당 하원의원회 의장에 대통령 후보자로도 나왔으며 베스트셀러를 내기도 했던 정치인 뉴트 깅리치(Newt Gingrich)를 생각해 보자. 그는 직설적인 종교적 보수주의자였는데 종교는 사회의 안녕에 좋은 영향을 미치므로 꼭 필요한 반면, 종교의 부재는 부정적인 영향을 미친다고 되풀이해서 주장했다. 그의 주장에 따르면, 무종교적 사회는 정말로 지상의 지옥이 될 것이다. 2011년 그는 텔레비전 생방송에서 "신을 무시하거나 신을 대중들의 삶에서 몰아내려는 나라는 어떤 나라든 틀림없이 온갖 사회적 문제에 직면할 것"이며, 이로 인해 "무종교적 사회는 솔직히 말하면 악몽이 되고 말 것"이라고 말했다.

또 몇 년 앞선 2006년 그는 『미국에서 신을 재발견하기(Rediscovering God in America)』라는 책을 쓰고, 미국을 망치려는 가장 무자비하고 파괴적인 힘이 세속주의라고 주장했다. 미국이 신을 무시하거나 경배하지 않으면 그 결과는 정말로 무시무시할 것이라고 말이다. 또 더 최근인 2010년에 발간된 책에서는 나치즘처럼 세속주의도 사회에 위험하다고 했다. 그리고 코네티컷 주 뉴타운에서 어린 학생들이 이유도 없이 대규모로 학살된 후에는 이런 폭력이 야말로 미국 사회의 세속주의가 불러온 필연적이고 분명한 결과라고 공공연하게 주장했다.

뉴트 깅리치와 같은 주장을 펼친 선례들은 역사 속에서 많이 찾아볼 수 있다. 예를 들어, 1790년 에드먼드 버크(Edmund Burke)는 그의 고전적인 작품『프랑스 혁명에 관한 성찰』에서 종교는 질서 잡힌 시민사회의 근본적 기반이라고 주장했다. 또 유명한 계몽주의 철학자 볼테르는 유신론이 없으면 사회가 제대로 기능하지 못할 것이며, 도덕적인 사회 질서를 유지하기 위해 사람들이 "지고의 존재와 창조주의 모습을 마음 깊이 새겨야" 한다고 했다. 알렉시스 드 토크빌(Alexis de Tocqueville)은 1835년에 출간된 고전『미국의 민주주의』에서 잘 기능하는 사회를 위해 종교적 믿음은 꼭 필요하며 무종교는 사회의 안녕에 "위험하고 치명적인 위협"으로 작용하므로 비신자들을 사회적 화합의 "당연한 적"으로 간주해야 한다고 주장했다.

이런 뻔뻔한 주장들은 끊임없이 숱하게 양산되었다. 프레이저나 깅리치와 같은 사람들뿐만 아니라, 폭스 뉴스의 정치평론가인 빌 오라일리(Bill O'Reilly)의 말도 한번 생각해 보자. 2011년 영국의 무신론자인 리처드 도킨스와 텔레비전 토론을 하는 중에 그는 종교의 부재가 사회의 부패를 불러온다는 전통적인 주장을 펼쳤다. "종교는 사회를 통제하는 역할을 한다는 것이 저의 가설입니다."

라고 말한 것이다.

오라일리의 말에 따르면 종교적 믿음은 '바람직하지 않은 행위'를 방지해 준다. 전에도 비슷한 생각을 펼친 적이 있는데, 베스트셀러가 된 그의 저서들에서 종교가 없으면 사회가 무정부주의적이고 혼돈스러우며 취약하고 무법적인 곳으로 변질될 것이라고 주장했다. 미국의 라디오 진행자인 태미 브루스(Tammy Bruce)도 같은 생각을 갖고 있다. 그녀는 기독교가 "도덕성과 가치, 품위의 마지막 보루이므로 종교가 없으면 사회가 모호하고 공허해져서 방향을 상실할 것"이라고 했다.

픽스드 포인트 재단의 운영위원장이자 『은총 효과(The Grace Effect)』의 저자 래리 알렉스 타운튼(Larry Alex Taunton)이 제시한 관점도 살펴보겠다. 2011년 12월 CNN의 사설 난에 눈에 띄게 실린 글에서 그는 기독교적 믿음이 부족한 나라는 망해 가는 나라, 타락해 가는 나라라고 선언했다. 제임스 스튜어트가 주역을 맡은 고전적인 미국 영화 「멋진 인생」을 직접적으로 언급하면서, 종교적인 믿음이 강한 사회는 (자족적이고 인간적이며 평화롭고 도덕적인) 영화 중에 나오는 '베드포드 폴스' 마을과 비슷한 반면, 이런 종교적 믿음이 없는 사회는 (부패하고 가혹하고 타락하고 비도덕적인) '포터스빌'과 닮았다고 주장했다.

그러나 현재의 세계 상황은 아주 다른 모습을 드러내고 있다. 더 무종교적인 사회들이 가장 높은 수준의 사회적 화합과 예의,

자유, 평등, 평화, 풍요를 보여 주는 반면, 더욱 종교적인 사회들은 가장 심각한 수준의 파괴와 혼돈, 불안정, 불평등, 억압, 비도덕성, 가난을 보여 주고 있는 것이다. 사실을 말하자면, 고도로 무종교적인 '덴마크 같은 나라들'은 선한 베드폴드 폴스에 훨씬 더 가까이 다가가 있는 반면, 고도로 종교적인 '자메이카 같은 나라들'은 포터스빌의 운명과 훨씬 많이 닮아 있다.

이야기를 더 깊이 전개시키기 전에 분명하게 정리를 해 보겠다. 나는 덴마크 같은 나라들이 그렇게 잘 사는 이유가 단지 고도로 무종교적이기 때문만은 아니라고 생각한다. 그리고 자메이카 같은 나라들이 그렇게 허덕이는 이유가 단지 고도로 종교적이기 때문이라고 생각하지도 않는다. 자메이카 같은 나라들의 문제를 고도의 종교성 탓으로 돌리지도 않고, 덴마크 같은 나라들이 그렇게 성공을 거두는 이유가 단지 그들의 무종교성 덕분이라고 생각하지도 않는다. 이런 시각은 끔찍할 정도로 단순하고 환원적인 것이다.

게다가 사회·경제·정치적으로 잘 꾸려나가고 있어서 고도로 무종교적인 나라들이 있는 반면, 그렇지 못해서 고도로 종교적인 나라들도 분명히 있다. 그래도 이런 결과들은 신을 믿어야만 사회가 제대로 기능할 수 있다거나 세속주의는 본질적으로 사회에 안 좋은 영향을 미친다고 주장하는 사람들에게 정면으로 반박하게 해 준다. 이들의 주장 모두 명백한 거짓이라고 말이다.

이것을 입증하기 위해서 오늘날 어떤 나라들이 신을 가장 많이 믿고 어떤 나라들이 가장 적게 믿는지 살펴보겠다. 다양한 나라들에서 신을 믿고 신앙심이 있으며 기도를 하는 인구 비율이 얼마나 되는지를 보여 주는 국제적 조사 결과를 이용하면, 신을 가장 많이 숭배하는 나라와 가장 적게 숭배하는 나라들에 대해 상당히 질 높고 정확한 목록을 얻을 수 있다. 지구상에서 믿음이 가장 높은 나라들 — 유신론자들이 가장 많은 — 에는 나이지리아와 우간다, 필리핀, 파키스탄, 모로코, 이집트, 짐바브웨, 방글라데시, 엘살바도르, 콜롬비아, 세네갈, 말라위, 인도네시아, 브라질, 페루, 요르단, 알제리, 가나, 베네수엘라, 멕시코, 시에라리온 등이 들어간다.

반면에 믿음이 가장 약하고 무종교적인 성향이 강한 나라들 — 무신론자와 불가지론자, 신학에 무관심한 이들의 비율이 가장 높은 — 에는 스웨덴과 덴마크, 체코, 일본, 캐나다, 노르웨이, 핀란드, 중국, 뉴질랜드, 한국, 에스토니아, 프랑스, 베트남, 러시아, 불가리아, 네덜란드, 슬로베니아, 독일, 헝가리, 영국, 오스트레일리아, 벨기에 등이 포함된다.

자, 그럼 평균적으로 어느 쪽의 나라들이 더 잘 살아가고 있을까? 많은 미국인들의 주장이 맞다면 신을 가장 많이 사랑하는 나라들이 가장 잘 살아야 할 것이다. 그러나 현실은 미국인들의 주장과는 전혀 거리가 멀다. 오히려 신을 믿는 비율이 가장 낮은 나라들이 번영과 평등, 자유, 민주주의, 여권, 인권, 교육 정도, 범죄율, 기대수명 면에서 가장 '건강'하다.(베트남이나 중국이 증명해 주듯 모든 나라들이 그런 것은 아니지만)

반면에 신을 믿는 비율이 가장 높은 나라들은 높은 빈곤율, 견고한 불평등, 높은 영아사망률에서부터 개선하기 힘든 사회적 부패, 깨끗한 물의 부족, 민주주의의 부재에 이르기까지 사회의 건강을 측정하는 많은 기준으로 봤을 때, 상대적으로 성공적이지 못한 경향이 있다.

몇 가지 구체적인 예를 살펴보겠다. 먼저, 거의 모든 사람들이 썩 쉽지는 않아도 가장 중요한 것이라고 생각하는 어머니의 역할을 예로 들어 보자. 어머니들에게 가장 좋은 나라들은 어디인가? 비영리 단체인 '세이브더칠드런(Save the Children Foundation)'에서는 해마다 지구상에서 어머니가 되기에 조건이 가장 좋은 나라와 가장 안 좋은 나라들의 순위를 매긴 '어머니 지수(Mother's Index)'를 발표한다. 이 점수는 분만 시 유능한 직원들의 보살핌을 받는 비율과 출산 휴가 혜택, 영유아사망률 같은 여러 가지 요소들을 고려한다.

여기서 가장 최근에 발표한 연간보고서에 따르면, 어머니가 되기에 가장 좋은 상위 10개국 모두 고도로 무종교적인 나라들이었으며, 유신론을 믿지 않는 사람들이 대부분인 나라들이었다.

종교 없는 삶

한편 어머니가 되기에 가장 안 좋은 하위 10개국은 전부 예멘이나 말리, 니제르처럼 고도로 종교적인 나라들이었다. 유신론을 강하게 믿는 나라들 가운데서 어머니가 되기에 좋은 나라들에 속하는 곳은 한 곳도 없었다. 그리고 방글라데시와 우간다, 시에라리온, 세네갈, 나이지리아처럼 대부분이 순위의 맨 아래 부분에 위치했다.

거의 모든 사람들이 사회적 선이라고 주장하는 평화도 살펴보자. 오늘날 가장 평화로운 곳은 어떤 나라들일까? 종교적인 나라들은 아니다. 오히려 가장 높은 수준의 평화를 누리는 나라들은 신을 두려워하지 않는 나라들이다. 비영리 단체인 '비전오브휴머니티(Vision of Humanity)'에서는 사회의 안전과 안정성, 폭력 범죄, 전쟁, 위험한 무기들에 다가갈 수 있는 정도 등 많은 변수들을 계산해서 매년 '세계평화지수(Global Peace Index)'를 발표한다.

이들이 가장 최근에 발표한 순위에 따르면, 지구상에서 가장 평화로운 상위 10개국은 모두 신에 대한 믿음이 가장 약한 나라들이었다. 그리고 실제로 이 가운데 8개 나라는 지구상에서 가장 유신론적 성향이 약한 나라들에 속했다. 반대로 가장 평화적이지 않은 하위 10개국은 대단히 종교적인 나라들이었다. 예를 들어 멕시코는 121위, 필리핀은 136위, 콜롬비아는 139위, 짐바브웨는 140위, 파키스탄은 146위였다.

마지막으로 사회의 병적인 요소로 폭넓은 동의를 얻는 살인을 살펴보겠다. 그러면 살인율이 가장 높은 나라들은 어떤 나라들일까? 유엔에서 2011년 발표한 '전 세계의 살인에 관한 보고서(Global Study on Homicide)'에 따르면, 고의적인 살인율이 아주 높은 나라들은 모두 대단히 종교적이고 유신론을 강하게 믿는 나라들이었다. 콜롬비아와 멕시코, 엘살바도르, 브라질처럼 대부분이 세계에서 유신론을 가장 강하게 믿는 나라들이었다. 반면에 살인율이 가장 낮은 나라들은 거의가 상당히 무종교적인 나라들이었고, 하위 7개국은 스웨덴이나 일본, 노르웨이, 네덜란드처럼 유신론을 가장 믿지 않는 나라들이었다.

또 제임스 폭스(James Fox)와 잭 레빈(Jack Levin), 파블로 파즌질베르(Pablo Fajnzylber) 같은 사회학자와 범죄학자들이 실시한 추가 연구 결과, 무신론자와 불가지론자들이 흔한 무종교적인 나라들일수록 살인율이 현저하게 낮고, 신에 대한 믿음이 널리 퍼져 있는 종교적인 나라들일수록 살인율이 더욱 높은 것으로 나타났다. 실제로 중앙아메리카의 범죄 조직을 연구한 사회학자 로버트 브레네멘(Robert Brenneman)은 광범위한 현장연구를 토대로 엘살바도르와 온두라스, 과테말라에서 가장 폭력적이고 야만적인 구역에는 무신론자와 불가지론자들이 사실상 거의 존재하지 않는다고 보고했다.

결과적으로 보면 어머니가 되기에 가장 좋은 나라와 가장 평화로운 나라, 살인율이 가장 낮은 나라들은 일반적으로 상당히 무종교적이었다. 이런 상관관계는 기업체와 정부의 부패 정도, 성전염성질환 비율, 10대 임신율, 문맹률, 병원 치료의 질, 차도와 고속도로의 질, 가중폭행 비율, 표현과 언론 자유의 수준, 환경 훼손과 오염, 위생 수준, 깨끗한 식수의 이용가능도, 투표율처럼 사회의 안녕을 판단하기 위해 우리가 생각해 낼 수 있는 거의 모든 척도에도 동일하게 적용된다.

주관적 행복을 평가하는 다양한 연구들도 살펴볼 수 있다. 이런 연구들에 따르면, 덴마크와 노르웨이, 스웨덴처럼 서구에서 가장 종교적이지 않은 나라들의 국민 행복도가 가장 높다고 한다. 반면에 베냉과 토고, 브루나이처럼 가장 종교적인 나라들의 국민이 가장 불행하다고 한다.

이런 문제를 폭넓게 연구한 학자들 가운데 그레고리 S. 폴(Gregory S. Paul)이 있다. 그는 '성공사회척도(Successful Societies Scale)'를 만들어서 사회의 선과 안녕을 알려 주는 모든 변수들을 객관적으로 측정하려 했다. 그리고 삶의 만족도와 투옥률, 출생률, 알코올 소비율, 일인당 소득, 불평등, 고용률 같은 요소들을 측정해서 이 결과를 종교성 내지 무종교성과 연관지어 본 결과, 아주 분명한 사실을 발견했다. 특이하게 자살 ── 종교적인 사회들이 무종교적인 사회들보다 자살률이 현저히 낮았다. ── 만 빼고, 다른 모든 척도들에서는 덜 종교적인 나라들이 더 종교적인 나라들에 비해 훨씬 잘 살아가는 것으로 나타난 것이다.

전 세계 나라들을 비교해 보면 이런 양상이 뚜렷하다. 나는 이 문제를 더욱 가까이 적용하여 미국 내에서도 같은 양상이 나타나는지 살펴보았다. 결과는 확실하게 똑같았다. 미국의 50개 주를 살펴본 결과, 높은 무종교성과 사회의 안녕 사이에 여전히 분명하고도 단단한 상관관계가 있었다. 신에 대한 믿음과 신앙의 관점에서 가장 종교적인 주들을 가장 그렇지 않은 주들과 비교해 보면, 신의 존재를 인정하는 사람들이 가장 적은 주들이 평균적으로 더 잘 살아가고 있음을 다시 확인할 수 있었다.

신에 대한 믿음이 가장 높은 10개 주는 루이지애나, 아칸소, 앨라배마, 미시시피, 조지아, 사우스 캐롤라이나, 노스 캐롤라이나, 켄터키, 테네시, 오클라호마(유타와 같은 순위) 주였다. 반면에 신에 대한 믿음이 가장 낮은 10개 주는 메인, 버몬트, 코네티컷, 뉴햄프셔, 로드아일랜드, 매사추세츠, 뉴욕, 알래스카, 오리건, 캘리포니아 주였다. 물론 후자의 10개 주에 사는 사람들이 전부 종교가 없는 것은 아니다. 절대 그렇지 않다. 이것은 중요하게 기억해야 할 점이다. 이 모든 주에서 대다수의 사람들은 여전히 신을 믿고 있다.

그러나 후자의 10개 주에서는 유신론을 믿는 비율이 훨씬 낮았다. 예를 들어, 미시시피 주에 사는 사람들의 91%와 사우스 캐롤라이나 주민의 86%는 '절대적 확신을 갖고' 신을 믿는다고 했다. 반면에 버몬트 주에서는 54%만, 메인 주에서는 59%만 그렇다고 했다. 그리고 켄터키 주에서 신을 믿지 않는다고 명쾌하게 밝힌 사람은 1%뿐이었던 반면, 오리건 주에서는 9%였다.

예상했던 대로 살인율과 폭력범죄율, 빈곤율, 가정내 학대율, 비만율, 교육 수준, 학교와 병원을 위한 기금, 10대 임신율, 성전염성질환율, 실업률, 가정폭력처럼 사회의 건강을 알려 주는 거의 모든 표준 척도들에서 확고한 상관관계가 나타났다. 미국에서 유신론을 가장 덜 믿는 주들이 가장 강하게 믿는 주들에 비해서 훨씬 더 잘 사는 경향이 있었다.

실제로 《포브스》지는 최근 본인이 평가한 삶의 만족도와 신체적 건강, 직업 기회, 경제적 기회, 음식과 주거지에 대한 기본적인 접근성 같은 다양한 변수들을 계산해, 전체적으로 살기에 가장 좋은 곳이 어디인지 50개 주의 순위를 매겼다. 그 결과 여기서도 예상했던 상관관계가 나타났다. 유신론적인 성향이 가장 강한 주들이 순위의 아랫부분을 차지했다. 반면에 무종교적인 경향이 강한 주들은 순위의 윗부분에 있었고 전반적으로 살기에 편했다.

인간이 상상할 수 있는 가장 무시무시하고 비극적인 폭력인 아동학대로 인한 치사율만 봐도 알 수 있다. 평균적으로 부모들에게 맞아 죽는 아이들의 비율은 신을 가장 두려워하는 주들에서 눈에 띌 정도로 높다. 반면 신에 가장 무관심한 주들에서는 훨씬 낮다. 예를 들어, 미시시피 주에서는 아동학대 치사율이 뉴햄프셔보다 두 배는 더 높고, 켄터키 주는 오리건 주보다 네 배나 더 높다.

위의 자료들이 말해 주듯, 무종교나 믿음의 부재가 공동체의 부패나 사회의 타락을 불러오는 것은 아니다. 반대로 종교성이나 믿음을 지닌 사람들의 비율이 높다고 해서 사회의 안녕이 인상적인 수준으로 향상되는 것도 아니다. 깅리치 같은 사람들의 생각은 분명히 틀렸다.

무종교적 사회를 위한 변호

《허핑턴 포스트》의 논평난에 글을 싣거나, 저명한 학자들이 참석하는 학술회의에 참석할 때나, 캔자스 주 남부의 위치타 출신의 사업가 옆에 앉아서 비행 중일 때 등등, 이 문제를 입에 올릴 때마다 나는 정형화된 똑같은 비판들에 부딪혔다. 비판의 내용인즉 다음과 같았다.

먼저, 위의 상관관계는 인과관계에 의한 것이 아니라는 것이다. 이건 전적으로 맞는 말이다. 무종교성이 사회의 안녕과 연관 있다고 해서, 무종교성이 실제로 이런 안녕을 불러오는 것이라고 볼 수는 없기 때문이다. 경제와 인구, 역사, 문화, 정치, 지리적 요인 등 사회의 선을 창조하고 불러일으키는 요인들은 정말로 많다. 일정한 인구 안에서 단순히 종교가 없는 사람들의 비율보다는 이런 요인들이 훨씬 중요하고 의미 있을지도 모른다.

또한 앞에서 넌지시 밝힌 것처럼, 사회가 풍요롭고 평화로우며 평등하고 민주적으로 변화하면서 그 결과로 무종교성도 강해지는 것처럼 보인다. 다시 말해, 무종교성이 필연적으로 사회의 선과 안녕을 불러일으키는 것은 아니지만 그 반대는 맞는 것 같다. 조르쥬 델라몽테뉴(R. Georges Delamontagne)의 연구들도 바로 이런 점을 드러내 준다. 즉 세속주의의 부재가 사회적 역기능을 불러오는 것은 아니고, 사회적 기능장애가 세속주의의 부재를 낳는다고 할 수 있다.

위의 모든 점들을 인정하지만, 나는 여전히 다음과 같은 주장을 펼치지 않을 수 없다. 즉 역사적으로 많은 사회들에서 세속주의 — 지금 여기에서 사회를 개선하기 위해 노력하는 의식적이고 비종교적이며 합리적인 이데올로기 — 는 다양한 형태의 사회적 선을 싹틔우고 촉진시킨 핵심 원인으로 작용하여 사회적 진보에 기여해 왔다는 것이다.

한 가지 의미 있는 예로 서구의 주요한 역사적·정치적 개선을 살펴보자. 신권통치를 하는 군주제에서 현대적인 민주주의로 성공적으로 이행할 때 선두에 선 것은 주로 세속주의 철학과 인문주의 이데올로기였다. 또 종교적 권위자들이 정계와 근본적인 차원에서 혁신적으로 결별한 것도 사실 세속주의가 현대사회에 안겨 준 커다란 선물 중 하나다. 여권도 확실히 세속주의의 격려 덕분에 사회적으로 분명하게 개선되었다. 세속주의가 사회에서 강력한 세력을 얻은 곳에서는 거의 어디서나 여성의 부와 건강, 지위가 극적으로 향상되었다. 세속주의는 또 인도의 카스트 제도에 대항하는 투쟁에서도 강력한 역할을 하고 있다. 뿐만 아니라 분별 있고 효과적인 성 교육의 발달에서도 핵심적인 역할을 하고 있다. 또 스칸디나비아 반도에서 부러울 정도로 성공적인 복지국가들이 탄생한 이유는 무종교적인 사회민주주의자들이 단호하게 비전을 제시하고 이를 법제화했기 때문이다.

세속주의와 사회적 선 사이의 상관성을 이야기 할 때, 두 번째로 흔히 등장하는 비판이 있다. 부정할 수 없는 사실은 20세기에 끔찍한 무신론자 정권들이 존재했었다는 것이다. 스탈린 치하의 구소련이나 폴 포트 치하의 캄보디아가 그 예다. 무종교인들이 지배하던 이런 반종교적이고 극렬한 사회들을 선한 사회의 모범으로 볼 수는 없다. 전체주의와 무신론의 조합이 추하고 억압적인 사회를 만들어 냈다는 것은 분명한 사실이다. 그러나 여기서 주된 문제는 무신론이 아니라 전체주의다.

지난 세기에 세계에서 가장 독재적이고 부패했던 정권들 중에는 명백하게 종교적인 특성을 지니고 있는 경우도 많았다. 이디 아민 치하의 우간다와 로버트 무가비 치하의 짐바브웨, '베이비 독' 장클로드 뒤발리에 치하의 아이티, 아우구스토 피노체트 치하의 칠레, 시아파 종교지도자들이 다스리던 이란, 프란시스코

프랑코 치하의 스페인, 페르디난드 마르코스 치하의 필리핀, 남 아프리카의 아파르트헤이트 정책, 그리고 바티칸과 언제나 좋은 관계를 유지한 가톨릭 신자였던 그 망할 히틀러 치하의 제3제국이 그 예다.

그러나 종교적인 독재자와 무신론적인 독재자를 기분 나쁘게 혹은 두서없이 대조해 보는 것은 의미가 없다. 그보다는 국가 권력을 비민주적으로 유지할 때 언제나 해로운 결과가 나타난다는 점을 그냥 인정하는 편이 더 나을 것이다. 요컨대 지난 세기에 비민주적으로 선출된 정권들은 모두 부패해 버렸다. 파시즘과 전체주의, 공산주의 같은 현대적인 정치 체제들은 전부 자유와 해방보다는 힘과 억압에 토대를 두고 있다. 얼마나 종교적이거나 무종교적이었건 간에 이것들은 전부 사회의 진보를 억누르고 사회의 안녕을 심각하게 제한했다.

종교가 온갖 형태와 규모를 띠고 있듯 — 자애로운 종교도 있지만 잔인한 종교도 있다. — 세속주의도 마찬가지다. 그러므로 자유로운 문화에서 유기적으로 생겨난 무종교성(secularity)과 전체주의 정권이 억지로 시행한 세속주의(secularism)는 반드시 구분해야 한다. 둘은 전혀 다른 식물과 같다. 전체주의적인 상황에서는 종교가 악마 취급을 당하며 흔히 불법으로 여겨지기 때문에 신자들은 비난이나 더욱 혹독한 대접을 받는다. 전반적인 상황이 억압적이고 비인간적일 뿐만 아니라 견디기도 상당히 힘들다.

그러나 더욱 유기적인 다른 상황 — 미국을 포함한 세계의 많은 나라들에서 오늘날 우리가 목도하고 있는 — 에서는 많은 사람들이 민주적으로 열려 있는 사회에 살고 있다. 더 이상 사람들은 종교적인 믿음들을 지속 가능하거나 매력적인 것으로 여기지 않는다. 종교 단체에 참여하는 데 흥미를 못 느끼기 때문에, 종교적 믿음 밖에서 가치를 지키고 미덕을 드러내며 의미를 발견하고 정체성에 대한 인식을 발달시킨다. 그리고 이 장에서 소개한 자료들이 보여 주듯, 유기적인 상황 속에서 문화적으로 드러나는 무종교성은 사회에 해악과 위협을 가하지 않는다. 이런 무종교성은 오히려 긍정적인 사회적 결과들과 연관되어 있다.

물론 이런 상관관계는 인과관계가 아닐 수도 있다. 또 지난 세기 최악의 몇몇 사회들은 무신론자인 독재자가 통치한 곳들이었다.(종교적인 독재자가 통치한 곳도 물론 있었다.) 그러나 이런 점을 인정해도 다음과 같은 사실은 여전히 부정할 수 없다. 즉, 여러 나라들은 물론이고 국내의 여러 주들을 비교해 볼 때, 무종교적인 경향이 강한 곳들이 한층 종교적인 곳들에 비해서 질적으로나 양적으로 더 잘 살아가는 것으로 나타났다. 또 사회적인 선을 보여 주는 거의 모든 지표들을 놓고 볼 때, 더욱 종교적인 곳들이 더 힘들게 살아가는 것으로 드러났다. 그러나 이것은 그들이 종교적이어서가 아니라, 종교성이 확실히 만병통치약은 아니기 때문일 것이다.

이 장에서는 종교의 상실이나 약화가 사회에 해롭거나 위험한 것이 아니라는 점을 이야기했다. 여기서 더 나아가, 상상할 수 있는 거의 모든 척도들을 놓고 볼 때, 유기적인 무종교화 과정을 경험한 전 세계의 여러 나라들 — 미국 내의 여러 주들은 물론이고 — 이 실제로는 종교적인 나라들보다 훨씬 잘 살아가고 있다는 점도 살펴보았다.

이처럼 사회의 안녕과 무종교적인 삶은 함께 가는 것 같다. 언제나 그런 것은 아니어서 광적인 무신론자인 독재자가 이 결합에 끼어들면, 상황은 확실히 급속하게 아주 안 좋아질 수 있다. 그러나 무수한 개인들이 신에 대한 믿음과 이것에 동반되는 여러 종교 의식이나 단체에 참여하지 않고도 잘 살아갈 수 있는 민주적인 상황에 놓이면, 이런 유기적이고 무종교적인 사회와 문화가 자유롭게 평화적으로 생겨나면, 대단히 긍정적인 결과가 나타난다.

그런데 여기 좋은 소식이 있다. '들어가며'에서 이미 언급한 것처럼 오늘날 비종교적인 사람들이 전보다 더욱 많이 생겨나고 있다는 점이다. 이들의 수는 계속 증가하고 있다. 왜 이런 현상이 벌어지게 된 것일까? 이것이 다음 장의 주제다.

3장

종교 없는
사람들이
늘어나는
이유는?

세속주의는 전혀 새로운 것이 아니다. 종교적 가르침에 의심을 품고 사제나 랍비, 구루, 이맘(imam, 이슬람교에서 예배를 인도하는 성직자—옮긴이)들을 미심쩍은 눈으로 바라보며 신도석에 있는 것을 불편하게 여기는 사람들은 언제나 존재했다. 막스 베버(Max Weber)의 품위 있는 표현을 빌리자면, 종교를 불편해하는 사람들은 수천 년 전에도 있었다. 그러므로 최근에 미국을 포함한 많은 나라에서 무종교화의 움직임이 급격하게 커지고 있는 이유를 설명하기 전에, 시대를 통틀어 무종교의 풍부한 역사와 분명한 존재를 간략하게 살펴보는 것도 좋을 것이다.

먼저, 기원전 7세기 인도에 존재했던 철학자 집단인 차르바카(Carvaka) 학파를 살펴보겠다. 이것은 약 2800년 전 지상에서 가장 종교적이었던 나라의 이야기다. 이렇게 오래전 이런 곳에서도 우리는 회의주의적인 사람들이 집요한 자연주의적 철학 속에서 만들어 낸 무종교성을 분명하게 발견할 수 있다. 로카야타(Lokayata) 학파(신과 영혼, 내세, 카르마를 부정하고 유물론과 쾌락주의를 주장한 인도의 철학 학파──옮긴이)를 지지했던 차르바카의 생각과 가르침은 목적과 표현이 분명하고 의식적이었던 가장 초기적인 세속주의의 몇몇 예들을 구성하는 요소가 됐다.

차르바카는 고대 힌두교의 초자연주의를 거부한 유물론적 사상가들로서 종교적 권위자들을 소리 높여 조롱했다. 또 본질적으로 무신론자로서 신이나 카르마, 어떤 종류의 내세에 대해서도 그 존재를 입증해 주는 증거를 찾지 못했다. 그래서 "오감을 통해 지각할 수 있는 것만이 존재"하며 "이 세상이 아닌 다른 세상은 존재하지 않는다."고 주장했다.

고대 인도의 차르바카를 넘어, 기원전 3세기 중국에서 살았던 순자(荀子)의 철학에서도 초기 무종교성의 증거를 찾아볼 수 있다. 순자는 자연세계가 바로 천국이며 도덕성은 신이 아니라 인간이 구축하는 것이라고 가르쳤다. 중국에는 또 2000년 전 본래의 무종교적이고 자연주의적인 회의주의를 보여 주었던 왕충(王充)도 있었다. 그는 세계의 경이 이면에 영적이거나 초자연적인 것은 없으며 행운이나 불운도 우연의 결과에 지나지 않고 불멸은 불가능하다고 주장했다.

한편 기원전 3세기 고대 이스라엘의 유대인 철학자 코헤렛 (Kohelet)이 쓴 글에도 실존적인 불안과 진솔한 의심이 잘 드러나 있다. 전도서의 저자로 추정되는 코헤렛은 모든 삶이 결국은 무의미하며 죽음 이후의 삶 같은 것은 없다고 주장했다. 이런 사실들이 실망스럽게 여겨져도 우리에게 가능한 것들을 즐기고 주변 사람들을 사랑하며 좋은 일을 하도록 노력해야 한다고 가르쳤다. 또 욥기의 알려지지 않은 저자는 고대 유대인들의 의심과 회의주의를 분명하게 표현했다. 이런 회의주의는 히위 알 발키(Hiwi al-Balkhi)라는 유대인 철학자의 공공연한 회의주의와 함께 9세기 중앙아시아에서 더욱 두드러지게 나타났다. 전하는 바에 따르면 발키는 율법서인 토라의 신성함에 노골적으로 의문을 제기해서 많은 사람들이 믿음을 잃게 만들었다고 한다.

고전주의 시대의 고대 로마와 그리스인들 사이에서도 의외로 불가지론과 반종교성, 전면적인 비판적 태도가 많이 표출되었다. 예를 들어, 루크레티우스(Lucretius)는 신은 존재하지 않으며 죽음 이후의 삶은 없고, 가장 불가사의한 것들까지 포함해서 우리의 모든 경험이 본질적으로 자연스러운 것이라고 주장했다.

또 에피쿠로스(Epicurus)는 죽음은 아무것도 아니므로 누구도 두려움을 느낄 필요가 없다고 했다. 죽음이라는 결말은 피할 수 없으므로 더욱 절실하게 현재의 삶을 즐기려 노력해야 하고, 이 생은 즐겁고 좋은 것이며 확실히 그렇게 만들 수 있다고 가르쳤다. 데모크리토스(Democritus)는 모든 신성한 것의 존재를 부정하고, 개인의 도덕성은 자기 존중감에서 비롯된다고 주장했다. 프로타고라스(Protagoras)는 어떻게 해도 신의 존재 여부를 알기는 어렵다며 불가지론을 펼쳤다.

또 진정한 회의주의자 카르네아데스(Carneades)는 신의 창조론과 유신론을 옹호하는 전형적인 주장들이 틀렸다고 주장했다. 아낙시만드로스(Anaximander)는 우주의 작용들을 과학적으로 이해하려 했으며 자연주의적인 태도를 일찍부터 지지했다. 이들은 고대 그리스와 로마에서 아직 경험적으로 실증되지 않은 종교적 주장들을 비판하고, 이 세상을 중요하게 생각하는 다분히 무종교적인 에토스를 표현했던 많은 사람들 중 소수에 불과하다.

잠깐, 들여다봐야 할 사람들이 더 있다. 초기 이슬람 문명에서도 과거 내내 스며 있던 세속주의적 사상의 증거들을 찾아볼 수 있다. 우선 9세기 무함마드 알 와락(Muhammad al-Warraq)의 비판적 합리주의가 있다. 알 와락은 알라의 존재를 의심하고 종교적인 예언자들에 대해서도 회의적이었다. 또 10세기 초 무함마드 알 라지(Muhammad al-Razi)는 자유사상적이고 반종교적인 주장을 펼쳤다. 그는 공공연하게 종교를 비판하고 물리학과 화학, 의학의 발전을 위해 열심히 일했다. 또 11세기 페르시아의 시인 오마르 하이얌(Omar Khayyám)의 위안과 영감을 주는 주장들도 있다. 그는 너무도 자연적이고 너무도 이해하기 힘들지만, 그럼에도 감탄하지 않을 수 없는 존재의 아름다움을 시적으로 표현했다. "인간은 천국에 대해 이야기하지만 여기 말고 천국은 없다."고 적은 것이다. 또 12세기 코르도바의 걸출한 지식인이었던 에베로에스(Averroes)도 있다. 그는 초기 세속주의 철학의 창시자로 여겨지고 있다. 단테가 그의 『신곡』에서 지옥에 사는 저명한 인물의 한 사람으로 그의 이름을 포함시킬 정도로 에베로에스의 회의주의는 확고했다.

이처럼 우리가 오늘날 불가지론이나 회의주의, 무신론, 자연주의, 세속주의, 인본주의라고 부르는 것들의 초기 형태가 역사를 통틀어 수천 년 전부터 존재했음을 보여 주는 증거들이 상당히 많다. 그러나 오래전부터 있어 온 이런 세속주의적 표현과 주장들이 극소수의 인류만을 대변한다는 점 역시 인정해야 한다. 무종교적인 사람들은 과거, 특히 1000년 전에는 흔치 않았기 때문이다. 100년 전에도 상황은 마찬가지였다.

그런데 오늘날에는 더 이상 드물지 않다. 21세기에 들어서면서 무종교적인 사람들은 아주 많아졌다. 지금은 말 그대로 수억 명이 종교적인 믿음과 참여를 피하는 대신, 다른 형태의 모임과 자연주의적인 세계관을 단호하게 지지하고 있다. 최근의 연구에서 인구통계학자 베가드 스커벡(Vegard Skirbekk)과 에릭 카우프만(Eric Kaufmann), 앤 고존(Anne Goujon)은 역사상 처음임이 분명한 사실을 밝혀냈다. 현재 더욱 많은 사람들이 종교를 포용하기보다 떠나고 있음을 밝힌 것이다.

요컨대 세속주의라는 개념은 전혀 새로운 것이 아니다. 그러나 오늘날 전 세계적으로 늘어난 세속주의의 규모와 영역은 정말로 새로운 현상이다. 세속주의가 이렇게 공개적으로 혹은 공공연하게 널리 퍼진 적은 한 번도 없었다.

종교가 희미해지는 사회들

세속화(secularization)라는 역사적 과정을 통해 종교적 믿음과 참여, 종교적 정체성, 종교적 제도는 사회에서 약화되고 희미해져 결국 의미가 적어졌다. 물론 세속화는 결코 불가피하거나 돌이킬 수 없는 것이 아니다. 어떤 사회 현상이라고 다르겠는가? 그러나 지금의 상황을 살펴볼 때 전 세계 많은 나라들에서 일어나고 있는 세속주의화의 극적인 진행 과정은 충격적일 정도다.

한 예로, 100년 전의 캐나다에서는 인구의 2%만 종교가 없다고 말했다. 그러나 오늘날에는 캐나다인의 30%나 종교가 없다고 말하고, 5명 가운데 약 1명은 신을 믿지 않는다. 오스트레일리아도 100년 전에는 종교적 정체성이 없다고 주장하는 사람이 1%도 안 됐지만 지금은 약 20%나 된다. 현재의 오스트레일리아 수상 줄리아 길러드(Julia Gillard)도 공개적인 무신론자다.

그러나 세속주의의 증가율은 유럽에서 훨씬 급격하다. 100년 전 네덜란드에서 어떤 종교에도 소속돼 있지 않다고 주장한 사람은 약 10%였는데 지금은 40%를 넘는다. 현대 영국에서는 인구의 반이 종교적 정체성이 전혀 없다고 주장한다. 영국의 역사학자 캘럼 브라운(Callum Brown)도 "종교가 있던 사람이 갑자기 무종교적인 조건 속에 내던져지면서 조직화된 기독교를 버리는" 현상을 상세히 기록했다.

스웨덴에서도 비슷한 상황을 발견할 수 있다. 스웨덴인들도 인구의 반이 무종교인이라 말하며 자신은 종교를 중요하게 생각하지 않는다고 밝히고 있다. 뿐만 아니라 체코인의 61%, 에스토니아인의 49%, 슬로베니아인의 45%, 불가리아인의 34%, 노르웨이인의 45%이 신을 믿지 않는다. 프랑스인의 33%, 벨기에인의 27%, 독일인의 25%는 신은 물론이고 어떤 종류의 우주적이거나 영적인 생명력도 믿지 않는다.

일본에서 가장 최근에 실시한 조사 결과도 지난 세기에 광범위하게 진행된 세속화를 입증해 준다. 60년 전에는 일본인의 약 70%가 인격신에 대한 믿음을 갖고 있었던 반면, 현재는 이 수치가 약 20%로 줄어든 것이다. 무신론자와 불가지론자, 전면적인 무종교인의 이런 증가는 그야말로 놀랍다. 역사적으로 전례가 없는 일이다. 게다가 위에서 언급한 국가들 외에도 전 세계적으로 종교 없는 사람들이 상당히 많다. 이질적이지만 몇 나라만 예를 들어 보면, 우루과이와 칠레, 한국, 이스라엘, 아제르바이잔 같은 나라들이다.

그럼 미국은 어떨까? '신의 나라'였던 미국은 오랫동안 이 폭넓게 관찰되는 세속화의 물결에서 분명한 예외처럼 보였다. 미국에서는 종교적 믿음을 가지고 교회에 나가는 사람들의 비율이 특히 유럽 같은 다른 산업화된 민주주의 국가들보다 훨씬 높았다. 이런 점은 확실히 지금도 마찬가지다. 다른 나라 사람들과 비교해 볼 때 대체로 미국인들은 여전히 훨씬 종교적이다. 하지만 지난 25년 동안 미국에서도 세속주의가 현저하게 증가했다. 하버드 대학교의 로버트 퍼트넘(Robert Putnam) 교수가 최근에 인정한 것처럼 미국에서도 '세속주의가 휩쓸어 버린 영역'이 정말로 급격하게 증가하고 있다. 다음을 보면 이것을 확인할 수 있다.

종교가 무엇이냐고 물었을 때 없다고 답하는 사람들이 1990년에는 10% 미만이었는데 오늘날에는 20~30%로 증가했다. 지난 25년 동안 종교가 없는 미국인들이 200%도 넘게 증가해, 무종교가 미국에서 가장 빠르게 증가하는 '종교적' 태도가 된 것이다. 절대 인구수를 보면 지난 10년 동안 매 년 약 66만 명의 미국인들이 종교가 없다고 말하는 사람들의 대열에 합류했다. 그리고 지금은 종교가 없는 미국인들이 3,800만에서 4,500만이나 된다. 이렇게 무종교적인 미국인은 현재 미국에서 두 번째로 큰 '종교'

집단이 되었으며, 현재 50개 주에서 증가하고 있는 유일한 '종교적' 집단은 어떤 종교에도 소속되지 않은 미국인들이다.

종교가 없는 사람들 가운데 1/3에서 반은 무신론이나 불가지론적인 태도를 지니고 있다. 그리고 약 1/4은 '더욱 고차원적인 힘'을 믿는 반면, '인격신'을 믿는 사람은 약 20%에 지나지 않는다. 이처럼 비종교의 증가는 동시에 무신론과 불가지론의 증가를 의미하기도 한다. 해리스 여론 조사 기관에 따르면, 실제로 현재 9%에서 21%의 미국인들은 무신론자이거나 불가지론자다. 미국 역사상 비신자의 비율이 이렇게 높았던 적은 없었다.

현재 27%의 미국인들은 어떤 종교도 믿지 않는다고 주장하고 있으며, 22%는 종교가 그들 삶에서 중요한 요소가 아니라고 밝히고 있다.

젊은 미국인들 사이에서 세속주의의 비율이 눈에 띌 정도로 강하게 나타나고 있다. 30세 미만의 미국인들 중에서 종교에 소속되어 있지 않은 사람들은 32%나 된다. 수십 년 전과 비교해 보면 이것은 대단한 변화다. 1980년대에는 20대의 미국인들 중에서 복음주의자인 사람들이 종교가 없는 사람들보다 두 배는 더 많았다. 그러나 오늘날에는 정반대다. 20대 중에서 종교가 없는 사람이 복음주의자인 사람보다 두 배 더 많다.

종교가 없는 미국인들의 대다수는 현재의 정체성에 만족하고 있다. 현재 종교가 없는 사람들 중에서 90%는 자신에게 적합한 종교를 찾는 데 관심이 없다고 말한다.

종교 없는 사람을
정의하기는 쉽지 않다

이러한 수치나 비율, 통계자료는 미국을 포함한 세계 여러 지역에서 무종교성이 엄청난 속도로 증가하고 있음을 분명하게 보여 준다. 그래도 이런 자료들이 부정할 수 없을 만큼 널리 퍼져 있는 현상의 실제를 정확하게 나타내 주거나 잘 포착해 내고 있는 것은 아니다. 샐리의 경우를 그 예로 들 수 있다.

샐리 라콘테는 오하이오 출신의 40대 중반 여성으로 도자기와 장신구 만들기, 요리 사이트 둘러보기를 좋아한다. 그녀의 남편 데일은 당당한 무신론자로서 신을 믿지 않고 종교에 관심도 없다. 그래서 아들의 리틀 리그 야구 경기가 단체기도로 시작될 때마다 짜증을 낸다. 샐리도 분명히 무종교인이지만 무신론자는 확실히 아니다. 그녀의 남편과는 어쨌든 다르다. 종교 자체에 공감하지는 않지만 그렇다고 완전한 세속주의적 관점을 갖고 있는 것도 아니다.

샐리는 가톨릭교도로 자라났지만 오래전에 이 전통을 거부했다. 그리고 남편과 함께 어떤 종교 행사에도 참여하지 않고 아이들을 키웠다. 이로 인해 그녀가 무뚝뚝하게 즐겨 던지는 농담처럼 그녀의 아이들은 '아무것도 아닌 존재들'이 되었다. 물론 나는 이것이 자긍심과 부끄러움을 모두 포함하는 농담이라는 걸 잘 안다.

그녀는 아이들이 특정한 믿음들에 얽매여 있지 않다는 게 한편 자랑스러웠다. 또 아이들이 어떤 종교나 교파라는 딱지를 자신에게 붙이지 않은 것도 기특했다. 아이들은 그저 자신으로, 독자적인 개인으로 존재하게 된 것이다. 그러나 아이들을 '아무것도 아닌 존재'라고 말할 때 샐리의 웃음 속에는 걱정과 자기회의의 기색도 배어 있었다. '들어가며'에서 소개한 질의 얘기처럼 샐리도 아이들을 이웃의 다른 아이들처럼 기존의 종교적 전통 안에서 키우지 않는 것이 혹 부모로서 태만한 처사는 아닐까 걱정하고 있었다.

이런 걱정을 하는 샐리에게 내가 말했다. "아이들에게 그냥 '너희들은 무종교적 인본주의자야.'라고 말해 주는 건 어때요?" 그러자 샐리가 말했다. "그러면 그 무종교적 인본주의자가 뭔지 사람들한테 설명해 줘야 할 거예요. 나도 뭔지 확신이 안 서는데 말입니다." 맞는 말이었다.

이렇게 샐리는 종교 없이 살아가며 아이들도 종교 없이 키우고 있다. 그렇다고 샐리의 무종교성이 절대적인 것은 아니다. 그녀의 무종교성은 분명하지 않다. 물론 그녀의 가슴 깊은 곳에는 '우리가 흔히 말하는 신에 대한' 믿음이 없다. 신에 대한 믿음이 없다고? 음, 그러나 그건 여러분이 의미하는 '신'이 무엇이냐에 따라 다르다.

샐리에게도 신의 의미를 규정하는 건 쉬운 일이 아니었다. 가톨릭교의 신은 분명히 믿지 않았다. 그렇지만 무언가는 믿는다고 말할 것이다. 그녀가 이 무언가와 연관 짓는 것은 사랑이나 희망, 초월 같은 개념들이다. 그리고 종교가 일상의 한 부분을 차지하지는 않았지만, 크리스마스가 되면 작은 주머니 안에 넣어 둔 그녀가 좋아하는 천사들을 꺼내어 다른 장식품들과 함께 집 안을 장식했다. 여기서 핵심은 샐리가 다른 수백만의 미국인들과 공유하는 공통점이다. 즉 종교적이지는 않지만 완전히 무종교적이지도 않다는 점에서 말이다.

'무신론자' '기독교인' '무종교인' '종교인' 등의 딱지를 붙인 상자 안에 모든 사람이 완벽하게 들어맞는 것은 아니다. 이런 부류는 드문 데다가, 있다 해도 공기가 통하지 않는다. 흔히 이런 구분은 뒤섞이거나 서로에게 스며든다. 그래서 딱지들이 뒤범벅된다. 대부분의 종교적인 사람들도 어떤 면에서는 무종교적이고, 대부분의 무종교인들도 어느 면에서는 종교적이다. 많은 학자들이 이런 복합성을 인식하고, 이 혼란을 담아내기 위해 다양한 용어들을 만들어 내고 있다.

예를 들어, 사회학자 데이비드 보아스(David Voas)는 주어진 종교 전통을 추종하지 않고 다양한 초자연적 믿음을 지지하는 이들을 '모호한 충신도들(fuzzy fidelists)'이라고 표현했다. 이들은 부모가 믿는 기독교는 피하면서도 유령이나 환생은 믿는다. 또 무종교인으로 자라나 지금도 자신을 무종교인이라고 생각하지만 카르마가 영적이고 우주적인 실재로서 우주에 스며 있다고 믿는 사람도 있다. 다시 말해 이들은 전통적인 의미에서는 전혀 종교적이지 않지만, 그렇다고 해서 완전한 이성주의자나 경험주의자, 회의적인 무신론자도 아니다.

또 로버트 퍼트넘(Robert Putnam)은 '경계인들(liminals)'에 대해 이야기했다. 이들은 종교인의 정체성도 무종교인의 정체성도 아닌 '어중간한 상태'에 있는 사람들이다. 주어진 종교인/비종교인의 정체성 중간에서 양쪽에 반반씩 서 있다. 이 '회색'의 공간을 점유한 채 자신이 종교적이라고 느끼지도 않고 신자라고 정의하지도 않는다.

또 다른 유형을 더하자면, 그레이스 다비(Grace Davie)는 '소속 없는 신자'로 분류할 수 있는 사람들을 발견했다. 종교적인 믿음을 유지하면서도 참여는 피하는 사람들이 있는 것이다. 조사에서 "당신은 종교적인 사람인가요?" 하고 물으면 이들은 거의 "아니요."라고 답할 것이다. 또 "종교는 무엇이죠?"라는 질문에는 "없습니다."라고 답할 것이다. 그렇지만 "신을 믿으세요?" 하고 물으면 "네."라고 대답할 것이다. 교회나 회당, 모스크에는 전혀 소속되어 있지 않지만 신을 믿는 이런 사람들은 상당히 많다.

반대로 사실상 '믿음 없이 종교에 소속되어 있는' 사람들도 그만큼, 아니 훨씬 더 많을지 모른다. 종교 모임에 적극적으로 참여하고 주어진 종교 전통에 공감하지만 실제로 신이나 초자연적인 존재를 전혀 믿지 않는 사람들 말이다. 나의 아버지도 이런 농담을 즐겨 하곤 했다. "숄로모는 신과 대화하기 위해서 회당에 가지만 나는 숄로모와 이야기를 하기 위해서 회당에 가지."

또 내가 개인적으로 아는 몇몇 교회 목사들 중에도 맥주를 마시면서 사적인 대화를 나누다가 자신은 사실 신도, 예수도, 천국이나 지옥도 안 믿는다고 실토하는 사람들이 실제로 있었다. 그래도 이들은 신자들에게 이런 것들을 설교했다. 믿지도 않으면서 종교에 적을 두고 있는 이런 사람들을 어떻게 이해해야 할까? 이들은 종교적인 사람들일까 아니면 무종교적인 사람들일까? 뭐라 답하기가 힘들다.

종교에 속해 있지만 믿음은 없는 이런 유형의 사람들과 가까운 사람들이 있다. '문화적으로 종교적인' 사람들이다. 이들은 민족이나 전통의 의미에서 자신이 '루터교도'나 '가톨릭교도' 혹은 '무슬림'이라고 선뜻 인정하지만, 사실 이 종교 전통의 신념이나 초자연적인 교리들 어떤 것도 믿지 않는다. 또 신자 모임에 소속되어 있지도 않고, 자신이 속한 종교의 구체적인 신조나 신념, 교리도 믿지 않는다. 심지어 모르는 경우도 있다. 그러면서도 "당신의 종교는 무엇인가요?" 하고 물으면 여전히 '성공회교도', '기독교인', '수니파교도' 등이라고 대답한다.

한편 철학자 존 슈크(John Shook)가 '무관심론자(apatheist)'라고 규정한 사람들도 있다. 이들은 신에 관한 질문이라면 정말로 아예 관심도 없다. 보통 냉담하고 무관심하다. 이들의 마음 속에는 다른 것들이 들어 있기 때문이다. 마지막으로 다양한 유형의 배교자들이 있다. 한때는 종교적이었지만 더 이상은 그렇지 않은 사람들, 과거에는 믿었지만 어느 순간부터 그 종교를 거부해 버린 사람들 말이다.

이처럼 종교적인 사람들과 무종교적인 사람들을 단순하게 두 부류로 나누는 것은 불가능하다. 적어도 현실 세계에서는 그렇다. 실제 삶의 복합적인 종교성과 무종교성을 파악하는 한 가지 유용한 방법 ─ 이 방법은 인류학자 프랭크 파스쿠알레(Frank Pasquale)가 개발해 낸 것이다. ─ 은 10점 만점의 저울 같은 연속선상에서 종교성과 무종교성의 위치를 가늠해 보는 것이다. 이 스펙트럼의 한끝에는 믿음에서 행위, 자기 동일시까지 우리가 생각할 수 있는 모든 면에서 철저하게 종교적인 사람들이 있다. 은둔 속에서 하루 18시간씩 명상을 하는 불교 승려를 생각해 보라. 혹은 기도와 단식, 성경 공부, 수도원 업무 외에 다른 일은 거의 안 하는 아주 독실한 사람들도 있다. 이런 사람들은 아마 1점 영역에 들어갈 것이다.

한편 스펙트럼의 반대편 끝에는 모든 측면에서 완전히 무종교적인 사람들이 있다. 완전히 무종교적인 사람들의 경우에는 명백하고 친숙한 예를 선뜻 제시하기가 더 힘들다. 그래도 생각해 본다면, 강아지를 사랑하고 오래된 음반을 수집하며 살고 있지만 평생 종교적인 욕망을 느껴 보거나 종교 의식을 경험하거나 종교적인 문제를 깊이 생각해 본 적이 한 번도 없는 유치원 교사를 꼽을 수 있다. 이런 사람은 10점 영역에 포함될 것이다.

극소수의 몇몇 사람들만 완전한 1점이나 10점에 포함된다는 것을 중요하게 기억해야 한다. 대부분의 사람들은 스펙트럼의 중간 어딘가에서 어느 한 쪽으로 더 기울어져 있을 것이다. 심지어 삶의 다른 시기마다 서로 다른 방향을 향할 수도 있다.

그래도 앞에서 제시한 통계자료들이 보여 주듯, 지금은 무종교성 쪽으로 더욱 가까이 방향을 트는 사람들이 그 어느 때보다도 많아지고 있다. 오늘날 이런 현상은 아주 분명하게 나타나고 있다. 이 책을 쓴 저변에는 바로 이런 현상이 자리 잡고 있다. 사회심리학자 브루스 헌스버거(Bruce Hunsberger)와 밥 알트미어(Bob Altemeyer)가 간단명료하게 설명한 것처럼 "비종교적인 사람들의 수가 어떤 종교 집단보다도 빠르게 늘어나고" 있는 것이다.

샐리는 최근의 이런 무종교화 과정을 보여 주는 완벽한 실례다. 샐리의 증조부는 이탈리아 이민자였는데 어느 모로 보나 대단히 독실한 신자였다. 그들의 몸속에는 무종교적인 피가 하나도 없었다. 샐리의 조부모도 종교적인 사람들이었지만 정도가 훨씬 약했다. 교회도 덜 나가고 죄도 덜 고백하고 마리아도 덜 사랑했다. 이들에 비해 샐리의 부모는 훨씬 덜 종교적이었다.

그리고 이제 샐리를 살펴보면, 그녀는 더 이상 가톨릭교도가 아니다. 성당에도 안 다니고, 아이들에게 세례를 주지도 않았으며, '죄'의 개념도 믿지 않는다. 무신론자는 분명 아니지만, 증조부나 부모에 비하면 그래도 종교에 덜 열심이고 믿음도 훨씬 약하다. 전체적인 세계관을 보면 동네 사제보다는 종교를 믿지 않는 그녀의 남편과 공통점이 더 많다. 이쯤 되면 크리스마스에 집안을 장식하는 샐리의 천사 수집품 말고 사실상 어떤 종교에도 영향 받지 않고 자라난 아이들이, 샐리의 말처럼 '아무것도 아닌' 아이들이 어떨지는 짐작이 갈 것이다.

사람들이 종교에서
벗어나는 이유

도대체 무슨 일이 벌어지고 있는 걸까? 최근 미국의 많은 가정을 휩쓸고 있는 이 무종교의 물결을 어떻게 설명해야 할까?

이 질문에 대한 답은 사실 우리가 생각하는 것처럼 신학적이거나 철학적인 데 있지 않다. 최근 수천만 명의 미국인들이 갑자기 신의 존재에 대한 우주론적이거나 존재론적인 논의들에 의심을 품기 시작하거나, 수십만 명의 미국인들이 드니 디드로(Denis Diderot, 프랑스의 대표적인 계몽주의 사상가로서 그의 『맹인서간』은 무신론적인 색채를 띠고 있다.—옮긴이)의 무신론적인 자연주의를 기적적으로 받아들인 것은 아니라는 말이다.

물론 이런저런 기숙사 방이나 텀블러(Tumblr, 블로그와 소셜네트워크서비스를 결합한 마이크로 블로그 플랫폼—옮긴이) 페이지에서 실제로 이런 일이 일어났을 수도 있다. 리처드 도킨스나 크리스토퍼 히친스, 샘 해리스 같은 작가들이 쓴 베스트셀러는 물론이고, 존 스튜어트(John Stewart, 미국의 인기 정치풍자 프로그램인 '데일리 쇼'를 진행하는 영화배우이자 코미디언—옮긴이)나 스티븐 콜버트(Stephen Colbert, 진보적인 성향이 강한 미국의 인기 방송인 겸 코미디언, 방송작가—옮긴이), 빌 마허(Bill Maher, 미국의 케이블 방송인 HBO의 간판 토크쇼 '리얼타임'의 진행자인 코미디언 겸 배우, 작가—옮긴이) 같은 인물들과 「하우스」, 「사우스 파크」, 「패밀리 가이」 같은 작품들이 보여 준 종교에 대한 노골적인 조롱과 불경한 무례도 미국의 문화에 분명한 영향을 미쳤기 때문이다.

이로 인해 우리가 아는 것처럼 최근 몇 년 동안 미국에서는 철학적인 무신론과 불가지론이 지속적으로 점점 증가하고 있다. 그러나 무종교인들의 대열에 합류한 수백만의 대다수 미국인들의 경우, 더욱 본질적인 원인은 정치적이고 사회적인 데 있을 가능성이 크다.

먼저 보수적인 종파와 이것이 불러일으킨 반작용부터 살펴보겠다. 1980년대 '모럴머조리티(Moral Majority, 1979년 침례교 목사 제리 폴웰이 창설한 미국의 보수적 기독교 정치 단체 —옮긴이)'와 '기독교연합(Christian Coalition, 1992년 팻 로버트슨 목사가 만든 기독교 우익 단체 —옮긴이) 같은 집단들이 부상하면서, 보수적 공화주의와 복음주의적 기독교 간의 친밀함은 갈수록 돈독해지고 대중적으로도 공공연하게 드러났다. 1990년대와 2000년대 내내 갈수록 많은 우파 정치인들이 보수적 기독교인들의 의제를 포용하고, 거리낌 없는 보수적 기독교인들은 갈수록 많이 공화당과 동맹을 맺었다. 미셸 바크먼(Michele Bachmann, 미국의 공화당 하원의원)에서부터 앤 코울터(Ann Coulter, 미국 보수 진영의 정치평론가 겸 저술가), 마이크 허커비(Mike Huckabee, 침례교 목사로 아칸소 주지사를 지낸 미국의 정치인), 팻 로버트슨(Pat Robertson), 릭 샌토럼(Rick Santorum), 제임스 돕슨(James Dobson)에 이르기까지 그 예는 풍부하다. 이들은 낙태 불법화와 동성애자들의 권리 반대(특히 동성애 결혼 반대), 학내 기도 지지, '금욕'만을 옹호하는 성교육, 줄기세포 연구 반대, 복지 재정 축소, 이스라엘 지원, 총기 규제 반대를 주장하고 대테러리즘 전쟁을 찬양했다. 덕분에 보수적인 기독교인들의 의제에 분명하게 열린 태도를 보였던 공화당 내에서 이들은 열렬한 환영을 받았다. 이런 현상은 조지 W. 부시가 백악관에 있던 8년 동안 가장 두드러졌다.

그러나 이 모든 일들은 정치적으로 좌경화되어 있거나 온건했던 많은 미국인들을 기독교로부터 소외시켜 버렸다. 사회학자 마이클 하우트(Michael Hout)와 클라우드 피셔(Claude Fischer)의 흥미로운 연구 결과도 미국에서 '무종교인'이 증가한 이유가 상당 부분 기독교와 보수적인 정치권 사이의 이런 노골적인 합작에 있음을 보여 준다. 종교에 약하거나 제한적인 애착을 갖고 있으며 정치적으로 온건하거나 진보적인 많은 사람들이 기독교 우파의 보수적인 정치적 의제와 자신들의 생각이 배치됨을 깨닫고, 이미 얼마간 희미해지던 종교적 애착을 끊어 버렸다는 점이 무종교인의 증가와 연관이 있다는 것이다. 혹은 사회학자 마크 차베스(Mark Chaves)의 주장처럼 "1990년 이후 많은 사람들이 종교적이라는 말의 의미를 보수적인 공화당원과 같은 것으로 생각하게 되었다. 그래서 공화당원이 아닌 사람들은 이제 더욱더 종교가 없다고 말할 것 같다."

  미국에서 무종교성이 증가하는 이유를 설명하는 데 도움이 되는 두 번째 요인은 가톨릭교회 사제들의 소아성애 스캔들이 불러일으킨 정신적 환멸과 반작용이다. 수십 년 동안 가톨릭교회의 권력자들은 내부의 성범죄자들을 체포해서 고발하는 대신, 후미진 교구로 발령을 내렸다. 이렇게 권력자들은 범죄를 고의적으로 은폐하고 뻔뻔스럽게 법을 위반했으며 오히려 고발자들을 공격적으로 비난했다. 조금의 처벌도 받지 않고 이 모든 일들을 자행한 것이다.

이런 범행의 심각성은 아무리 강조해도 지나치지 않다. 현재 6,000명도 넘는 사제들이 모종의 성적 학대와 분명하게 연루되어 있고 500명은 투옥되었다. 그러나 우리가 상상하는 것보다 훨씬 더 많은 희생자들이 있었음이 드러나고 있다. 이렇게 강간, 추행, 은폐 등 온갖 범죄들이 알려진 후, 많은 미국인들 특히 많은 가톨릭교도들은 몸서리를 쳤다. 실제 성범죄들이 도덕적으로 혐오스러웠을 뿐만 아니라, 권력의 자리에 있는 사람들이 이런 범죄들을 은폐하고 지속적으로 방치했다는 사실이 정말로 경악스러웠기 때문이다.

그 결과는 아주 분명하게 나타났다. 많은 가톨릭교도들이 이제는 가톨릭교도가 아니게 된 것이다. 한 예로 뉴잉글랜드의 상황을 살펴보자. 2000년에서 2010년 사이 가톨릭교회는 뉴햄프셔에서 약 28%, 메인 주에서는 33%의 신자를 잃었고, 보스턴 전역에서는 약 70곳 ─ 전체 교구의 1/4에 해당하는 수치다. ─ 에 달하는 교구가 문을 닫았다. 1990년에는 매사추세츠 주 시민들의 54%가 가톨릭교도였는데 2008년에는 39%로 줄어들었다. 또 2012년부터 실시한 '미국인들의 가치' 조사 결과에 따르면, 1/3가량의 미국인들이 가톨릭교도로 자라났지만 현재 22%만 가톨릭교도로 확인되었다. 사실상 전국적으로 가파르게 하락한 것이다.

이처럼 보수적 종파와 가톨릭교의 소아성애 스캔들에 대한 부정적인 반작용은 모두 무종교와 명백하게 관련이 있다. 그러나 최근의 무종교성의 증가를 설명해 주는 아주 중요한 세 번째 요인은 종교와 상관이 없다. 이 요인은 전적으로 사회적인 것이다. 그것은 바로 여성 임금 노동력의 현저한 증가다.

집 밖에서 일하는 여성들이 늘어날수록 본인과 가족의 종교 참여는 줄어드는 경향이 있다. 이 흥미로운 상관관계를 가장 먼저 인식한 사람은 영국의 역사학자 캘럼 브라운(Callum Brown)이었다. 역사적으로 아이들과 남편이 종교에 관심을 갖고 참여하게 만든 것은 여성들이었다고 브라운은 정확하게 지적했다. 그런데 1960년대부터 영국의 많은 여성들이 집 밖에서 일을 해 돈을 벌기 시작하면서 종교적 참여에 대한 여성들의 관심 ─ 시간과 에너지를 포함해 ─ 도 점점 시들해졌다. 이렇게 여성들의 종교적 관심이 줄어들면서 남편과 아이들도 같은 양상을 보이게 되었다.

스칸디나비아 국가들처럼 유럽의 많은 나라들에서도 비슷한 양상을 확인할 수 있다. 덴마크와 스웨덴은 교회에 다니는 사람들의 비율이 세계에서 가장 낮은 동시에, 집 밖에서 일하는 여성들의 비율이 세계에서 가장 높은 나라다. 그런데 자료들에 따르면 미국에서도 비슷한 궤적이 나타나고 있다.

1960년대에는 미국의 가정들 중에서 가장 많은 돈을 벌거나 유일한 수입원으로서 어머니에게 의존하는 가정이 11%에 불과했다. 그런데 오늘날에는 40%도 넘는 가정이 이런 상황에 처해 있다. 이처럼 임금 노동력으로 생계를 꾸려가는 미국 여성들의 비율이 현저하게 높아지면서 종교에 대한 이들의 열정과 참여가 꺾이고, 이로 인해 미국에서 무종교화가 더욱 폭넓게 진행되고 있다. 이것은 어쩌면 아주 당연한 결과인지도 모른다.

종교 없는 사람들이 늘어나는 다른 요인들

위에서 이야기한 요인들 ── 종교와 보수적 우파 정치와의 노골적인 협작, 가톨릭사제들의 소아성애 스캔들에 대한 반작용, 임금 노동력으로 돈을 버는 여성들의 증가 ── 은 물론이고, 다른 두 가지 요인들도 최근 미국에서 일어나고 있는 무종교성의 증가에 부분적으로나마 기여했을 수 있다. 미국 문화에서 동성애를 더욱 많이 인정하게 된 것과 인터넷의 편재가 바로 그것이다.

스톤월(Stonewall, 1969년 뉴욕의 술집 '스톤월 인'에서 경찰의 단속에 맞서 게이들이 자발적으로 데모를 일으켰다. 이 스톤월 항쟁은 조직적이고 전국적인 동성애 인권운동에 단초 역할을 했다. ─옮긴이)과 하비 밀크(Harvey Milk, 미국 최초로 선출직 공직자가 된 게이 정치인이다. 동성애자들의 권리 신장에 미친 영향으로 사후에 대통령 자유 훈장까지 받았다. ─옮긴이) 시대 이래로 동성애를 사랑과 짝짓기의 정상적이고 합법적인 형태로 인정하는 미국인들이 갈수록 많아지고 있다. 동성애 인정의 핵심이 공평함과 시민권, 법 앞의 평등에 있음을 많은 미국인들이 인정하게 된 것이다. 실제로 최근 수십 년 동안 동성애에 대한 전반적인 비난은 현저하게 약화되었다.

일부 사람들이 동성애를 죄스럽거나 비도덕적인 것으로 계속 비방하고 게이들의 권리에 맞서 싸우는 것은 주로 종교적인 관점 때문이다. 그런데 이런 태도가 도리어 사람들로 하여금 종교에서 멀어지게 만들고 있다. 나는 한때 종교인이었지만 지금은 아닌 미국인들을 심층 인터뷰해서 『더 이상 신앙은 필요 없다(Faith No More)』라는 저서를 출간했다. 그런데 작업을 하면서, 최근 몇 년 동안 종교에서 멀어진 사람들 대부분이 각자가 믿던 종교 전통에서 게이와 레즈비언들을 지속적으로 비난하고 비방하자 그 반작용으로 멀어졌음을 발견했다.

오늘날 18세에서 30세 사이의 미국인들은 미국 역사상 동성애를 가장 잘 받아들이는 동시에 종교를 갖는 데는 관심이 가장 적은 세대다. 이런 사실과 게이 결혼을 합법화한 주들이 무종교성이 강한 주들이라는 점은 우연일 수도 있다. 하지만 나는 우연의 일치라는 생각에 대단히 회의적이다.

다음으로 인터넷도 최근 수십 년 동안 사회의 무종교화에 영향을 미치고 있다. 이런 일은 다양한 차원에서 일어나고 있다. 먼저, 종교적인 사람들도 웹상에서 갑자기, 심지어는 자신도 모르는 사이에, 그들의 종교 전통에 대한 비판이나 노골적인 공격에 노출될 수 있다. 인터넷이 아니면 결코 이런 것들을 접하지 못했을 텐

데 말이다.

인터넷상에서 이런 조롱은 차고 넘친다. 모르몬교도든 사이언톨로지나 가톨릭교, 여호와의 증인 신자든, 모든 종교 전통의 신자들은 그들의 개인적인 확신을 약화시키고 뒤흔들어 버릴 수도 있는 회의적인 견해들에 노출된다. 이런 견해들을 접하지 않았다면 그들은 폐쇄적으로 계속 자신의 종교에 확신에 찬 신념을 갖고 있었을 것이다.

이런 일의 직접적인 증거가 점점 많이 나타나고 있다. 한 예로, 린다 라스콜라(Linda LaScola)는 믿음이 없는 성직자들을 지속적으로 연구한 결과, 신에 대한 믿음을 잃은 많은 목사와 목회자들이 난데없이 무신론에 사로잡힌 요인으로 인터넷상에서 보낸 시간을 꼽는다는 점을 발견했다. 또 뉴욕 브루클린에 있는 대단히 폐쇄적이고 결속력이 강하며 거의 비밀스럽기까지 한 사트마 하시딕 유대인 공동체에 대한 연구에서 사회학자 헬라 윈스턴(Hella Winston)도 웹이 무종교화에 미치는 영향력을 보여 주는 증거들을 발견했다. 그녀가 조사한 사람들은 대부분 종종 은밀하게 온라인에 접속했고, 온라인에서 발견한 것들은 그들의 종교적 편협함(provincialism)을 약화시켰다. 때로는 갑자기 의문을 품게 만들고, 심지어는 그들의 종교를 거부하게 부추기기도 했다.

둘째로 인터넷은 자신의 종교에 남몰래 의심을 품고 있던 사람들을 비슷한 사람들과 즉각 연결시켜 준다. 인터넷이 무종교적 공동체를 조성하고 독려하는 것이다. 초기 단계의 무신론자와 회의주의자, 인본주의자, 불가지론자, 심지어는 공동체와 관계가 가장 적은 사람들이나 근본주의자들에 이르기까지 온라인상에서는 무종교성을 장려하거나 강화시키는 정보와 위안들을 즉각 얻을 수 있다.

셋째는 어쩌면 가장 미묘한 것일 수도 있다. 즉 웹은 그 본질과 그것이 제공해 줄 수 있는 것, 그것으로 할 수 있는 일, 기능 방식, 우리와 우리의 마음, 욕망, 삶과 접속하는 방식만으로도 비종교성의 증가에 부분적으로 책임이 있을 수 있다. 인터넷은 컴퓨터 스크린을 통해 개인들을 연결시킴으로써 심리와 신경, 문화적인 면에서 무언가를 공급하거나 만족시키거나 확립시켜 주고, 이런 연결은 종교를 밀어내거나 대체하거나 약화시키는 역동적인 어떤 것이기 때문이다.

요컨대 인터넷에서 얻을 수 있는 재미와 숱하게 쏟아지는 이미지들, 동시성, 정신적 자극, 보기와 클릭하기, 사냥과 발견, 시간 소모, 상업주의, 끊임없는 사회적 네트워킹, 가상의 소통 같은 온갖 것들로 인해 우리의 관심을 유지시키고 주의를 끌어당기며 영혼을 두드려 주는 종교의 힘은 약화될 수 있다.

베리 코스민(Barry Kosmin) 박사는 코네티컷 주 하트포드 트리니티 칼리지에 있는 '세속주의 사회와 문화 연구소'의 설립 이사다.

이 대학에 이런 연구소가 있다는 건 전혀 아이러니한 일이 아니다. 2005년에 설립된 연구소는 이 문제를 다루는 연구소로는 미국, 아니 세계에서 최초다. 이 연구소의 설립 목적은 "무종교적인 가치들의 역할과 현대의 사회와 문화에서 진행되고 있는 세속주의의 과정에 대한 이해를 증진시키는" 것이다.

코스민 박사는 늘어나는 종교 없음을 이해해야 할 필요성을 이렇게 강조했다. "종교 없는 사람들의 비율이 증가하고 있기 때문에 그들을 연구할 필요가 있습니다. 정치적으로는 물론이고 사회적, 지적, 도덕적으로도 관련이 있는 문제니까요. 종교의 중요한 특징은 연구가 충분히 되어 왔어요. 하지만 이제는 반대편에서 일어나고 있는 일들도 살펴봐야 합니다. 인류의 비종교적인 부분도 들여다봐야 하지요. 종교적인 사람들만 연구하고 무종교적인 사람들은 무시한다면, 스펙트럼 전체를, 그림 전체를 볼 수 없습니다."

나도 이 말에 전적으로 공감한다.

고대의 차르바카에서부터 코헬렛, 루크레티우스, 왕충, 무함마드 알–라지, 21세기 미국인 어머니 샐리에 이르기까지 이들을 연결하는 중요하고도 질긴 선이 있다. 철학적인 동시에 실제적이고 정치적이면서도 개인적인 이 선은 놀랍고도 흥미롭다. 역사를 거쳐 우리가 사는 지금 이 사회 속을 힘차게 굽이쳐 흐르고 있다. 그러나 우리는 인류 문화에서 이어져 온 이런 무종교의 선을 충분히 인식하고 연구하고 이해한 적이 없다. 그만큼 세계의 샐리들도 연구한 적이 없다. 이것은 기이하고도 불행한 일이다. 무종교인이나 종교인이 된다는 것의 의미도, 인간이 된다는 것의 의미도 제대로 이해하지 못하게 만들어 버리기 때문이다.

그저 자연스러운 일일 뿐

종교가 없는 사람들이 그 어느 때보다도 많아지면서 드디어 베리 코스민 같은 사회학자들도 진정으로 신중하고 엄밀하게 이들을 연구하기 시작했다. 이런 상황을 감안할 때, 종교가 없는 사람들에 대한 일반적인 오해들에 반론을 제기할 수 있는 우리의 능력도 성숙해지고 강화될 것이다.

종교 없는 사람들에 대한 오해는 상당히 골치 아픈 문제다. 예를 들어, 많은 사람들이 무신론자나 무종교인들을 변태적이거나 일탈을 일삼거나 비자연적인 부류로 간주한다. 16세기 로마 가톨릭교의 재판관들이 아닌 현대의 학자들 같은 사람들이 말이다.

노트르담 대학교에 있는 '종교와 사회 연구 센터'의 책임자이자 사회학과의 '윌리엄 R. 케난 주니어 교수'인 크리스천 스미스(Christian Smith)의 주장을 살펴보자. 미국에서 가장 학식 높은 종교사회학자이자 진실로 상냥한 남자이기도 한 스미스 교수는

2012년 조지워싱턴 대학교 '종교와 평화, 세계문제 버클리 센터'에서 열린 원탁회의에서 인간의 조건에 종교가 자연스러운 것인 반면 무종교성은 그렇지 않다는 논문을 발표했다. 비유적으로 종교적인 사람이 된다는 것이 두 다리로 똑바로 서서 앞을 향해 걸어가는 것과 같다면, 무종교적인 사람이 된다는 것은 두 손과 다리를 이용해 뒤로 걷는 것과 같다고 한 것이다. 후자처럼 걸을 수도 있지만 이것은 우리의 진정한 인간 본성에 맞지 않는다고 말이다.

스미스 교수만 이런 견해를 옹호한 것은 절대 아니다. 인류에게 종교성은 자연스럽고 천부적인 기본자세와 같은 반면 무종교성은 특이하고 타락하고 일탈적인 것이라는 개념은 상당히 널리 퍼져 있다. 학자든 아니든 똑같이 이런 견해를 지지하고 있다. 사회학자 폴 프로에제(Paul Froese)는 종교성이 인간의 조건에 "핵심적이고 보편적이며 기본적인 것이기 때문에 무종교성은 결국 부자연스럽고 불안정한 것일 수밖에 없다."고 주장했다. 심리학 교수 저스틴 바렛(Justin Barrett)은 인간은 말 그대로 '타고난 신자'이므로 무신론은 자연스럽고 정상적이었을 인간의 선호가 미심쩍은 가르침에 의해 저지당한 것이라고 했다. 이런 사람들은 유신론이야말로 우리의 핏줄과 본성 속에 들어 있지만 무신론은 전혀 그렇지 않다고 말한다.

이런 입장의 다양한 표현들을 나도 늘 접하고 있다. 그 기본적인 내용은 다음과 같다. '종교는 모든 인간 사회와 문화에 존재해 왔다. 그러므로 종교는 기본적으로 보편적인 것이라고 할 수 있다. 그렇지 않은가? 이것은 종교가 인간 조건의 핵심적이고도 본질적인 구성 요소라는 의미 아닌가?'

그러나 전혀 그렇지 않다.

먼저, 종교가 전 세계적으로 널리 퍼져 있다는 데는 기꺼이 동의할 수 있다. 종교가 이런저런 형태로 모든 사회와 문화에 존재해 왔다는 점도 흔쾌히 인정할 수 있다.

하지만 그렇다고 해서 어떤 사회나 문화의 모든 구성원들이 종교적인 것은 아니다. 또한 어떤 사회나 문화의 대다수가 반드시 종교적이어야 하는 것도 아니다. 예를 들어, 오늘날 네덜란드인의 42%는 자신을 비종교적인 사람으로 설명하고, 14%는 확실한 무종교인으로 소개한다. 이것은 오늘날 네덜란드에서는 종교적인 사람이 소수에 속함을 의미한다. 체코 공화국과 일본에서도 같은 현상이 벌어지고 있다.

인류학자 다니엘 에버릿(Daniel L. Everett)은 깊은 아마존 우림 지역에서 원주민 부족들과 함께 살아본 결과, 그들이 신이든 유령이든 어떤 초자연적인 존재도 믿지 않음을 발견했다. 그러므로 종교가 문화적으로나 역사적으로 널리 퍼져 있다고 해서 모든 사람들이 종교를 포용한다고 볼 수는 없다.

비슷한 것으로 춤을 생각해 보자. 춤은 종교만큼 보편적인 것이다. 과거는 물론이고 현재에도 춤은 이런저런 형태로 모든 문화와 사회 속에 존재한다. 그렇지만 춤을 그다지 좋아하지 않는 사람들도 많다. 많은 사람들이 춤을 어색하게 여긴다. 당황스럽게 받아들이는 이들도 많다. 그런가 하면 아예 관심이 없거나 완전히 잊고 사는 사람들도 정말로 많다. 한편 춤이 비도덕적이거나 사악하다며 적극적으로 반대하는 사람들도 여전히 존재한다. 그러므로 춤이 '보편적'이라고 해서 자동적으로 모든 사람들이 다 춤꾼이 되는 것은 아니다. 그렇지 않은 사람들도 무수히 많다.

비슷한 예를 한 가지 더 들자면, 폭력범죄를 들 수 있다. 종교나 춤만큼 폭력범죄도 만연해 있다. 모든 사회와 문화에 과거는 물론이고 현재까지 폭력범죄가 존재한다. 그렇다고 모든 사람들이 폭력범죄자가 되지는 않는다. 거의 모든 사람들이 그렇지 않다. 그러므로 모든 인간 집단 속에 이런 현상이 존재한다고 해서, 폭력범죄가 모든 인간에게 자연스러운 것으로 타고났다고 볼 수는 없다.

이것은 종교에도 그대로 적용된다. 모든 인간이 종교적인 것은 아니라는 말이다. 19세기 노예폐지론자이자 페미니스트였던 어네스틴 로즈(Ernestine Rose)가 100년 전에 했던 다음의 주장처럼 말이다. "종교는 자연스러운 것이고, 신에 대한 믿음은 보편적인 것이라고 우리는 들었다. 정말로 자연스러운 것이라면 사실 보편적이어야 한다. 그러나 그렇지 않다."

이것은 나의 두 번째 주장과 이어져 있다. 지금까지 밝힌 것처럼 세상에는 정말로 많은 수의 무종교인들이 존재한다. 최근의 분석에 따르면, 전 세계적으로 종교를 믿지 않는 사람들이 약 4억 5천만에서 7억 명이나 된다. 이 수치를 놓고 볼 때, 이처럼 널리 퍼져 있는 것을 부자연스러운 일탈로 여기는 태도에는 문제가 있다. 사회학자 마르타 트레비아토스카(Marta Trzebiatowska)와 스티브 브루스(Steve Bruce)도 최근에 이렇게 주장했다. "모든 사람이 천부적으로 종교적이라는 진술은 1800년에는 타당한 것이었을 수도 있다. 그러나 지금은 초자연적인 것을 믿지 않는 사람들, 종교 단체에 참여하지 않는 사람들, 자신을 비종교적인 사람이라고 설명하는 이들이 너무도 많다. 그 보편적인 주장을 물리칠 비종교적인 사람들이 차고 넘치는 것이다."

셋째로, 신경적, 심리적 혹은 인지적인 면에서 인간을 종교적인 존재로 만드는 타고난 성향들이 있다고 인정한다 치자. 어떤 현상들 이면에 모종의 매개자가 있다고 생각하는 성향이나 어떤 양식을 보는 성향, 유대감을 느끼고 생각이 같은 집단의 일원이 되고 싶은 욕망이 그 예다. 하지만 파스칼 보이어(Pascal Boyer) 같은 학자들의 연구가 입증해 주는 것처럼, 이런 성향들이 있다고 해서 이런 성향과 반대되거나 보완해 주는 다른 성향들이 없는 것은 아니다. 이런 성향들은 일부 사람들을 회의주의자나 불가지론자, 종교에 무관심하거나 확실하게 무종교적인 사람으로 만들어

버린다.

그러므로 니콜라스 웨이드(Nicholas Wade) 같은 작가는 '믿음 본능 (faith instinct)'에 대해 썼지만, 우리는 '의심 본능(doubt instinct)'이나 '이성 본능(reason instinct)' 같은 것도 있으며 이것들도 우리의 본성 속에 끈질기게 내재한다고 확실하게 주장할 수 있다. 또 인지심 리학자 아민 기츠(Armin Geertz)와 구드문더 잉기 마쿠슨(Guðmundur Ingi Markússon)이 예리한 통찰력을 갖고 주장한 것처럼 "무신론은 (…) 유신론과 똑같이 자연적 인지 능력에 의존하고 있다." 그리 고 "종교성과 무신론 모두 견고한 인지적·문화적 습관을 나타낸 다. 오감을 통한 지각과 여기서 이끌어 낸 결론들 및 인지 시스템 에 의한 출력은 자연적이거나 초자연적인 두 갈래 방향으로 나누 어지기 때문이다. 무신론이라는 습관을 얻는 데는 더 많은 발판 이 필요할 수도 있고, 이것과 종교적으로 상반되는 입장을 얻는 데는 더 많은 노력이 필요할 수도 있다. 하지만 그렇더라도, 아니 그렇기 때문에, 후자가 전자보다 더 자연스러운 것은 아니다." 지 당한 말씀이다.

2장에서 이야기한 것처럼 사실 오늘날에도 엘살바도르나 짐바 브웨, 방글라데시처럼 대단히 종교적인 사회들이 많이 있다. 반 면에 스코틀랜드와 슬로베니아, 에스토니아처럼 고도로 무종교 적인 나라들도 많다. 또 유대계 미국인처럼 고도로 무종교적인 인종 집단이 있으며, 아프리카계 미국인들처럼 대단히 종교적인 집단들도 있다. 한편 수 세기 동안 대단히 종교적이었지만 두 세 세대 만에 종교가 급격히 약해진 사회들도 있고, 한동안 상대적으로 무종교적이었다가 다시금 종교가 활기차게 부흥한 사회들도 있다. 수십 년 동안 종교를 열렬히 믿다가 갑자기 믿음을 잃고 투철한 무신론자가 된 사람들이 있는 반면, 평생 종교가 없다가 갑자기 종교적 믿음을 찾아서 아주 독실한 신자가 된 사람들도 있다. 그리고 평생 전적으로 종교적이거나 전적으로 무종교적이지도 않고 두 가지 성향을 동시에 드러내는 이들도 많다. 또 어떤 시기에는 특별히 종교적으로 느끼고 행동하다가 다른 시기에는 눈에 띄게 무종교적으로 변하는 이들도 있다.

간단히 말하면, 신앙심과 의심, 잘 믿는 마음과 회의주의, 유신론과 무신론, 종교적 열의와 철저한 종교적 무관심 모두 인간 조건의 자연스러운 요소들이다. 어떤 문화나 시대에는 하나의 요소가 다른 요소보다 더욱 강한 반면, 다른 문화와 시대에서는 반대로 나타날 뿐이다. 또 어떤 개인에게서 더욱 지배적인 요소가 다른 개인에게서는 정반대로 나타나기도 한다. 어떤 사람들은 종교가 스며들어 행복한 삶을 사는 반면, 종교 없이 잘 살아가는 사람들도 있다.

그럼 이제부터는 무종교적인 삶의 실제적인 세부 사항들과 윤곽, 그 기쁨과 도전, 기대와 갈등들을 살펴보겠다.

4장

종교 없는 부모들은 아이를 어떻게 키울까?

그건 전적으로 식사 기도의 문제였다. 이렇게 자세히 이 일을 다뤄 본 적은 한 번도 없었다. 적어도 얼마 동안은 이 일을 해결하기가 힘들었다고 인정해야 할 것 같다.

우리는 콜로라도 주 로키 산맥 고지대에 있는 처갓집의 나무 식탁에 둘러 앉아 있었다. 정찬 시간이면 장인어른은 모두들 손을 잡으라고 말하곤 했다. 나는 어떻게 해야 할지, 어떻게 있어야 할지 몰랐다. 손을 잡는 것은 물론 괜찮았다. 그건 나도 좋아했다. 지금도 마찬가지다. 하지만 뒤에 이어지는 기도는?

20년 넘게 함께 산 아내 스테이시는 종교적인 사람이 아니다. 하지만 스테이시의 어머니와 아버지는 종교가 있었다. 그것도 아주 대단할 만큼. 그들은 교회에 열심히 다니고 성경도 철석같이 믿는 기독교인으로 꽤 오랫동안 지내고 있었다. 하느님에 대한 그들의 믿음과 예수에 대한 사랑은 그들의 삶을 떠받치고 살찌우는 아주 중요한 요소들이었다. 그래서 언제나 식사 전에 기도를 드렸다. 아이들이 아직 어리고 아버지가 된 지 얼마 안 됐던 초기 몇 년 동안 나는 이 식전기도가 특히 어색하게 느껴졌다. 이 우아하기 그지없는 의식은 기본적으로 다음과 같이 흘러갔다.

캘리포니아에서부터 13시간이나 운전을 해서 장인어른의 집에 밤늦게 도착하면, 다음 첫날은 하루 종일 편안하게 쉬었다. 아침에 근처의 골프 코스를 느긋하게 걸으면서 골프 공을 찾기도 했다. 장인어른은 점심때나 오후에 아이들을 데리고 나가 밥이나 아이스크림을 사 먹이곤 했다. 나는 차에서 짐을 내려 가방에 든 것들을 풀고는 누워서 케이블 텔레비전을 보거나, 높은 고도에 적응하도록 홍차를 큰 머그잔에 따라 마시면서 아이들과 디즈니 만화를 보았다. 스테이시는 그녀의 어머니와 냇가로 산책을 나갔다가 시장을 봐 와서 부엌에서 요리를 했다.

그러고 나면 식사시간이 찾아왔다. 신교도적으로 완벽한 식탁에 모두가 모였다. 나의 무종교적인 자아와 역시 무종교적인 아내, 세 아이들, 아주 너그럽고 사랑스러우며 대단히 기독교적인 장인어른 부부. 아들이 커다란 나무 의자에 앉아 꼼지락거리면서 약간이라도 불평을 하면 누나들이 잘 다독여 주었다. 장모가 장인을 향해 고개를 끄덕이면 우리는 조용히 손을 잡아야 할 때라는 걸 알았다. 장인어른 부부는 두 눈을 감고 고개를 수그렸다. 그러고 나서 장인이 기도를 시작했다.

"하늘에 계신 아버지, 스테이시와 필, 멋진 손주들이 무사히 저희에게 오도록 해 주시고, 이곳으로 오는 여정을 지켜 주셔서 감사드립니다……."

좋아. 어쩔 수 없어. 이제 어색한 시간 속으로 들어와 버렸어.

사실인즉 이랬다. 나는 결코 신을 믿지 않는다. 나의 아이들도 이것을 알고 있었다. 특히 큰 딸 루비는 누구보다도 잘 알고 있었다. 내가 장인어른을 사랑하고 고마워하며 그들의 아름다운 집에 다시 온 건 좋아하지만, 신자가 아니므로 기도는 하지 않으리라는 걸 말이다.

장인이 기도를 계속했다.

"저희를 위해 창조해 주신 아름다운 자연에 대해서도 하느님께 감사드립니다……."

아이들이 나를 힐끔거리는 게 느껴졌다. 편치가 않았다.

내가 할 수 있는 선택들은 다음과 같았다. 그냥 질끈 두 눈을 감고 고개를 숙인 채 의식에 따른다. 하지만 이렇게 하면 확실히 거짓된 몸짓이 될 수밖에 없다. 정직하지 못한 것이다. 기도 중에 고개를 숙이고 두 눈을 감는 것이 내게는 언제나 이상하고 불쾌하게 느껴졌다. 그런데 이걸 따른다면 아이들에게 어떤 메시지를 전해 줄까? 아마 아이들은 '로마에 가면 로마의 법을 따르라.'는 식으로 해석할 것이다. 물론 '봐, 아빠 좀 봐. 고개를 숙이고 눈도 감고 기도를 따라하고 계셔. 멋진걸.' 하고 생각할 수도 있지만, 그렇지 않을 수도 있다. 나의 무종교성을 숨기는 것처럼 받아들일 수도 있다. 혹은 내가 종교가 없는 걸 부끄러워하거나, 대놓고 솔직하게 행동하지 못하는 것으로 여길 수도 있다. 그래서 솔직하지 않아도 되는 것으로 생각하게 될 수도 있다. 이런 메시지들을 나는 아이들에게 주고 싶지 않았다.

또 다른 선택은 두 눈을 뜨고 그 자리에 그저 차분하게 앉아 있는 것이다. 그러면 아이들은 아마 이것을 자애롭고 온화한 자세로 해석할 것이다. 나는 공감은 해 주되 기도는 안 하고 그저 기분 좋게 그 자리에 앉아 있는 것이다. 하지만 이런 선택을 조부모에 대한 노골적인 무례로 이해할 수도 있다. 부적절하고 무관심한 태도로 말이다. 나는 아이들이 그렇게 생각하지는 않았으면 하고 바란다. 아이들을 무례하거나 버릇없는 사람으로 만들고 싶지는 않기 때문이다.

또 다른 선택은 식탁에서 그냥 멍하니 아래를 응시하는 것이다. 그렇게 하면 아이들이 어떻게 생각할까? 내가 미쳤다고 생각할까? 아니면 짜증이 났다고? 마음의 문을 닫아 버렸다고? 그러니 장인이 "예수의 이름으로 아멘." 하고 기도를 마칠 때는 나도 "아멘." 하고 말해야 할까?

이런 우유부단함은 몇 년 동안 계속되었다. 내가 그냥 밀고 나가서 두 눈을 감고 고개를 수그리던 때도 있었고, 그냥 차분하게 앉아 있던 때도 있었다. 그런가 하면 멍하니 식탁을 바라보던 때도 있었고, 스테이시나 아이들 중 한 명과 다 안다는 듯한 눈빛을 교환할 때도 있었고, 때로는 같은 기도 시간에 이 모든 행동들을 연이어 빠르게 보여 주기도 했다. 불편한 무신론자의 과장된 삽당 예절세트를 선보인 것이다.

대부분의 무종교적인 미국인들에게 종교를 가진 가족들과의 관계를 풀어 가는 것은 확실히 아주 힘든 일이다. 혼란스러운 데다 짜증까지 나는 상황에서 정직하게 행동하면서도 서로 기분 나쁘게 만들지 않고, 상대를 존중하면서도 비굴하게 굴지 않고, 진실하게 마음을 열어 두고, 아주 중요하고 사적이며 정치적이고 실존적이기까지 한 문제에 확고하게 다른 의견을 갖고 있으면서도 다정함을 유지하기가 쉽지 않은 것이다.

처음 몇 년 동안 스테이시와 나는 무엇을 하고 무엇을 하지 않을지에 대해서 두 분에게 확실히 선을 그으려 했다. 더욱 정확하게 이야기하자면, 우리가 하지 않을 것을 분명하게 전달했다. 이처럼 규칙을 정하고 그들의 종교에 엄격하게 저항한 탓에 두 분이 약간 상처를 받으셨을 수도 있다. 아니면 우리가 그들을 존경하기는커녕 판단한다고 느꼈을지도 모른다.

하지만 갓 부모가 된 우리로서는 아이들에게 최선일 것 같은 행동을 하고 싶었을 뿐이다. 또 우리도 두 분에게 판단당하고 존중받지 못한다고 느낀 때들이 있었다. 예컨대 그들도 우리가 예수를 믿지 않아서 지옥에 갈 거라고 생각하지 않았나? 또 우리의 아이들도 마찬가지로 지옥에 갈 거라고 생각하지 않았나? 게다가 그들은 우리의 무종교적인 태도를 인정하지 않는 것 같았다. 때로는 신을 믿지 않는 스테이시와 나를 무시하는 것처럼 느껴지기도 했다. 또 어떨 때는 우리의 무종교성을 존중하지 않는 것 같은 느낌도 들었다. 무종교성도 합법적이고 존중받을 만하며 고귀한 삶의 자세이지 경멸하거나 불쌍히 여길 것은 아닌데 말이다.

다행히 지난 몇 년 사이에 상황은 차츰 나아졌다. 우리 사이에서 존중할 만한 휴전이 자연스럽게 이루어진 것이다. 기본적으로 우리는 그들과 종교 이야기를 하지 않기로 결심했다. 그들의 입장을 잘 알고, 그들도 우리의 생각을 잘 알기 때문이었다. 그래서 그 문제로 다투지 않으려 노력했다. 스테이시는 비유적으로 이것을 '묻지도 말하지도 말라.(Don't ask, don't tell ── 1993년부터 2011년까지 시행되었던 미국의 동성애자 군복무 금지 제도 ──옮긴이)' 가족정책이라고 말했다. "우리가 그냥 그 문제를 안 꺼내면 돼요. 그들을 사랑하고 존중할 수 있기를 바라는데, 왜 그렇게 불편한 문제들을 파고들어야 하죠? 어머니의 종교적인 견해가 어떻든 저는 어머니를 사랑해요." 스테이시는 이렇게 설명했다.

스테이시와 나는 또 아이들을 '보호'해야 할 것 같다고 느끼는 방어벽을 상당히 낮추었다. 그리고 부모로서 편안함과 안정감이 커지면서 두 분을 단속하는 일도 멈추었다. 스테이시의 말처럼 "그들이 할머니와 할아버지이고 원래 그렇다는 것을 아이들도 이해하리라는 것"을 깨달았기 때문이다. 그래도 우리는 변함없이 아이들의 부모다. 그들의 삶에서 언제나 지배적인 영향력을 발휘하고 가장 깊은 인상을 남길 것이다. 그래서 우리는 정말로 뒤로 물러나 이렇게 생각했다. '이런, 할머니와 할아버지가 아이들에게 그리스도의 피와 지옥에 대해 이야기해 주고 싶어 해도, 아이들도 자라면 그것이 그냥 그들의 믿음이라는 걸 알게 될 거야.' 문제없었다. 삶이란 그런 것이니까. 아이들에게도 그들의 조부모가 무엇을 믿는지, 어떤 사람인지 알 권리가 있었다. 그리고 손주들에게 자신의 믿음을 알려 주는 것은 할머니와 할아버지의 특권이다. 이런 확실한 입장을 갖게 되자 정말로 편안해졌다. 이것은 큰 깨달음이었다.

나와 아내의 경우, 무종교적인 부모가 감당해야 할 어려움은 대체로 장인어른 부부와 교류할 때 생겨났다. 콜로라도 주에 있는 그들의 집에 머물 때 특히 더했다. 종교에 대해 세세하게 논쟁을 벌일 때나, 우리의 무종교성을 가장 예민하게 느끼고 있을 때 그랬다.

그러나 남부 캘리포니아의 집으로 돌아오면 상황은 아주 순탄하게 흘러갔다. 우리가 사는 서부 해안의 작은 대학가에서는 강한 종교성과 직면하는 일이 드물었기 때문이다. 이곳에는 종교 없는 사람들도 많고, 더 이상 성당에 다니지 않는 가톨릭교도들 도 많았다. 거기다 자유로운 성공회교도들과 문화적인 유대인들, 유니테리언교도들, 무신론자들, 불가지론자들, 학자들도 부지기 수였다. 모두 우리와 같은 사람들이었다.

또 우리가 아는 사람들은 거의가 교회에 다니지 않았다. 아이 들의 친구들도 대부분 다양한 수준의 무종교인 집안 아이들이었 다. 아이들이 다니던 공립학교에서도 종교는 중요한 역할을 하지 않았다. 시의회의 모임에서도 시작할 때 기도를 하지 않았으며, 지역의 스포츠 경기도 마찬가지였다. 또 우리가 아는 사람들은 거의 자신의 종교를 숨기지 않고 드러내는 정치인들을 미심쩍게 바라봤다. 요컨대 우리는 미국에서 아주 비종교적인 지역에 살고 있었다. 그래서 무종교적인 부모가 된다는 것도 아주 정상적인 일이었으며, 대부분의 사람들이 이 문제를 놓고 지나치게 많은 시간 동안 고민하거나 숙고하지 않아도 되었다.

그러나 미국의 많은 무종교적인 부모들은 전혀 다른 경험을 하 고 있다. 대단히 종교적인 지역에 사는 부모들은 아이들을 기르는 문제에 관한 한 완전히 다른 현실에 직면해 있기 때문이다. 내가 장인어른 댁의 저녁 식사 자리에서 경험했던 그 어색하고 어정쩡 한 순간들은 바이블 벨트(Bible Belt, 사회적으로 보수적이고, 개신교와 기독교 근 본주의, 복음주의 등이 강한 미국의 중남부에서 동남부에 걸친 지역 — 옮긴이)의 무종교적 부모들이 거의 매일 씨름해야 하는 일들에 비하면 아무것도 아니다.

미시시피 주 머리디안 시 외곽의 작은 마을에 사는 토냐 힌클도 그런 어머니들 가운데 한 명이었다. 토냐가 사는 동네에서는 종교지도자들을 대단히 존경하고, 종교적 전통들을 충실하게 지키고, 종교 모임들이 공동체를 떠받치고, 종교적 믿음들이 깊게 흘러서 공공장소나 광장에서도 이것들을 숨기지 않았다. 남부의 이런 시골 마을에서 종교 없는 부모로 살아간다는 것은 그야말로 힘든 일이다.

미국 남부에서 무종교적인
어머니로 살아가기

50살의 토냐 힌클은 미시시피 주 동부의 신호등이 하나뿐인 작은 마을에서 20년 넘게 살고 있다. 그녀는 탁아소나 학교 구내식당에서 일하다가 10년 전부터 전업주부로 살고 있다. 그녀의 남편은 지역의 커뮤니케이션 회사에 다니고 있다. 그녀는 자신을 "교회에 절대 나가지 않는 비종교적인 사람"이라고 설명했는데, 그녀가 사는 작은 마을의 주민들 사이에서 이것은 일반적이거나 흔한 태도가 아니었다.

"처음 이곳으로 이사 왔을 때는 이웃들이 호의적이고 매력적이었어요. 그런데 우리가 종교를 믿지 않고 그들이 다니는 교회에 나갈 생각도 없다는 것을 안 순간부터 거리를 두거나 집요하게 굴기 시작했어요. 우리에 대해 '오, 이상한 사람들이네. 알고 지내고 싶지 않아.' 하고 생각하는 것 같았고요. (…) 이 동네에서는 기독교의 존재감이 정말로 강하거든요. 이 마을에서는 모든 일, 모든 행사 ― 뭔 행사인지 관심도 없지만 ― 들이 언제나 기도로 시작해서 기도로 끝나는 것 같아요. 그리고 교회에 속해 있지 않은 사람은 존재하지 않는 거나 마찬가지예요. 모든 것이 교회를 중심으로 돌아가니까요. 교회의 한 부분이 되지 않으면, 그들과 '척을 지게' 되죠. 제 말이 무슨 의미인지 아시죠?"

토냐는 처음에 세 아이들 ― 사내 아이 한 명과 여자 아이 둘 ―을 그 지역의 공립학교에 보냈다. 그리고 아이들이 무리에 잘 녹아들어 공동체의 일원이라고 느끼기를 간절히 바랐다. 그녀는 아버지가 공군이었던 탓에 자라면서 늘 이사를 다녀야 했지만 아이들은 절대 그렇게 만들고 싶지 않았다. 아이들이 소속감을 느끼고 사는 곳에 애착을 갖기를 바랐다. 또 아이들이 필요할 때 도움을 주고 아이들의 교육에 참여하고 싶어서 수업을 지원해 주거나 선생님들과 친구가 되려고 애썼다.

그런데 다른 학부형들과 교사, 교장실 비서가 즉각 교회에 나오라고 초대를 하기 시작했다. 토냐가 아이들과 학교에 있을 때

　　　　　　　　　　　　　　　종교 없는 삶

마다 누군가 종교 이야기를 꺼내면서 토냐에게 어떤 종교를 믿느냐고 물었다. 게다가 토냐가 자신과 자신의 가족들은 종교를 믿지 않는다고 말할 때마다 분위기가 어색해졌다. 때로는 살짝 경멸하는 사람들도 있었다.

그러더니 조롱을 해대기 시작했다. 학교운동장에서도 비웃고, 고약한 내용의 쪽지를 돌리기도 했다. 토냐는 학교에 가서 여러 선생님들과 대화를 나눠 봤다. 그런데 선생님들도 하나같이 강성의 기독교인들이었다. 그래서인지 토냐의 아이들이 직면한 문제들에 유감을 표하면서도 모두들 교회에 보내라는 해결책을 제시했다. 마을에서 가장 큰 감리교회에서 적극적으로 활동 중인 교장도 똑같은 감정을 드러냈다.

토냐는 고립감과 좌절감에 사로잡혔다. 이런 감정과 더불어 곧 현실적인 걱정들도 생겨났다. 그녀가 기억하는 한 가지 구체적인 에피소드는 그녀의 쌍둥이 아이들이 통학 버스에서 경험한 언어적 괴롭힘과 관련된 것이었다. 그녀는 당시의 일을 이렇게 회상했다. "아이들이 1학년 때였을 거예요. 버스가 아이들을 집 앞에 내려 줄 때면 난 늘 아이들을 기다렸어요. 거기까지 나가 있곤 했죠. 그런데 버스에서 내린 아이들을 보니 꽤 오래전부터 울고 있었던 것 같았어요. 눈물이 아직도 얼굴 위로 흘러내리는 데다 딸꾹질까지 하면서 소리치고 있었죠. 저는 아이들을 다독인 뒤 무슨 일이 있었던 거냐고 물었어요. 아이들이 이야기를 털어놨는

데, 사연인즉 이랬어요. 여자아이 한 명이 버스에서 벌떡 일어서 더니 아이들 얼굴에 대고 꽥 소리를 질렀대요. '너희들은 지옥에 갈 거야! 교회에 안 다녀서 영원히 불에 탈거야!'라고요. 나중에 안 사실인데, 그 아이의 부모들이 우리 아이들에 대해서 이렇게 말했더라고요. 정말 못됐죠."

예전에 그랬던 것처럼 토냐는 교사들과 교장 선생님에게 가서 항의를 했다. 그러나 똑같은 저항에 부딪혔을 뿐이다. 거기다 교장 비서의 경건한 잔소리까지 감내해야 했다. 비서는 어쩌다 대화를 나누게 될 때마다 갈수록 빈번하고 강하게 반감을 드러냈다.

그러나 최악의 사건은 아직 닥치지 않았다. 이 일이 일어났을 때 토냐는 충격에 휩싸였다. 학년이 끝나가던 5월이었다. 그녀의 아들은 4학년이고 딸들은 2학년에 다니고 있었다. 그녀는 감정이 복받쳐 목이 멘 소리로 말했다.

"어머니가 아파서 요양원에 계셨을 때예요. 음, 이건 아주 중요한 일이었어요. 아이들에게 조부모는 저의 어머니뿐이었거든요. 남편의 부모님과는 왕래가 없었고, 저의 아버지는 아이들이 태어나기도 전에 돌아가셨으니까요. 그래서 아이들에게는 외할머니밖에 없었어요.

우리는 정기적으로 그녀를 방문했어요. 그런데 어느 날 상황이 더 안 좋아졌습니다. 어머니가 곧 돌아가시게 된 거예요. 요양원에서 전화가 왔어요. '어머니에게 작별 인사를 하고 싶으면 요양원으로 오세요. 지금이 그때예요.'라고요. 저는 아이들도 요양원으로 데려가서 외할머니에게 작별 인사를 하게 할 생각이었어요. 외할머니를 아이들이 정말 사랑했으니까요. 그런데 교장실에 있는 그 비서가 아이들을 학교에서 데리고 나갈 수 없다고 하더라고요. 전에도 상대한 적이 있어서 저의 관점을 잘 아는 그 비서가요. 제 아이들인데, 아이들을 데리고 나올 수가 없었어요. 비서는 '의사의 서명이 들어간 문서' 같은 걸 갖고 와야 한다고 했어요. 음, 정말 말도 안 되는 허튼소리였죠. 달리 더 좋게 표현할 말이 없네요. 어머니가 말 그대로 돌아가시려는 참이어서 아이들이 외할머니에게 작별 인사를 하게 해 주고 싶다고 상황을 설명해도, 그 여잔 제 눈을 들여다보며 이렇게 말했어요. '천국에 가면 외할머니를 다시 만날 거라고 아이들에게 설명해 주면 됩니다.'"

토냐는, 신앙심이 깊은 척 하지만 실은 심술궂은 열성 신자의 부츠에 복부를 차인 것 같은 느낌이 들었다. 그녀는 몸을 떨면서 그 자리에 서 있었다. 이런 일이 일어나다니 믿을 수가 없었다. 외할머니가 막 세상을 뜨려는데 손주들을 잡아놓고 보내주지 않다니! 그녀는 너무 당황스러웠다. 비서는 토냐가 아이들을 억지로 교내에서 데리고 나간다면 그건 위법행위일 거라는 식으로 말했다. 토냐는 이렇게 탄식했다. "그러니까, 당시에는 저를 변호할 무기가 정말로 없었어요." 결국 그녀는 그날 아이들을 학교에서 데리고 나오지 못했고, 그녀의 어머니는 그날 오후 일찍 돌아가셨다. 당연히 아이들은 외할머니에게 작별 인사를 하지 못했다.

토냐는 다시는 그 학교에 아이들을 보내지 않았다. 이젠 끝이었다.

그래서 토냐는 다른 도시로 이사 갈 생각을 했을까? 그러지는 않았다. 그녀는 이렇게 설명했다. "남편의 직장이 이곳에 있었어요. 그런데 뭐라고 말할 수 있겠어요? 이 나라에서 월급이 높은 직장은 결코 무시할 수 있는 게 아니에요! 이 문제의 핵심은 결국 완강함에 있다는 생각도 들었고요. 다른 사람들처럼 저도 여기에 살 권리가 충분하다고 느꼈어요. 그런데 왜 제가 이사를 가야 하나요?"

그래서 그녀는 아이들에게 홈스쿨링을 시작했다. 시작은 정말 힘들었다. 준비가 전혀 안 돼 있었기 때문이다. 과제와 계획, 시간표 짜는 일도 힘들었다. 진지하게 다시 공부해야 하는 과목들도 있었다. 훌륭한 선생님이 되고, 아이들의 교육 개발을 충분히 촉진시키고, 적절한 수준의 피드백을 주는 등의 방법을 배우는 데는 상당한 시간이 필요했다. 게다가 이곳에서는 다른 홈스쿨러들도 대단히 종교적이었다. 그들은 무종교적인 사람은 누구도 그들의 무리에 받아들이지 않겠다는 점을 틀림없이, 분명하게 밝혔다.

그런데 외롭고 힘든 이런 상황 속으로 살짝 빛이 비춰 들었다. 그 빛은 늦은 밤 컴퓨터 화면의 불빛 속에서 나타났다. 인터넷을 통해 다른 무종교인 어머니를 발견하게 된 것이다. 그녀는 약 15마일 떨어진 작은 마을에 살고 있었다. 아주 오랜만에 더 없이 기쁜 일이 일어났다. 토냐는 이 어머니와 절친한 사이가 되었으며 아이들도 서로 잘 통했다. 이후 그들은 지금까지 10년 넘게 아이들을 함께 홈스쿨링하고 있다. 이런 지지와 교감, 동지애를 경험하는 것은 정말로 든든한 일이었다. 게다가 지난 2년 동안 이웃한 주에 사는 다른 두 가족이 그들의 '무종교적 홈스쿨링' 그룹에 합류했다. 그래서 이제는 소규모 핵심 그룹이 이루어졌다.

미국의 시골 지역에서 토냐가 무종교인 부모로서 경험한 일들은 결코 독특한 것이 아니다. 전국적인 연구 결과, 무신론자들 가운데 41%가 종교가 같지 않다는 이유로 지난 5년 사이에 차별을 경험한 것으로 나타났다. 나도 미국에서의 종교 없는 삶을 연구하면서 토냐의 이야기와 충격적일 정도로 비슷한 많은 어머니들의 사연들을 들었다.

아칸소 주의 시골에 사는 트럭 운전사의 아내 팻 콜도 결국은 외동아들을 공립학교에서 자퇴시키기로 했다. 아들이 학교에서 괴롭힘을 당하고, 교사와 교직원들이 아들에게 지속적으로 전도를 하고, 아들에게 종교적인 것들을 정기적으로 가르쳤기 때문이다. 낙태는 살인이고, 진화론은 성경이 지지하는 지성적 설계의 개념보다 못한 한갓 이론일 뿐이며, 동성애는 죄이고, 안전한 섹스를 원하는 10대 청소년들이 선택할 수 있는 것은 금욕뿐이라는 내용이었다.

또 군인의 아내 베키 이브스의 이야기도 있다. 텍사스 주의 작은 시골 마을에 사는 그녀는 그처럼 철저하게 종교적인 동네에서 종교 없이 살아가면서 느끼는 고립감과 소외감을 잘 알고 있었다. 아이들 가운데 한 명이 게이이면 이런 고립감과 소외감은 극적으로 선명해졌다.

토냐는 종교 없이 아이들을 키우기는 하지만 아이들이 종교 문제에 대한 그녀의 혼란을 무비판적으로 받아들이는 것은 원치 않는다고 했다. 그래서 아이들이 스스로 마음을 정하거나 그런 능력을 기를 수 있도록 최대한 노력하고 있었다. "아이들이 교회에 가도 내버려 둬요. 이런저런 교회 활동을 하고 싶어 하면, 그냥 하게 합니다. 아이들에게 균형 잡힌 시각을 심어 주려고 노력하죠." 그런데 어떻게 해야 균형 잡힌 시각을 보여 줄 수 있을까? "아이들에게 사실을 알려 줘요. 다른 사람들의 믿음이 어떤지도 가르쳐 주죠. 그런 후에는 사실과 믿음의 차이를 설명해 주려 노력합니다. 마지막엔 아이들 스스로 선택하게 하죠."

교회에 나가지 않고 믿음도 없이 아이들을 키우면서 감내해야 했던 많은 갈등들에 대해 토냐와 대화를 나눈 후, 무종교적인 육아 덕분에 경험한 좋은 점들도 물어 보았다. "아이고, 아주 많아요. 사람으로서 아이들과 진심으로 소통하고 공감할 수 있었어요. 아이들은 자신의 선택이 의미 있는 일이라는 걸 이해하고 있었고요. 그들의 정신이 성장하는 걸 지켜보는 게 저는 좋았습니다. 아이들의 정신이 다른 모든 가능성들에 열리는 걸 볼 수 있었으니까요. 음, 그들에게는 제한이 없어요. 세상을 바라보는 방식 면에서 많은 종교인들이 아주 제한되어 있거든요. 그들이 믿는 종교가 이런저런 것들을, 이것은 하면 안 되고 저것도 하면 안 된다고 가르치니까요. 종교는 사람들을 통제하는 방식이기도 해요. 무엇을 생각하고 무엇을 믿어야 할지 말해 주죠. 저는 제 아이들이 스스로 결정을 내리길 원해요. 제가 초점을 맞춘 것은 바로 이거예요. 아이 스스로 자신의 목소리를 갖도록 맡기는 것이지요."

아이들의
도덕성 키워 주기

미국에서 종교 없이 아이를 키우는 모든 부모들이 토냐처럼 고립감과 소외감, 극심한 괴롭힘을 경험하는 것은 아니다. 무종교적인 부모들 중에도 나처럼 종교가 그렇게 강하지 않고 문화와 세계관, 사회적 환경이 훨씬 다양한 지역에 사는 사람들도 있다. 이런 사람들은 종교 없이 아이를 키우는 일을 때때로 고통스러운 난관들로 점철된 괴로운 투쟁으로 여기지 않는다. 종교 없는 사람들이 많은 지역에 사는 사람들에게 무종교적인 부모가 되는 것은 그렇게 힘든 일이 아닌 것이다. 비교적 쉽게 그럭저럭 해 나가

다가 이따금씩 몇 가지 선택들을 놓고 고심하는 정도의 갈등에 직면할 뿐이다. 그러므로 종교 없이 아이들을 키우는 일은 몽고 메리나 녹스빌, 수 폴즈보다 샌프란시스코나 유진, 벌링턴에 살 때 확실히 전체적으로 훨씬 수월하고 순조롭다.

데보라 카우프만 박사도 그런 경우다. 데비는 뉴욕의 비교적 편안하고 부유한 동네에서 자랐다. 지금은 해변에서 가까운 로스 앤젤레스 외곽의 안락하고 부유한 지역에 살고 있다. 신을 믿지 않아도, 두 명의 사내 아이들을 돌보는 45살의 어머니 데비에게 아이들을 키우는 일은 쉽고 즐거우며 약간은 지루하기까지 한 일이다. 그녀에게는 조금의 갈등 상황도 닥치지 않았다.

데비는 정신과 의사로서 커다란 정신보건 시설에서 관리감독 과장으로 일하고 있다. 미네소타 주가 고향인 남편은 푸른 눈에 금발, 조각 같은 뺨을 가진 정치학 교수다. 이들의 부모들은 모두 신자가 아니었기 때문에 우리 부부와는 달리 조부모들과도 전혀 갈등을 겪지 않았다. 거기다 다소 폭넓은 단짝친구들 중에도 종교를 가진 사람은 없었다. 이제 12살과 8살인 두 아들이 만나는 아이들 중에도 지나치게 독실한 신자는 없었다. 덕분에 교회에 초대를 받거나 교회에 가야 한다는 말을 들은 적도 없었다. 누구에게든 지옥 이야기를 들은 적도 없었으며, 열광적인 복음 전도자와 부딪힌 적도, 학교 교사나 직원들에게 종교를 가지라고 강요받은 경험도 없었다.

물론 신에 대한 질문은 종종 받았다. 하지만 데비에게는 이것도 전혀 문제가 되지 않았다. 신에 대한 아이들의 질문에 답해 주는 것도 그리 힘들지 않았다. "저는 언제나 이 말부터 해요. 삶은 정말로 멋지고 아름답다고요. 우리가 여기 존재하는 것은, 살아 있는 것은 너무도 큰 행운이라고요. 이 행운 덕분에 세계의 아름다움을 음미할 수 있는 거라고 말입니다. 하지만 이 모든 아름다움을 음미하는 데 저기 어딘가에 신이 있다고 생각할 필요는 전혀 느끼지 않는다고요. 우리는 아이들에게 이렇게 말해 줘요. 그리고 신을 믿는 이들도 있지만 우리는 그러지 않는다는 점도 알려 주죠."

그럼 죽으면 어떻게 되느냐는 물음에는 어떻게 대답해 줄까? 데비는 이 문제도 비교적 쉽게 처리했다. "저는 아이들에게 죽음은 평화의 시간이라고 말해 줘요. 죽으면 더 이상 살아 있지 않게 되지만 여전히 세계의 일부라고요. 세계의 일부로 되돌아가고, 우리의 몸은 모든 것들의 일부분이 된다고요. 저는 언제나 긍정적으로 대하려고 노력해요. 죽음을 긍정적인 시각에서 설명해 주려고 하죠. 죽으면 세계의 일부가 되어 대지로 돌아갈 것이라고 말입니다."

이런 질문들에 답하는 데비의 방식에서 내가 가장 감탄하는 점은, 초자연적인 믿음이 없음을 분명하고 정직하게 밝히면서도 종교를 폄하하거나 조롱하거나 무시하지 않는 능력이다. 이런 주제들에 대해 데비가 어떻게 생각하고 있는지를 아이들에게 알려 주는 일은 중요하다. 동시에 많은 인류에게, 다시 말해 신이나 내세를 정말로 믿는 수십억 명의 사람들에 대한 관심을 잃지 않게 만드는 것도 건강하고 바람직한 태도다.

데비의 답변에서는 방어심보다 자신감이, 스트레스보다는 편안함이, 폐쇄적인 마음보다는 개방성이 풍겨 나온다. 이것은 단순히 그녀의 인격에서 비롯된 결과일 수도 있다. 하지만 그녀의 일상 속에 종교적인 괴롭힘이나 극성스러운 전도, 열렬한 믿음 같은 것이 없다는 사회학적인 사실들 때문일 수도 있다. 토냐와는 달리 공격이나 무시를 당한다는 느낌을 받은 적이 한 번도 없었을 수도 있다.

그렇다면 도덕과 가치의 문제는 어떻게 처리할까? 신에 대한 믿음 없이 어떤 식으로 아이들에게 도덕적 토대를 만들어 줄 수 있을까? 그녀는 실행 가능한 도덕의 뼈대를 만드는 데 유신론이 반드시 필요하지는 않다고 확신했다. "신에 대한 믿음이 도덕성을 가져다준다는 생각을 이해할 수 없어요. 저는 아이들에게 다른 사람들이 어떻게 느끼는지를 이해하고 공감하게 해 옳고 그름을 가르쳐 주려고 해요. 그들의 반대편에 서 있을 때 어떤 기분일지 느끼게 해 주려고 노력합니다. 이렇게 하는 데 신은 전혀 필요하지 않아요."

사실 데비는 그녀가 아이들에게 심어 주려는 무종교적 도덕성이 신에 대한 믿음을 기초로 한 도덕성보다 실제로 훨씬 훌륭하고 성숙하며 지속가능하다고 확신하고 있었다. "도덕성이 종교적 민음체계와 묶여 있다면, 도덕성은 있다가도 사라질 수 있어요. 사람 일은 모르는 거니까요. 그러니까 제 말은, 도덕성이 전부 신과 연관되어 있을 경우, 어느 순간 신의 존재에 의문을 갖기 시작하면 어떻게 되겠어요? 도덕관념이 갑자기 흔들리지 않겠어요? 하지만 아이들에게 옳고 그름과 공감, 타인을 대하는 태도를 가르치면, 아이들이 나중에 무엇을 믿든, 종교적인 사람이 되건 다른 어떤 사람이 되건, 아이들은 변함없이 그 체계를 간직할 겁니다. 그들의 도덕성은 에덴동산의 아담과 이브, 혹은 다른 어떤 것에 달려 있지 않으니까요. 아이들의 도덕성은 그저 자체적으로 작동할 겁니다."

여기서 데비의 말은 앞에서 설명한 '천장의 눈' 가설과 직접적으로 연관되어 있다. 우리가 아이들의 내면에 키워 주려고 하는 도덕성이 전적으로 혹은 부분적으로라도 천장에서 우리를 지켜보는 눈 같은 초자연적인 실체나 말하는 뱀에 대한 오래된 이야기, 원죄에 대한 민음에 의존하고 있다고 하자. 이런 도덕성은 이런저런 일을 하거나 하지 말아야 하는 이유에 대한 이성적인 설명과 공감에 대한 강조, 타인들의 감정에 대한 이해 위에 세워진 도덕성보다 본질적으로 덜 안정적이다.

아이들의 도덕성 교육에 대한 데보라의 생각은 저명한 심리학

교수로서 시카고 대학과 하버드 대학교에서 가르쳤던 로렌스 콜버그(Lawrence Kohlberg)의 기초연구와도 잘 연관되어 있다. 콜버그는 도덕적 추론과 발달에 대한 연구들로 아주 유명하다. 아이들과 10대 청소년, 성인들이 도덕성을 이해하고 고민하고 설명하는 방식을 몇 년 동안 조사한 후 그는 거의 모든 인간이 자라고 성숙해지는 동안 다양한 도덕적 발달 단계들을 거친다고 주장했다.

첫 번째로 아주 어렸을 때 아이들은 단순히 징벌의 관점에서 옳고 그름을 이해한다. 그래서 3살짜리 아이에게 도덕성의 핵심은 기본적으로 이렇게 요약된다. 벌을 받는다면 그건 나쁜 것이고 그렇지 않으면 괜찮은 것이라고 생각하는 것이다. 그러나 나이가 들면서 도덕성에 대한 이런 개념화는 희미해지고, 다른 요인과 고려 사항들이 영향을 미친다. 사회적 인정과 불허 같은 것들이 더욱 중요해지는 것이다. 그러다 더욱 성숙해지고 발전하면, 단순히 금지 규칙이나 타인들의 비난이 있어서가 아니라 타인이나 자신에게 부정적인 영향을 미치기 때문에 그릇된 것도 있음을 이해하기 시작한다.

콜버그는 인간의 눈에 띄는 도덕적 발달을 여섯 단계로 요약했다. 그리고 보통 청소년기 후기가 되어서 도달하는 마지막 단계에서 정의와 평등, 모든 인간 존재에 대한 존중과 황금률 같은 보편적인 윤리적 원칙들을 토대로 도덕적 추론을 하게 된다고 정리했다.

그리고 버트런드 러셀(Bertrand Russell) 같은 철학자나 살만 루시디(Salman Rushdie) 같은 작가, 데비 카우프만 같은 어머니 등 많은 사람들 역시 종교적으로 특히 보수적이거나 근본주의적인 성향이 강할수록 인간의 도덕 발달에서 가장 발달이 안 된 초기 단계에 빠져 있는 것 같다고 생각했다. 즉 오로지 신의 징벌을 토대로 옳고 그름을 판단하는 것이다.

게다가 몇몇 연구 결과, 신이 벌을 내릴 것이라고 위협하는 방법을 쓰는 부모들은 아이들의 내면에 과도한 자기비난 같은 부정적인 성격적 특질을 심어 줄 위험성이 있다고 한다. 그래서 데비도 아이들에게 도덕교육을 시킬 때 일부러 징벌을 강조하지 않으려 했다. 공감을 바탕으로 자신이 대접받고 싶은 방식으로 타인들을 대하는 것, 타인들에게 원하는 방식대로 자신이 이 세상에서 행동하는 것, 임마뉴엘 칸트(Immaneul Kant)의 정언명령에 대해 이야기해 주는 것이 더욱 인간적인 형태의 건강한 윤리교육이라고 생각했기 때문이다.

무종교적인 양육에 대해
우리가 알고 있는 것

미시시피 주 시골의 토냐 힌클과 로스앤젤레스에 사는 데비 카우프만의 경험은 같은 부모지만 크게 다르다. 무종교적인 양육이 불러오는 고립감이나 통합감, 소외감이나 연결감, 의심이나 이해를 받고 있다는 느낌 등에 관한 편차가 심한 것이다. 부모가 사는 지역이나 양육 과정, 부모의 교육 수준과 직업, 이웃 같은 것들에 따라 많이 다를 것이다.

무종교적인 양육에 대해 우리는 또 무엇을 알고 있을까? 수많은 사람들이 종교적인 믿음 없이 자녀들을 키우고 있지만, 심리학자나 사회학자, 인류학자, 역사학자들은 무종교적인 양육을 거의 완전히 무시해 왔다. 놀랍게도 종교 없이 아이를 키우는 것에 관해서는 확고한 연구주체가 전혀 없다.

그러나 이제 막 융합연구가 싹트기 시작하고 있는 것 같다. 최근 몇 년 동안 무종교적인 양육을 조명하는 몇몇 연구들이 실시되었기 때문이다. 그 결과 종교 없이 자라난 아이들은 어른이 돼서도 종교 없이 지내는 경향이 있다는 중요한 사실을 발견했다. 자료들도 이 점을 잘 뒷받침해 준다. 스티븐 메리노(Stephen Merino)는 미국의 다양한 세대 집단들을 장기적으로 분석한 결과, "부모가 종교에 소속되어 있지 않았을 경우 그 자식들은 어른이 되어서도 종교에 대한 호감을 표현할 가능성이 아주 적다."는 점을 발견했다.

또 1980년대 펜실베이니아 주립대학의 사회학 교수 하트 넬슨(Hart Nelsen)은 부모의 무종교성이 자식들에게 분명한 영향을 미친다는 점을 입증했다. 종교적인 부모 밑에서 자란 자식들이 거의 종교적인 사람이 되는 경향이 있는 것처럼, 종교가 없는 부모 밑에서 자란 아이들도 마찬가지로 거의 종교가 없는 어른으로 성장한다는 점을 보여 주었다. 넬슨 교수의 분석에 따르면, 1980년대 미국의 가정들 중에서 종교가 없는 아버지와 종교가 있는 어머니의 경우, 자녀의 약 1/6은 무종교인으로 성장했다고 한다. 부모 모두 종교가 없는 경우에는 85%의 자녀들이 무종교인으로 성장했다.

이 연구는 몇 년 후 스코틀랜드의 사회학자 스티브 브루스와 토니 글렌디닝(Tony Glendinning)에 의해 아주 분명한 사실로 확인되었다. 그들의 연구 결과 "자랄 때 구체적인 믿음이 없던 사람은 나중에라도 믿음을 얻을 가능성이 적은" 것으로 나타난 것이다. 그런데 도대체 얼마나 적은 걸까? "약 5%밖에 안 된다."

다른 흥미로운 연구들도 몇 가지 발견할 수 있다. 이 연구들은 무종교적 양육에 대해 다소 타당한 정보를 포함하고 있다. 또 종교인들의 가정생활에 초점을 맞춘 연구들 중에도 표본에 우연히 몇몇 무종교인들도 포함한 것들이 있다. 한 예로, 텍사스 대학교에서 사회학과 종교를 가르치는 마크 리그너러스(Mark Regnerus) 교수는 미국 10대 청소년들의 성(sex)과 종교에 대한 인상적인 연구를 실시했다. 그 결과 종교적인 부모들에 비해서 종교가 없는 부모들이 일반적으로 10대 자녀들에게 성 이야기를 더욱 편안하게 해 주고, 덕분에 성과 안전한 섹스에 대해서 더 나은 정보들을 제공해 준다는 점을 발견했다.

또 사우스 캘리포니아 대학교에서 노인학과 사회학을 가르치는 베른 벵슨(Vern Bengtson) 교수는 35년간 종교와 가정생활을 연구해 오다가 최근에는 무종교적인 가정들을 대상으로 연구를 실시했다. 그 결과 그는 가장 무종교적인 가정들이 높은 수준의 연대감과 정서적 친밀감을 보여 주고, 무종교적인 부모들은 그들의 가치를 잘 표현한다고 보고했다. 그리고 종교가 없는 많은 부모들이 "우리가 연구한 몇몇 종교적인 부모들보다 그들의 윤리적 원칙에 더욱 열정적이고 일관된 태도를 갖고 있었다."고 한다.

그렇다면 무종교적인 부모들의 가치는 어떤 것일까? 사회학자인 브라이언 스타크스(Brian Starks)와 로버트 로빈슨(Robert Robinson)은 종교가 없는 부모들이 복종보다는 자율성을 가치 있게 생각하고 자녀들에게 이것을 함양시켜 주기 위해 노력할 가능성이 더 크다는 점을 발견했다. 복종은 종교적인 부모들, 특히 보수적인 개신교도들이 더욱 중요하게 여기는 가치다. 실제로 다양한 조사들에서 자녀들에게 바라는 자질이 무엇인지를 부모들에게 물었다. 그러자 종교가 없는 부모의 경우 종교적인 부모에 비해서 '부모에게 복종'을 꼽는 경향이 훨씬 적은 반면 '스스로 생각하기'는 훨씬 더 많이 꼽았다.

종교가 없는 부모들이 자녀의 자율성을 강조하는 이런 경향은 인상적인 결실을 맺고 있다. 한 예로, 최근의 연구 결과 무신론자인 10대 청소년은 종교를 가진 또래들에 비해서 '또래 아이들이 멋지다고 생각하는 것에 나를 맞추는 것은 중요하지 않다.'는 데 동의하는 경향이 훨씬 강한 것으로 나타났다. 그리고 사회학자 크리스토퍼 엘리슨(Christopher Ellison)과 대런 셰랫(Darren Sherkat)은 기독교인 부모들에 비해서 종교가 없는 부모들이 이성적인 문제 해결과 타인에게 피해 주지 않기, 진리 추구 등을 더욱 강조하는 경향이 있음을 발견했다.

사회학자 브루스 헌스버거(Bruce Hunsberger)와 봅 알트미어(Bob Altemeyer)가 실시한 다른 연구에서는 무신론자 부모들은 자녀들에게 그들의 무신론을 강요하기를 꺼리는 것으로 나타났다. 실제로 무신론자 부모들은 자녀들이 그들의 믿음에 대해서 스스로 결정을 내리기를 바랐다. 자신의 종교를 자녀들에게 의식적·의도적으로 전해 주려고 하는 기독교인 부모들과는 영 딴판인 것이다.

종교 없는
부모들의 공통점

무종교적인 양육에 관한 전문가가 있다면 아마 크리스텔 매닝(Christel Manning) 교수일 것이다. 코네티컷 주 새이크리드 하트 대학에서 종교학을 가르치는 매닝 교수는 무종교인 부모들의 자녀 양육에 대해서 다양한 논문과 저서를 남겼다.

크리스텔의 학문적 궤적은 나와 상당히 비슷하다. 그녀도 종교 적인 삶을 연구해 오다가 약 10년 전 무종교적인 삶을 탐구하는 학자들이 극히 드물다는 점을 깨달았다. 게다가 무종교적인 삶에 서 가장 중심적인 자녀양육 문제를 살펴보는 학자들은 아무도 없 었다. 이 빈틈이 너무도 크다는 것을 깨닫고, 그녀는 스스로 이 임 무를 떠맡았다. 학계에서 최초로 무종교인들의 양육을 주요 연구 주제로 삼은 것이다. 그리고 전국의 무종교적 부모들이 어떻게 아이들을 키우고, 그들과 아이들 사이에서 어떤 일이 벌어지고 있는지를 이해하기 위해 10년도 넘게 이들을 인터뷰했다.

매닝 교수의 연구 속에는 통찰을 주는 내용들이 많다. 예를 들 어, 그녀는 무종교적인 부모들의 유형이 눈에 띌 정도로 폭넓고 다양하다는 것을 보여 주었다. 반종교적인 면이 확실한 무신론자 에서부터 자신의 믿음에 확신이 없는 불가지론적인 유형, 종교를 거부하기보다 무시하는 무관심한 유형 등이 무종교인의 스펙트 럼 속에 포함되어 있었다.

그녀는 또 무종교에 준하는(quasi-secular) 부모들도 많이 연구했 다. 종교적인 삶에 어느 정도 몰두하면서도 그들이 속한 종교의 구체적인 교리와 신조는 진정으로 믿지는 않는 사람들, 그저 습 관이나 전통 때문에 종교에 참여하는 사람들 말이다. 매닝 교수의 연구는 또 내가 위에서 힘들게 꺼냈던 이야기, 즉 사회적인 위치가 중요하게 작용한다는 점을 확인시켜 주었다. 토냐처럼 고도로 종교적인 지역에 사는 무종교적인 부모들은 자녀들을 훨씬 많이 보호하려 하며, 아이를 키우는 동안 정말로 경멸과 거부에 시달리는 소수자 같은 느낌을 받는다. 반면에 데비처럼 비종교적인 지역에 사는 무종교적인 부모들에게서는 이런 방어적인 태도가 전혀 생겨나지 않는다.

마지막으로 그녀는 종교가 없는 부모들에게도 분명한 도덕관념이 있음을 증명함으로써 위에서 언급한 벵슨 교수의 연구 결과를 확인시켜 주었다. 종교가 없는 부모들은 자녀들을 종교적인 사람으로 키우지 않을지 모른다. 하지만 그렇다고 해서 이들이 어떤 가치나 윤리적 계율도 없이 아이들을 키우는 것은 아니다. 무종교적인 부모들도 자녀들에게 몇 가지 일반적이고 일관된 도덕적 원칙들을 심어 주고 있다. 황금률을 중요하게 생각하고 지키는 것, 환경에 대한 의식을 가질 것, 공감력을 키울 것, 독립적인 사고를 함양할 것, 문제가 있을 때는 이성적인 해결에 의지할 것 등이다.

종교가 없는 부모들에게 자녀를 키우는 일은 많은 짐작과 실험, 수정 그리고 혼란을 불러일으킨다. 물론 이것은 모든 양육 과정에서 나타나는 특징일 수도 있다. 그러나 자녀를 자유사상가로 키우는 사람들에게는 어떤 정해진 구조도, 오랜 전통이나 분명한 지침도 없다. 그래도 수백만의 부모들이 이런 현실에 아랑곳없이 아이들을 잘 키워 내고 있다. 종교 없이 자녀들을 키우고 있는 것이다. 예를 들어, 1925년에서 1943년 사이에 태어난 미국인들 가운데 종교 없이 자라난 사람은 4%가 안 됐다. 그런데 1956년에서 1970년 사이에 태어난 미국인들 중에서는 7%가 종교 없이 성장했고, 1971년에서 1992년 사이에 태어난 미국인들 중에서는 거의 11%가 그렇게 자랐다.

매닝 교수에게 많은 무종교적 부모들과 대화를 나누면서 깨달은 중요한 점들을 그녀만의 언어로 설명해 달라고 부탁한 적이 있다. "무종교적인 부모들의 공통점이 있나요?" 이 질문에 그녀는 이렇게 대답했다.

"연구를 통해 한 가지 핵심적인 공통점을 발견했어요. 모든 인터뷰에서 전체적으로 이런 점이 나타났는데, 전국의 모든 부모들에게 해당되는 점입니다. 그건 바로 종교 없는 부모들이 '선택권'을 가치 있게 생각한다는 거였어요. 선택할 수 있음을 강조하는 게 정말로 두드러졌죠. 무종교적인 부모들은 무엇을 믿고 실천할지 자녀들 스스로 선택하기를 바랐어요. 바로 이런 점에서 그들은 종교적인 부모들과 상당히 다릅니다. 음, 가톨릭을 믿는 전형적인 부모라면 자녀들을 교리문답 수업에 보낼 겁니다. 유대교를 믿는 부모들은 히브리어 학교에 자녀들을 보낼 거고요. 자신의 세계관을 자녀들에게 전해 주는 것이 그들의 바람이니까요.

하지만 종교가 없는 부모들은 자녀가 꼭 무종교인이 되기를 바라지는 않아요. 그들이 이야기하고 강조하는 점은 이렇습니다. '제 아들딸들이 자신의 세계관을 자유롭게 선택할 수 있었으면 좋겠어요.' 그래서 많은 무종교적 부모들은 자녀들이 다양한 종교를 접하게 해 주기도 해요. 자녀들 스스로 선택을 내리는 데 도움이 될 테니까요."

이 말을 들으니 전에 인터뷰했던 샌프란시스코 출신의 어느 무종교인이 떠올랐다. 그는 10살 먹은 아들을 데리고 1년 내내 한 달에 한 번 교회나 유대교 회당, 이슬람 사원에 갔다고 했다. 세계의 다양한 종교 전통을 가르쳐 주기 위해서였다. 예배를 마친 후에는 아들과 함께 나가 점심을 먹으면서 그날의 경험을 이야기하고, 좋았던 점과 아쉬웠던 점, 더 알고 싶은 점 등을 생각해 보았다.

위에서 매닝 교수가 제대로 짚은 것처럼, 종교적인 부모들은 일반적으로 단순하고 솔직하게 자신의 믿음과 가치체계를 자녀에게 전해 주려고 한다. 이들은 보통 자신의 종교적 믿음과 전통을 자녀들에게 전해 주는 것을 기쁨이자 의무로 여긴다. 그래서 자녀들의 믿음체계에 지나치게 영향을 미치면 어쩌나 하는 걱정 따위는 하지 않는다. 오히려 정반대다. 자신의 종교적 신념에 따라 적극적으로 자녀들의 믿음에 영향을 미치려고 한다.

그러나 대부분의 종교가 없는 부모들은 부모가 자신의 종교를 자녀들에게 물려주는 이런 과정을 세뇌의 한 형태로 본다. 자녀들에게 직접적으로 종교적 믿음을 강요하는 것으로 본다는 말이다. 어린아이들은 지적으로 취약하고, 진화의 측면에서 볼 때 부모가 가르쳐 주는 세계의 본질은 거의 무엇이든 흔쾌히 받아들이고 믿게 되기 때문이다.

많은 무종교적인 부모들이 빠져 있는 역설적인 상황을 요약하면 이렇다. 그들은 자녀의 믿음에 너무 많은 영향을 미치고 싶어 하지 않는다. 양육을 통해 자녀들이 그들의 생각과 믿음, 세계관을 스스로 선택하고 발달시키도록 키우고 싶어 한다. 동시에 이것이 그렇게 가능성이 높은 일은 아니라는 것도 알고 있다. 아무리 좋은 의도를 갖고 있는 부모도 자녀의 세계관과 이것의 형성에 영향을 미칠 수밖에 없다. 또 사회화도 같은 방식으로 이루어진다. 자녀들에게 직접적으로 이런저런 말을 하지 않아도, 자녀들은 부모를 관찰한다. 부모들이 전화로 친구나 동료들에게 하는 말, 저녁 식탁에서 오가는 이야기도 듣는다. 부모들이 읽는 책과 텔레비전 쇼에도 주의를 기울인다. 부모들이 가끔 시부모나 장인, 장모와 벌이는 논쟁도 엿듣는다. 그러므로 아무리 그러지 않으려고 노력해도 부모는 자녀의 세계관에 영향을 미치게 된다. 이것은 불가피한 일이다.

그런데 이런 불가피성을 넘어서, 사실은 모든 부모가 자녀의 세계관에 영향을 미치고 싶어 하지 않나? 자신은 그러고 싶지 않다고 말하는 무종교적인 부모조차도 말이다. 사실 자녀에게 영향을 미치는 일은 양육의 핵심에 있는 것이기도 하다. 양육이 하는 모든 일, 즉 아이를 보살펴서 나중에 최고의 잠재력을 실현하게 해 주는 일의 많은 부분이 바로 영향을 미치는 것이다. 다른 누구도 아닌 부모가 최고의 잠재력이라고 생각하는 것을 실현하게 돕는 것이다. 여기서 대부분의 종교가 없는 부모는 최고의 잠재력에 관한 한, 생각의 자유가 무엇보다도 가치 있다고 생각한다. 그러나 생각의 자유를 함양시켜 주는 과정에서 부모가 어느 정도 영향을 미칠 수밖에 없다면, 그럼에도 불구하고 아이의 자유로운 사고 능력을 어떻게 키워 줄 수 있을까?

올바른 출발점은 부모가 이런 문제에 대해 자녀와 솔직하고 성숙하게 대화를 나누는 것인 듯하다. 매닝 교수도 이렇게 조언했다. "가장 먼저 해야 할 일은 부모가 종교와 자신과의 관계를 자녀에게 솔직히 이야기해 주는 것입니다. 종교에 어떤 의심을 갖고 있고, 시간이 흐르면서 관점이 어떻게 변할 수도 있는지 알려 주는 거죠. 그러고 나서 충분한 정보와 비판적이고 이성적인 사고를 바탕으로 자녀가 스스로 선택하게 맡깁니다. 스스로 선택할 수 있도록 하는 최선의 방법은 자녀에게 질문을 권장하고, 자녀가 이해할 때까지 설명을 해 주는 것입니다. 이미 정해진 분명한 답을 갖고 있어야 한다고 걱정하는 것보다는 부모가 이런 문제에 대한 생각을 자녀와 공유하는 것이 좋아요. 이 모든 문제에 대해 진실한 대화를 나누는 것이 바람직하다는 말이죠."

코네티컷 주에 사는 학자든 미시시피 주에 사는 전업주부든, 종교가 없는 부모들에게 자녀와 솔직하고 진실하고 사려 깊은 대화를 나누는 것은 정말로 즐거운 일일 수 있다. 신의 존재를 의심하게 된 이유를 자녀에게 이야기해 주고, 동시에 다른 사람들이 정말로 신을 믿게 된 이유도 생각해 보는 대화, 이것을 넘어서 맹신과 회의주의, 신앙과 이성, 믿음과 의심의 본질을 파고 들어가 보는 대화, 죽음 후에 내세가 있을 가능성이 없음을 설명해 주고 동시에 이 세계와 이번 생, 지금의 삶에 초점을 맞추는 것이 가장 중요함을 강조해 주는 대화, 우리에게는 이것이 전부일지도 모르므로 지금의 삶을 소중하게 여겨야 한다고 강조해 주는 대화, 도덕과 윤리의 궁극적인 원천이 무엇인지 생각해 보는 대화, 이것들은 신비로운 하늘에서 떨어진 것이 아니며 때로 생각이 완전히 달라도 여기 지상에서 함께 맞춰 가야 하는 것임을 알려 주는 대화, 이런 점을 받아들인다는 것이 무엇을 의미하는지 깊이 생각해 보는 대화는 무종교적인 양육의 백미다.

종교를 대신하는 것들

허심탄회한 철학적 대화는 그렇다 치고, 그러면 실제적인 의식과 전통은 어떻게 해야 할까? 종교가 없는 문화에서 부모와 자녀는 이것들을 어떻게 경험하고 구축할까? 종교가 없는 사람들이 의식과 전통을 경험하고 즐기는 분명한 길은 그냥 저기 있는 다양한 무종교적 선택들을 활용하는 것이다.

한 예로 리안 고스키의 경우를 살펴보자. 그에게 이 문제는 전부 보스(Boss, 민중의 목소리를 대변한다는 이유로 미국의 노동자와 서민들이 록 가수 브루스 스프링스틴Bruce Springsteen에게 붙여 준 별명이다.—옮긴이)와 관련되어 있다. 리안은 두 아들을 둔 48살의 유부남이다. 그는 델라웨어 주에서 성장했지만 지금은 필라델피아에서 잘나가는 시민 변호사로 활동하고 있다. 신은 한 번도 믿은 적이 없지만, 중학생 때부터 뉴저지에서 태어난 음악의 거인 브루스 스프링스틴은 믿고 있다. 스프링스틴의 콘서트에서 개인적으로 감동적인 변화를 깊이 체험했기 때문이다. 이로 인해 그의 콘서트에 70번도 넘게 갔다.

보스를 향한 리안의 사랑은 1980년대 초에 시작되었다. "저는 외로웠어요. 새로운 학교에 들어갔는데 유대감을 느낄 수가 없었어요. 완전 불안정했죠. 음, 부모님이 이혼을 한 상태였거든요. 당연히 외로움과 소외감이 들었어요. 누구나 느끼는 것처럼요. 하지만 저의 경우는 정도가 좀 심했어요. 그건 그렇고, 어쨌든 어느 날 큰형 친구랑 자전거를 타고 학교엘 가는데 그가 음악을 틀어 줬어요. 그 음악에 그대로 꽂혔죠. 그래서 음반을 몇 장 사서 제 방에 혼자 앉아 불을 끄고는 촛불을 켜 놓고 먼저 앨범 '강(The River)'을 틀었어요. 마리화나도 안 피우고요! 그런데 음악이 너무 감동적이었습니다."

그 후 그는 스프링스틴의 첫 번째 콘서트에 갔다. "혼자서 콘서트에 갔는데 정말이지 끝내줬어요. 콘서트 장에서 나올 때는 마치 15,000명의 단짝들과 시간을 보낸 것 같았어요. 아는 사람은 한 명도 없었는데 말이죠. 공동체 의식이 정말 압도적이었어요. 노래 가사도 전부 외로움과 절망, 소외감 그리고 희망에 대한 것이었죠. 모든 사람이 연결될 수 있었던 건 음악에 이런 정서적 내용이 들어 있었기 때문이에요. 사람들에 대한 이야기, 몸부림치고 외로워하고 더 나은 곳에 이르기 위해 분투하는 일상적인 사람들의 이야기가 노래에 담겨 있었죠."

리안은 마치 대화 같았던 콘서트에서 희망과 위로, 카타르시스를 느꼈다고 했다. 리안에게 브루스 스프링스틴의 콘서트는 교회에서 접했던 그 어떤 경험보다도 '종교적'이었다.

"그의 콘서트에 가면 다시 엄청난 힘을 얻어요. 행복감이 밀려오죠. 정말로 가슴이 벅차오릅니다. 그래서 스프링스틴이 시내에 오면 꼭 콘서트엘 갑니다. 그가 3일 동안 콘서트를 하면 밤마다 참석하죠. 앞으로도 계속 그의 콘서트에 갈 겁니다. 콘서트에서 얻는 게 너무 많으니까요.

제 아내는 대단히 독실한 가톨릭 집안에서 성장했는데 이제는 더 이상 성당엘 안 다녀요. 이모들 중에 수녀가 세 분이나 되는데도요. 그런 아내가 스프링스틴 콘서트에 처음으로 가 보고 나오면서 이렇게 말했어요. "더 훌륭한 엄마가 될 거야. 더 멋진 사람, 더 좋은 아내가 되고 싶어. 내 삶의 모든 부분에서 더 나아지고 싶어." 그의 콘서트에서 아내도 큰 힘을 얻은 거죠."

몇 년 전 리안은 콘서트에 맏아들 잰더를 데리고 갔다. "음, 알아 둬야 할 게 있는데, 저는 잰더가 아기였을 때부터 거의 매일 밤마다 잰더를 재우면서 스프링스틴의 노래를 불러 주었어요. 잰더는 거의 매일 밤마다 제게 그의 「약속의 땅」을 불러 주면서 잠이 들었고요. 이렇게 이 음악은 제 삶에서 아주 큰 부분을 차지해 왔죠. 그래서 잰더를 콘서트에 데려간 거예요. 아, 물론 6살짜리 아이는 콘서트에 데려가기에 너무 어릴 수도 있어요. 하지만 제게 의미 깊었던 것을 잰더에게도 경험시켜 주고 싶었어요. 다행히 표를 구해서 바로 앞자리에 앉을 수 있었습니다.

그날은 잰더의 생일이었어요. 그래서 푯말을 만들어서 잰더에게 들고 있으라고 했어요. "오늘부로 난 여섯 살!" 이렇게요. 그러자 스프링스틴이 푯말을 보고 잰더에게 손을 흔들면서 노래를 불러 주었어요. 그러면서 얼마간 잰더와 교감했지요. 6만 관중 앞에서요. 원래 이렇게 하기로 정해져 있었던 것 같았어요."

보스를 향한 리안의 깊은 사랑과 헌신은 많은 종교적인 사람들이 그들의 구세주나 예언자에게 갖는 감정과 아주 흡사하다. 실제로 리안의 아내는 최근 "나의 보스는 뉴저지 출신의 가수입니다."라는 문구가 새겨진 범퍼 스티커를 사주었다. 이것은 예수와 관련된 인기 있는 범퍼 스티커와 아주 유사한 것이다. "나의 보스는 유대인 목수입니다." 같은 스티커 말이다.

리안도 브루스 스프링스틴의 콘서트가 흡사 종교 부흥회 같은 느낌이 많이 든다고 했다. 열성 신자들이 종교에 참여할 때처럼 리안도 스프링스틴의 음악과 콘서트에서 영감과 희망, 유대감과 소속감을 얻기 때문이다. 종교가 없는 사람들이 흔히 음악이나 문학, 자연, 연극 혹은 축구를 그들의 종교라고 말하는 주요 이유도 여기에 있을 것이다. 이들은 이런 세속적이고 초자연적이지 않은 것들도 높은 수준의 의미와 신성함을 제공해 준다는 점을 강력하게 주장하고 싶었을 것이다. 이런 활동들은 실제로 자녀와 공유할 수 있는, 강력하고 즐거운 의식과 전통, 경험들도 제공해 준다.

리안은 콘서트 참여를 본질적으로 하나의 의식(ritual)처럼 만들고 가족의 전통으로 확립시켰다. 이로써 스프링스틴을 향한 그의 열정을 아들에게도 전해 주었다. 덕분에 보스가 시내에 와서 콘서트를 열 때마다 리안은 잰더를 데리고 가고, 잰더도 이것을 반긴다.

종교를 대신하는
가족문화

리안 고스키의 경우에서 보듯이, 무종교적인 미국인이 가족들의 상황이 허락하는 범위 내에서 나름의 의식과 전통을 만들고 즐길 방법은 다양하다.

첫 번째는 록 콘서트나 야구경기, 한 달에 한 번 이웃들끼리 음식을 가져와 나눠 먹는 모임, 오토바이 퍼레이드, 함께 모여 돼지고기를 구워 먹는 피그 피킨 파티, 유치원 졸업식, 독립기념일 같은 무종교적인 활동에 참여하는 것이다.

두 번째는 이미 종교적 의미를 넘어선 종교 휴일과 의식들에 참여하는 것이다. 예수를 믿지 않아도 크리스마스 아침을 함께 보내거나, 알라를 믿지 않아도 라마단 단식 기간이 끝나는 날 함께 즐기거나, 결혼식에 참석하거나, 유월절 축제를 즐기는 것이 그런 예다.

세 번째로 선택할 수 있는 방법은 다른 무종교적 인문주의자들과 함께 다윈의 날이나 지구의 날, 하지, 춘분 같은 날들을 기념하는 것이다.

네 번째 방법은 스스로 의식과 전통을 적극적으로 창조하는 것이다. 예를 들어, 아이들이 어렸을 때 아내와 나는 성 패트릭 기념일 아침에 일부러 집 안을 살짝 아수라장으로 만들곤 했다. 행운의 마스코트를 사서 부엌에 어지럽게 뿌려 두었다. 또 냉장고 문에 달린 정수기에 녹색 염료를 섞어 두기도 하고, 아이들 장난감을 바닥에 흩뜨려 두기도 했다. 그러고는 전날 밤에 말썽꾸러기 레프러콘(leprechaun, 황금을 여기저기 숨겨 두기 좋아한다는 아일랜드 전설 속의 남자 요정 ─옮긴이)이 모든 일을 저질러 났다고 덮어씌우곤 했다.

다섯 번째로 확실한 방법은 공공연한 종교 의식이나 전통에 그냥 참여하는 것이다. 영적인 부분이나 신학적인 내용 면에서 문제가 있고 화가 치밀어도 말이다. 예를 들어 아내와 나는 크리스마스에 가끔 아이들을 데리고 조부모가 다니는 교회엘 간다. 그러면 조부모들도 행복해하고, 그들의 친구들을 만나는 것도 즐겁고, 음악도 좋고, 축제 분위기도 나고, 그리스도왕에 대한 설교도 그런대로 견딜 만하기 때문이다. 또 내 사촌 줄리의 집에서 해마다 열리는 유월절 축제에도 즐거운 마음으로 참석한다. 출애굽기에 나오는 그 골치 아픈 이야기를 다시 듣는 게 특별히 재미있어서가 아니라, 1년에 하룻밤 긴 테이블에 온 가족이 모여 앉는 걸 보는 게 즐겁게 때문이다. 게다가 사촌과 조카들이 얼마나 컸는지 보고, 음식을 즐기고, 아버지가 이디시어(Yiddish, 중동부 유럽 출신의 유대인들이 즐겨 사용하는 언어로서 세계에서 가장 넓게 분포되어 있는 언어다. ─ 옮긴이)로 부르는 노래를 듣고, 옛날엔 똑같은 식탁에 앉아 있었지만 지금은 돌아가셔서 더 이상 볼 수 없는 고모와 삼촌, 조부모들을 기억하는 것도 기분 좋은 일이다.

이 모든 것은 선택의 문제로 귀결된다. 개인적이고 직접적인 이런 선택이야말로 본질적으로 무종교인들이 의식과 전통, 기념일, 휴일에 접근하는 방식이다. 그리고 이런 선택은 아름답지만 부정적인 면도 뒤따른다.

먼저 이런 것들에 무종교적인 자세를 취하는 것이 아름다운 이유는 우리와 우리의 자녀들이 의식에 속박되지 않을 수 있기 때문이다. 전통의 노예가 될 필요도 없다. 타인들의 기대나 강요, 가족들의 재촉, 우리의 의무감이나 죄책감 때문에 이런 활동에 참여하지 않아도 된다. 무종교적인 가족들은 그들이 원할 경우에만 의식을 행하고 휴일을 기리며 전통을 따른다. 스스로 그렇게 하기로 마음을 먹을 때만 그렇게 하는 것이다. 그러므로 무종교인이 된다는 것은 하고 싶은 일이나 그렇지 않은 일, 따르거나 피하고 싶은 일, 함께 어울리거나 벗어나야 할 것 등을 고르고 선택할 자유가 더 많아진다는 의미이기도 하다.

이런 접근법은 우리에게 자유를 선사하고 기분을 상당히 홀가분하게 만들어 준다. 또 모든 종류의 원천으로부터 새로운 의식과 전통을 발견할 가능성도 열어 준다. 스스로 만족할 수 있도록 의식과 전통을 분명하고 과감하게 재해석하고 재구조화하며 다시 다듬을 수 있다. 뿐만 아니라 완전히 새로운 의식과 전통도 창조하게 해 준다. 무종교적인 태도를 갖는다는 것은 자신이 관여하는 다양한 의례와 의식에 진실하고 성실할 뿐 아니라 적극적으로 깊이 생각해 보아야 한다는 의미다. 그리고 일단 참여하기로 선택한 경우에는 이유와 목적, 이점을 분명하게 인식하고 있어야 한다.

하지만 이 모든 일에는 부정적인 면도 있다. 먼저 이런 적극적인 취사선택과 고려, 창조가 약간은 부담스럽게 여겨질 수도 있다. 결코 쉬운 일이 아니기 때문이다. 종교를 가진 가정들에는 의식과 전통이 훨씬 쉽게 주어진다. 모든 것이 이미 확립되어 있고 신자들에게 편안하게 다가가도록 포장되어 있기 때문이다. 익숙한 틀이 이미 마련되어 있다. 장례 미사도 이미 정해져 있고, 아기가 태어날 때 하는 세례식도 이미 정해져 있다. 바르미츠바(bar mitzvah, 13살이 된 남자 아이에게 치러 주는 유대교 성년식 ── 옮긴이)를 원하는 아이를 위한 의식도 이미 정해져 있다. 기도로 심리적 위안을 받고자 하는 사람에게 필요한 기도문도 이미 다 있다. 주기도문도 있고 성상도 준비돼 있다. 의식도 정해져 있다.

다시 말해 종교를 가진 부모들은 훨씬 편안하게 의식과 전통에 참여할 수 있다. 이것들이 모두 다져져 있고, 순서도 이미 정해져 있으며, 글로 씌어져 있고, 체계화되어 있기 때문이다. 하지만 종교가 없는 부모들은 이런 부분에서 훨씬 의식적이고 적극적이며 열성적이어야 한다. 의식과 전통을 인식하고 재해석하고 재창조하고 다듬고 적극적으로 질문을 던지는 일들이 때로는 대단히 힘들게 여겨질 수도 있기 때문이다.

게다가 무종교인들이 의식과 전통을 대하는 태도에는 본질적으로 세대 간의 지속성이 없다. 대부분의 사람들에게 버닝맨(Burning Man, 1986년부터 매년 8월 마지막 주에 미국 네바다 주에서 열리는 예술 축제. 행사의 하나로 커다란 나무 인물상을 불태운다. —옮긴이)은 변화를 불러오는 멋진 경험일 것이다. 하지만 증조부나 조부모, 부모들에게는 해당되지 않는다. 이들이 살던 시절에는 이런 의식이 없었기 때문이다.

리안 고스키에게 브루스 스프링스틴 콘서트는 개인적으로 엄청난 감동을 안겨 줄 것이다. 그러나 어느 날 보스가 죽으면, 리안의 손주들은 이 마법에 참여하지 못한다. 개성적으로 독특하게 치러지는 장례식이 지금의 참석자들에게는 놀랍게 비춰질 수도 있다. 하지만 다음 세대가 죽기 시작하면 그들의 장례식 예배는 어떻게 될까? 여전히 전체적으로 독창적이고 독특하게 짜여 있을까? 그렇다면 아주 훌륭하고 좋은 일일 것이다. 하지만 이것은 전통의 특징인 예상 가능성과 지속성을 끊어 버리고, 사실상 '전통'의 개념과 핵심을 약화시키는 일이기도 하다.

의식과 전통에는 여러 세대를 거치면서도 그 모습 그대로 유지되어 온 무언가 강력한 요소가 있다. 자식과 손주, 증손주들도 마찬가지일 거라고 믿으면서 어떤 행위나 말, 의식을 부모와 조부모, 증조부가 했던 것과 똑같은 방식으로 하다 보면, 위안과 용기를 얻을 수도 있다. 사회학자 린 데이빗먼(Lynn Davidman)의 주장처럼, 많은 사람들은 그런 한결같고 고정된 의식과 전통을 좋아한다. 이런 게 없다면 세상이 뿌리내릴 토대도 없이 계속 바뀌는 것 같은 느낌이 들기 때문이다. 의식과 전통의 세대를 초월한 지속성은 개인들에게 사랑의 고귀한 자리에 있다는 느낌을 불러일으킨다. 이 자리는 다니엘 에르비외-레제(Danièle Hervieu-Léger)가 적절하게 표현한 대로 "기억의 고리(chain of memory)"에 붙어 있다. 동시에 개개인들을 조상은 물론 후손들과도 연결시켜 준다. 반면 무종교적인 의식과 전통에 이런 것들이 아예 없진 않지만 그래도 한정되어 있는 것만은 분명하다.

결론적으로 현대의 무종교적 문화에 부족한 것은 바로 유산이다. 내가 말하는 유산은, 공통의 과거와 공통의 미래를 지닌 사람들, 비슷한 기억과 미래에의 기대로 연결되어 있는 사람들, 수세대 동안 비슷한 경험들 속에 빠져 있는 사람들이 함께 물려받은 삶의 방식과 상징, 의식, 관습을 말한다. 무종교적인 문화에서는 이런 유산을 찾아내기가 쉽지 않다. 적어도 분명하게는 보이지 않는다.

하지만 미약하긴 해도, 확실하게 무종교적인 유산이라고 이해할 만한 것들이 실제로 있을 것이다. 개인의 자유와 성향, 지속적인 선택이라는 유산이 바로 그것이다. 무종교인들은 미래의 세대들이 보전해 주기를 바라면서 특정한 의식이나 전통을 물려주지는 않는다. 그러나 무종교성은 다음과 같은 선물을 유산처럼 남겨 준다. 방해와 제약, 구속 없이 자신의 삶을 구축하고 개인적인 지향성을 표현하는 방식을 선택하게 해 주는 것이다. 이것들이 바로 무종교성의 필연적인 결과나 자연스러운 부산물이다. 무의식적이라 해도, 종교가 없는 부모가 자녀에게 가장 확실하게 물려주는 것은 아마 이것일 것이다. 그들 스스로 선택하고 만들어 낸 의식들, 좀 역설적으로 들리겠지만 무전통의 전통 말이다. 이것을 이단자들의 유산이라 불러도 좋다. '이단(heresy)'이라는 말은 그리스어 '하이레시스(hairesis)'에서 파생되었고, 그 근본적 의미는 '선택'이기 때문이다.

5장

무신론자를
위한
 # 공동체가
가능할까?

딸 플로라가 12살 매기의 첫 여름 캠프 이야기를 그린 『저스트 플레인 매기(*Just Plain Maggie*)』를 읽은 후로 계속 집에서 먼 숙박지에서 잠을 자는 여름 캠프에 가고 싶어 했다. 플로라가 11살이 되자 스테이시와 나는 플로라를 캠프에 보내도 될 것 같다고 판단했다. 그런데 어떤 캠프에 보낸담? 큰 딸 루비는 유대인 캠프에 보냈었다. 처음으로 집을 벗어나게 되어서선지 루비는 이 여름 캠프를 좋아했지만 완전히 마음에 들어 하지는 않았다. 플로라를 유대인 캠프에 보내는 것은 훌륭한 선택이 아닐 것 같았다. 플로라가 첼로를 연주할 줄 알았기 때문에 우리는 음악 캠프에 보내면 어떨까 생각해 보았다. 또 플로라의 사촌들이 여름마다 간다는 시에라 자연 야외 캠프도 고려해 보았다.

그러던 어느 날 우연히 캠프 퀘스트(Camp Quest)의 웹사이트를 발견했다. "캠프 퀘스트: 8-17살의 아이들에게 재미와 친구, 자유로운 사고 능력을 키워 주는 곳"이라는 그들의 슬로건이 마음에 들었다. 소개글을 더 읽어 보니, 캠프 퀘스트는 1990년대에 만들어진 것이었다. 오하이오 주와 켄터키 주의 몇몇 생각이 같은 부모들이 프로테스탄트나 가톨릭, 유대교, 불교, 시크교, 이슬람교, 바하이교, 모르몬교, 심지어는 사이언톨로지 같은 종교를 믿는 아이들을 위한 여름 캠프는 무수히 많은데, 무신론자나 불가지론자, 무종교적인 인본주의자 아이들을 위한 캠프는 없음을 발견하고 만든 것이다. 첫 번째 캠프는 1996년 켄터키 주 분 카운티에서 열렸으며 참가자는 20명이었다. 이후 이 단체는 괄목할 만한 성장을 거두어 현재는 애리조나와 버지니아, 미시간, 미네소타, 몬태나, 코네티컷, 워싱턴, 오하이오, 오클라호마, 테네시, 사우스캐롤라이나, 텍사스, 캔자스 주에 각각 한 곳, 캘리포니아 주에 두 곳의 지부를 두고 있다.

스테이시는 캠프 퀘스트를 하나의 가능성으로 기꺼이 받아들였다. 그런데 우리 둘 다 의문이 생겼다. 이곳이 정말로 올바른 캠프일까? 우리 스스로 자문해 보았다. 왜 플로라를 무종교인이어야 한다고 강조하는 캠프에 보내야 하는 걸까? 플로라를 종교인들이 가는 캠프에 보내고 싶지 않다면, 다른 비종교적인 캠프들도 숱하게 많았다. 하이킹이나 테니스, 요리, 체조, 심지어는 중국 어 배우기에 초점을 맞춘 캠프들도 있었다.

그러나 캠프 퀘스트 웹사이트에서 읽은 내용, 특히 '자유로운 생각'에 대한 그들의 정의가 나를 더욱 강하게 유혹했다. 그들은 "호기심을 키우고 의문을 품는 것, 권위자의 말을 그대로 받아들 이는 태도를 무시하는 것, 반대 의견이라도 자신만의 의견을 표 현하며 증거를 요구하는 것"이 자유로운 생각이라고 했다. 이런 점이 나는 마음에 들었다. 스테이시도 마찬가지였다. 또 그들의 임무를 전하는 주요 항목에서 그들이 강조하는 내용도 마음에 들 었다. 그들은 "윤리적이고 생산적이며 충만한 삶의 토대로서 이 성과 공감력을 키워 주고, 무신론과 인본주의가 긍정적이고 가정 친화적인 세계관임을 보여 주는 것"이 그들의 목적이라고 했다. 거기다 플로라가 우리와 견해와 세계관이 같은 부모 밑에서 자란 무종교적 아이들과 어울리면서 연대감과 소속감을 느끼면 좋겠 다는 생각도 들었다.

하지만 더욱 중요한 점은 따로 있었다. 우리는 플로라를 개방 적이고 당당하며 의식 있는 무종교인 캠프에 보내고 싶었다. 그 래야 무종교성이 단순히 어떤 것의 부재나 거부가 아님을, 무종 교인이 된다는 것에 그 이상의 의미가 있음을 알게 되기 때문이 다. 무종교인이 된다는 것은 이성과 공감력에 기초한 윤리와 자 연주의적인 세계관을 긍정적으로 받아들이는 것과 관련이 있다.

또 탐구와 회의, 이성과 과학, 독립적인 생각과 관련된 것이기도 하며, 현세에서의 선이라는 확고한 지향성과 목적의식 아래 모인 긍정적인 공동체와 연관된 것이기도 하다.

결국 우리는 플로라를 캠프 퀘스트에 보냈다. 이로써 스테이시와 나는 미국 문화에서 비교적 새롭게 커지고 있는 움직임에 플로라를 적극적으로 참여시켰다. 이 움직임은 바로 의식을 갖고 확실한 무종교적 공동체를 창조하는 것이다. 작은 읍이나 지방 소도시에서부터 대도시와 도시의 주요 중심지들에 이르기까지 이런 공동체들이 도처에서 생겨나고 있다. '시애틀 무신론자 공동체(Seattle Atheists)', '동부 연안 인본주의자 공동체(Downeast Humanists)', 메인 주의 '엘스워스 자유사상가 공동체(Freethinkers of Ellsworth)', 플로리다 주 사라소타에 본부를 둔 '정교분리 시민연합(Citizens United for the Separation of Church and State)' 지부, '유타 이성연합(Utah Coalition of Reason)' 등 무종교적 공동체의 강물은 갈수록 불어나고 있다. 10년 전에는 '미국 인본주의자 연합회(American Humanist Association)' 회원이 약 4,000명이었는데 오늘날에는 약 1만 3,000명으로 늘어났다. 이들의 페이스북 페이지에 좋아요를 누른 사람은 무려 25만 명이나 된다.

온갖 이유로 미국 전역에서 많은 사람들이 무신론자나 무종교자, 인본주의자, 비종교인 단체를 만들어 가입하고 체계화하고 있다. 개중에는 공적인 영역에 종교가 영향력을 행사하지 못하게 집단적으로 맞서 싸우거나 늘 위협받고 있는 정교 분리를 지키기 위해 이런 활동을 하는 이들도 있다. 한편 그들이 그리워하는 종교적 모습들을 대신해 줄 무언가를 만들기 위해 이런 일을 하는 사람들도 있다. 도덕적으로 생각이 같은 사람들, 다양한 연령대의 사람들이 섞여 있는 신자 집단의 일원이 되는 경험이 그것이다. 많은 사람들이 어린 시절부터 이런 경험을 소중히 여긴다. 그런가 하면 종교에 침윤되어 있는 사회적 환경으로부터 벗어나기 위해 이런 단체를 만드는 이들도 있다. 또 무종교성의 역사와 철학, 세상을 이롭게 할 수 있는 잠재력 등 무종교성에 대한 지식을 심화시키기 위한 것일 수도 있다. 악의적이고 비이성적인 세력처럼 보이는 종교의 정체를 폭로하고 비판하기 위한 것일 수도 있다. 소수의 사람들에게는 하지에 별빛 아래서 맨몸으로 춤을 춰 보기 위한 것일 수도 있다. 그러나 대부분의 경우에는 그저 생각이 같은 사람들을 만나는 데 목적이 있을 것이다.

무신론자 공동체

스콧 렘프로의 사례를 살펴보겠다. 그는 전우들이 하나 하나 전사하는 것을 보면서 신앙을 잃어버리기 시작했다. 결국 이라크에 갈 때는 기독교인이었는데 돌아올 때는 무신론자가 돼 버렸다. 얼마 후 그는 무종교인 클럽을 시작했다.

스콧의 고향은 텍사스 주 중부의 작은 마을이었다. 그의 아버지는 몇 년 동안 소방관으로 일하다가 지금은 부보안관으로 있다. 스콧은 남침례교인으로 자라나, 매주 교회에 나가고 여름이면 언제나 크리스천 캠프에 참여했다. 중학생 때는 『레프트 비하인드(Left Behind)』 시리즈(지구 최후의 날을 소재로 적그리스도와 싸우는 사람들의 이야기를 그린 베스트셀러 소설. 만화와 음반, 게임, 영화 등의 소재로도 사랑받았다. — 옮긴이)를 즐겨 읽었는데, 이로 인해 두려움이 커지면서 기독교 신앙을 더욱 다지게 되었다. 고등학생 시절 화학 수업시간에 처음으로 만난 친구에게 신을 믿지 않는다는 소리를 듣고 즉각 비난을 퍼부을 정도였다. "바로 그 자리에서 '넌 지옥에 떨어질 거야!' 하고 소리쳤어요."

그러나 지금 스콧은 전혀 신을 믿지 않는다. "저는 무신론자예요. 이제 무신론자라는 말이 하나도 거슬리지 않아요. '불가지론자'나 '인본주의자'라는 말을 더 좋아하는 사람들도 있는 것 같은데, 저는 '무신론자'라는 말이 더 좋습니다."

그 사이 도대체 무슨 일이 벌어진 걸까?

"이라크에서 경험한 일들 때문이죠."

더 설명해 달라고 하자 스콧이 이렇게 말했다.

"우리는 모술에서 터키 국경까지 연료 트럭을 호위해 주고 돌아오는 임무를 맡고 있었어요. 호송 작업을 한 거죠. 그런데 우리가 다니던 길에서는 적의 공격이 아주 심했어요. 최근에도 똑같은 길에서 많은 병사들이 죽어 나갔죠. 아주 끔찍했어요. 어쨌든 임무를 나가기 전에는 군목이 들어와서 기도를 해 주었어요. 그런데 어느 날 아침 군목의 말을 듣고 진실을 넓게 보게 됐습니다. '음, 이건 정말 말이 안 돼.' 하는 생각이 들었지요. 군목이 뭐라고 그랬냐면, 제 소속 부대에서 사상자가 크게 생기지 않은 이유가 하느님이 우릴 지켜 주셔서 그런 거라고 했거든요. 정말로 터무니없는 소리였죠. 저는 가만히 앉아서 이렇게 생각했어요. '글쎄, 그럼 다른 부대 소속 병사 네 명은 어떻게 된 거지? 둘은 나도 아는 친구들인데 말이야. 그들은 바로 어제 아침에 죽었다구. 그때 하느님은 어디 있었던 거지?' 그 순간 퍼뜩 깨달았어요. 이런 깨달음이 정말로 괴로웠지요. 그날 밤 저는 페이스북에 들어가서 텍사스 주에서 만났던 청소년반 목사님과 대화를 했습니다. "목사님, 여러 가지 의심이 생겨났어요. 더 이상 기독교를 믿을 수 없을 것 같아요. 어떻게 하죠?" 그러나 저는 도움 되는 말을 한마디도 들을 수 없었어요. 몇 마디 말을 주고받았지만 납득할 만한 말은 한마디도 없었어요. 원래 그랬었다는 걸 알았죠. 저는 더 이상 믿을 수 없었어요."

　스콧은 원래 이라크에서 돌아와 경찰이 될 계획이었다. 그런데 새로운 제대군인 원호법에 따라 대학 학비가 면제되었다. 그래서 아내의 조언에 따라 대학 교육을 받기로 결정하고 지역의 주립단

과대학에 등록했다. 그도 학교가 마음에 들었다. 그는 인류학을 전공하기로 결정하고, '무종교인 학생연맹(Secular Student Alliance)'의 지부인 새로운 학생 단체를 만들 결심도 했다.

"교정이 아주 넓었어요. 매일 교정을 가로질러 이 건물에서 저 건물로 옮겨 다녀야 했죠. 지난 2월의 어느 날이었습니다. 교정을 걸으면서 서로 다른 종교 그룹을 세 개나 봤어요. 건물들 사이의 사각형 안뜰에 모두들 테이블을 설치해 두고 있었죠. 문득 저 같은 학생을 위한 무종교인 단체가 있는지 궁금해졌는데 그런 단체는 없었어요. 그날 밤 온라인에 접속해서 전국 무종교인 학생연맹 사이트를 발견하고, 그들에게 이곳에서 지부를 만들고 싶다고 이메일을 보냈죠. 그들의 도움으로 지부를 만들게 됐습니다."

단체설립은 스콧이 대학 3학년이었을 때의 일이다. 그룹을 만들고 일주일도 안 돼서 40명의 학생들이 가입했다. 3학년이 끝날 무렵에는 회원에 100명으로 늘었다. 이제 스콧은 4학년이 돼 이 그룹의 회장을 맡고 있다. 회원은 150명으로 증가했다. "여기 텍사스 주 한가운데서 이런 단체에 그렇게 많은 학생들이 선뜻 이름을 올리다니, 정말 행복했습니다."

이 그룹은 어떤 활동을 할까?

"저희는 행사를 주최합니다. 토론회 같은 것도 열죠. 영화도 보여 주고요. 초빙 강사도 모셔옵니다. 사각형 안뜰에 안내대를 설치하고 팸플릿을 나눠 주며 정보를 제공합니다. 학생센터 안에 있는 방에서 한 달에 두 번 모임도 갖고요. 함께 어울리면서 게임도 합니다. 이 그룹에 참여하는 이유는 저마다 달라요. 저희 그룹에 모르몬교 신자였던 남학생도 있어요. 그는 원래 모르몬교 신자였는데 교회 나가는 것도 그만두었죠. 유대감과 공동체적인 측면이 정말로 그리웠기 때문입니다. 저희 그룹에 들어온 이유죠.

저희 공동체의 목적은 그저 존재하는 데 있는 것 같아요. 하나의 그룹으로, 종교가 없는 사람들을 위한 그룹으로 존재하는 겁니다. 이런 걸 이상하게 생각하는 사람들도 있어요. 그런 사람들은 이렇게 말하죠. '그룹이 왜 필요하죠? 그냥 둘러앉아서 어떤 종교도 안 믿는다고 말하는 일에 왜 그룹이 필요한가요?' 글쎄요, 그게 그렇지가 않아요. 그 이상의 문제들이 있으니까요. 우리는 소수자 같은 느낌을 받고 있어요. 교내는 물론이고 주변 지역에서도 대부분의 사람들이 아주 종교적이거든요. 그래서 우리처럼 종교가 없는 사람들은 함께 있는 것이 도움이 돼죠. 생각이 같은 사람끼리 모여서 여러 가지 문제를 이야기할 수 있으니까요.

게다가 약간의 활동도 합니다. 사람들은 무언가 중요한 일을 하고 있다는 느낌을 받고 싶어 하니까요. 이슈들도 많아요. 지난 선거에서는 주지사 릭 페리(Rick Perry)가 여기 텍사스에서 대규모 기도 집회를 열었어요. 릭 샌토럼(Rick Santorum)은 피임과 동성애를 반대하고요. 그리고 뉴트 깅리치 같은 사람도 있지요. 정교의 분리도 우리에게는 아주 큰 관심사예요."

스콧이 만든 것과 비슷한 그룹들이 요즘에는 두 달에 하나 꼴로 생겨나고 있다. 무종교인학생연맹의 전국 책임자인 어거스트 브런스먼(August Brunsman)에 따르면, 2003년에는 교내 지부가 전국적으로 42곳에 불과했지만 2008년에 이르러 128곳으로, 2010년에는 234곳으로 늘어났다고 한다. 가장 최근에 파악한 바에 의하면, 미국의 대학 캠퍼스에 이런 무종교적인 학생 그룹이 365개도 넘게 존재한다.

메릴랜드 주 아나폴리스에 있는 미국 유일의 해군학교에도 이런 그룹이 하나 있다. 이 그룹의 이름은 '해군학교 불가지론자, 자유사상가, 무신론자 모임(Naval Academy Agnostics, Freethinkers, and Atheists)'(이하 '나파NAAFA'로 표기)이다. 이 모임은 2011년에 코네티컷 주 브리지포트 출신의 20살 청년 켄 포시(Ken Forsi)가 만들었다.

"저는 종교적으로 상당히 자유로운 환경에서 자랐습니다. 유니테리언 교도였던 어머니는 교회 일에 꽤 열심이셨지만 아버지는 별로 그렇지 않았죠. 제 친구들은 언제나 종교적이지 않은 사람들이었고요. 해군학교에 들어오기 전까지는 제 지향성을 정확히 알아낼 수 없었어요. 제 자신에게 무신론자라는 딱지를 붙일 이유도, 종교가 없는 것에 대해서 설명을 해야 할 필요도 없었으니까요. 그러다 해군사관학교에 들어왔는데, 여긴 유대-기독교의 존재감이 아주 강했습니다."

켄의 설명에 따르면, 대학생활이 시작되고 첫 주에 대강당에서 대규모 모임이 열렸다. 새로 들어온 신입생들이 모두 참석했는데, 어느 시점이 되자 신입생들 모두 자신의 종교를 밝히고 같은 종교를 믿는 친구들과 강당의 특정 구역에 모여야 했다. "그들은 '자, 가톨릭 신자들은 저기 모이고, 침례교 신자들은 저기, 유대교 신자면 저 자리로 가세요.' 하고 말했어요."

켄에게는 이 일이 아주 불편하게 다가왔다. 어떤 종교에도 속하지 않았지만, 그렇다고 기분 나쁘게 튀거나 색다른 존재처럼 느껴지는 것도 원치 않았기 때문이다. 그는 결국 룸메이트를 따라서 그냥 침례교 신자들이 모이는 자리로 갔다.

그러나 교내 곳곳에 스며 있는 종교는 그를 계속 불편하게 만들었다. 한 주에도 몇 차례나 교목이 구내식당에서 점심시간에 조직적으로 기도를 집도하는 것이 특히 그랬다. 또 1학년 때 들은 윤리학 강의나 2학년 때 들은 리더십 강의는 대단히 종교적인 경향을 띠고 있었다. 거기다 룸메이트까지 켄에게 성서를 강요하기 시작했다. 이 모든 것이 그에게는 일종의 문화적 충격으로 다가왔다.

"코네티컷 주의 고향 마을과는 달랐어요. 여기서는 많은 사람들이 정말로 종교적이었습니다. 저는 해군사관학교에 와서 눈이 떠졌어요. '와우, 사람들이 이런 걸 정말로 믿네? 그것도 이렇게나 많은 사람들이!' 이런 생각이 들었습니다."

켄이 무엇보다도 견디기 힘들었던 것은 학교 승인하에 이루어지는 점심시간의 조직적인 기도였다. 그러나 곧 그는 자신만 이렇게 느끼는 것이 아님을 깨달았다. 그와 똑같이 느끼는 학생들이 꽤 있었다.

"점심기도의 합헌성을 두고 토론을 벌이다가, 이 문제에 열중하게 됐습니다. 우리는 법무직원은 물론이고 교목들과도 대화를 나눠 봤어요. 큰 성과를 얻지는 못했지만, 덕분에 무신론자 그룹을 만들면 좋겠다는 아이디어를 떠올렸습니다. 이런 환경에서는 특히 이런 그룹이 유익하리라고 생각했죠. 그래서 전체 학생들에게 제가 이메일을 보냈습니다. '저희 무신론자 그룹에 동참할 생각이 없으신가요?' 이게 전부였어요. 12명에게만 답장을 받아도 성공이라고 생각했는데, 50명이나 답장을 보내왔습니다."

미군은 복음주의적 기독교 속에 일반적으로 드러나 있는 종교성을 수호하는 반면, 무신론자와 불가지론자, 인본주의자들처럼 비기독교인으로 분류된 사람들에게는 전체적으로 반감을 품고 있는 것으로 유명하다. 최근 몇 년 동안에도 몇 가지 사례들이 이런 악명을 더욱 강화시켰다. 한 예로, 육군은 모든 병사들에게 '군인건강조사서(Soldier Fitness Tracker)'라는 조사서 작성을 명령한 것으로 밝혀졌다.

그런데 이 조사서의 기입 항목에는 병사들의 '영적인 건강'을 평가하기 위한 것도 있었다. 점수가 충분히 영적이거나 종교적이지 못한 것으로 나타나면, 병사를 임무 부적격자로 지명할 수 있었다. 실제로 노스캐롤라이나 주 포트 브래그의 저스틴 그리피트 병장을 포함한 많은 무종교인 병사들이 이런 일을 경험했다.

이 일이 발생하기 몇 년 전에는 공군사관학교 출신의 장교였던 미키 웨인스타인(Mikey Weinstein)이 기독교인들의 지속적이고 집요한 전도 행위를 막아 주지 못했다면서 미공군을 상대로 소송을 제기했다. 또 제레미 홀(Jeremy Hall)은 이라크에서 복무하는 동안 무신론자라는 이유로 괴롭힘을 당하고, 무종교인 병사 그룹을 조직하는 데 가담했다는 이유로 장교들에게 위협을 당했다. 이런 상황이 너무 가혹해서 그는 결국 폴 웰본(Paul Welborne) 소령과 로버트 게이츠(Robert Gates) 국방장관을 상대로 소송을 걸었다. 또 남녀 불문하고 군대에 무종교인들이 수없이 많지만, 정부는 무종교적 인본주의자들이 교목으로 복무하는 것을 허용하지 않고 있다.

그러므로 많은 군사학교와 기지에서 나파 같은 그룹이 만들어지고 있다는 점은 의미가 크다. 종교적 헤게모니에 집단적으로 저항하는 풍조가 생겼음을 입증해 주기 때문이다. 그러나 해군사관학교 출신 가운데 내가 대화를 나눠 본 사람들은 대부분 노골적인 괴롭힘이나 공격적인 전도를 경험한 적이 전혀 없다고 했다. 그보다는 기독교 문화를 당연하게 인정하는 분위기 때문에 불청객 같은 소외감을 심하게 느꼈다고 했다.

요즘 나파는 일주일에 한 번 모임을 갖고 있다. 그들은 종교가 있는 룸메이트나 가족을 대하는 법을 논의하고, 정교 분리에 대한 헌법적 문제들을 살펴보고, 수업이나 책에서 배운 것들을 이야기하고, 철학과 과학, 윤리와 가치들에 대해 깊이 생각한다. 최근에는 다윈의 날을 기념하는 작은 파티도 열었다. 또 '무신론자와 자유사상가 병사 연합회(Military Association of Atheists and Freethinkers)'의 전국 연맹 단체와 접촉하기도 했다. 덕분에 그들은 앞으로 시행할 다양한 프로그램에 대한 아이디어를 얻었다.

지금까지 이들이 이룬 가장 큰 성취는 아나폴리스에 있는 유니테리언 보편구제교회와 동맹을 맺은 것이다. 이 교회에서는 어린이들을 대상으로 '캠프 비글(Camp Beagle, 찰스 다윈이 갈라파고스 군도로 갈 때 탔던 영국 해군의 측량선 비글호를 기리기 위해 명칭을 비글로 지었다.)'이라는 일주일간의 인본주의자 여름 캠프를 연다. 이 캠프에서는 무종교적 인본주의자들의 가치와 자연에 대한 인식, 과학적인 사고를 강조한다. 켄과 그의 해군사관학교 친구들은 지금까지 두 번이나 '캠프 비글'에 자원해서 상담 활동을 했다. 이들에게는 대단히 즐거운 경험이었다. 켄의 말처럼 '공동체 속에서 무언가 긍정적인 일을 한다는 것이 좋았기' 때문이다.

선행을 하는 인본주의자들

공동체 안에서 무언가 긍정적인 일을 하는 문제에 관해서라면,

종교 없는 삶

콜로라도 주 샌디 클리프스에서 최근에 결성된 그룹을 주목해 볼 필요가 있다. '선행을 하는 인본주의자들(Humanists Doing Good)'이라는 이 그룹은 '미국 인본주의자 연합회'와 연계되어 있다. 무종교인들의 공동체적 삶을 새로이 구현하고 있는 이 그룹의 창설자는 30대 후반의 부부인 준(June)과 짐 웹(Jim Webb)이다. 준은 지방법원에서 서기로 일하는데, 미주리 주 시너드 루터 교회를 다니는 상당히 종교적인 집안에서 태어났다. 그녀는 부모가 믿는 종교의 교리와 신념을 감당할 수 없었다. 하지만 교회가 제공하는 강력한 공동체 의식은 마음에 들었다. 그래선지 그녀만의 가정을 꾸리고 나자 말할 수 없이 허전한 느낌이 들었다. "다른 사람들과 사회적으로 강하게 결속돼 있다는 느낌을 받고 싶었어요. 특히 아이들에게 그런 유대감을 느끼게 해 주고 싶었죠."

그래서 준과 짐은 샌디 클리프스의 유일한 소규모 무신론자 그룹에 참여해 보기로 결심했다. 이 그룹은 한 달에 한 번 공공 도서관 안쪽의 방에서 모임을 가졌다. 그런데 짐과 준이 기대하던 것과는 달랐다. 짐은 이렇게 설명했다. "분위기가 너무 부정적이었어요. 종교를 비판하는 목소리가 너무 많았는데, 우리가 원한 건 그게 아니었습니다. 시청 앞에 그리스도 성탄화가 있었는데, 이 성탄화에 분노하는 이들도 많았어요. 그들은 이것을 반대했습니다. 또 범퍼 스티커에 분노를 터뜨리기도 했어요. 누군가 도시의 차량에 종교적인 내용의 범퍼 스티커가 붙어 있는 걸 목격했거든요. 그들은 그런 스티커를 제거하고 싶어 했어요. 음, 전부 이런 식이었습니다. 우리가 기대한 건 이런 게 아니라 뭔가 더 긍정적인 것이었는데 말이죠.

그들은 이야기도 아주 많이 했어요. 하지만 실천은 어디서도 찾아볼 수 없었습니다. 우리는 밖으로 나가 행동하면서 우리의 인본주의적 가치에 동기를 부여받고 싶었는데 말이죠. 요컨대 무언가 반대만 하는 데서 의미를 찾는 그룹에는 있고 싶지 않았어요. 너무 부정적이라는 느낌이 들었으니까요. 우리는 무언가 중요한 일을 위해, 우리만의 일을 위해 존재하고, 좋은 일을 할 기회들을 찾고 싶었어요."

어느 날 밤 그들이 생각하는 '이상적인' 그룹의 모습에 대해 이야기를 나눈 후, 그들은 '선행을 하는 인본주의자들'이라는 그룹을 만들었다. 그러고는 전단지를 찍고 지역 신문에 광고를 내고 웹사이트도 만들었다. 그러자 사람들이 가입하기 시작했다.

지난 1년간 짐과 준은 열정적으로 선한 일들을 실천에 옮겼다. 50명의 자유사상가들과 함께 노인들의 집 현관과 앞과 잔디밭에 쌓인 눈을 치워 주고 낙엽들을 긁어모았다. 수많은 공원과 강에서 쓰레기도 치우고, 노숙자 쉼터에서 자원봉사 활동도 하고, 애완동물 보호소에 새로 페인트칠도 해 주고, 노인이나 장애인들이 식품점과 약국을 오갈 때 차편을 마련해 주기도 하고, 크리스마스에는 응원의 선물을 전하기도 했다.

"회원들 몇 명이 쿠키를 구워서 크리스마스에 줄 선물주머니를 만들었어요. 그러고는 크리스마스에 시내 곳곳을 돌면서 사람들에게 나눠 주었습니다. 크리스마스에도 문을 여는 사업장이면 어디든 가서 일하는 사람들에게 선물했죠. 평소 크리스마스를 기리는데 그날 일을 해야 한다면 우울할 테니까요. 하지만 크리스마스를 안 지내는 우리 같은 사람들에게 크리스마스는 그렇게 중요한 날이 아닙니다. 그저 늦잠을 자거나, 축구 경기를 보다가 엔칠라다(enchiladas, 옥수수 토르티야에 만두처럼 소를 넣고 말은 뒤 매운 고추 소스를 뿌려 먹는 멕시코 음식 — 옮긴이)를 먹는 그런 날이죠. 그래서 수백 개의 선물주머니에 우리가 구운 쿠키를 넣었어요. 그러고는 두 그룹으로 나누어서 하루 종일 쿠키주머니를 나눠 주었죠. 너무 즐거웠습니다. 사람들한테는 정말로 의미 있는 선물이었나 봐요. 라이트 에이드(Rite Aid, 식품·잡화·약품 등을 판매하는 미국의 드러그 스토어 체인 — 옮긴이)에 근무하는 어느 여자분이 저희와 사진까지 찍고 싶어 한 걸 보면요."

아무런 사전 준비 없이 전혀 다른 개인들을 모아 공동체를 만드는 것은 쉬운 일이 아니다. 이기고 지는 경기를 하거나, 우표를 모으거나, 거위 사냥을 하는 것이 아니라 그저 선한 일을 하는 데에 큰 목적이 있을 때는 특히 그렇다. 그러나 준은 딸들이 종교 모임 같은 그룹의 일원이 되기를 바랐으며, 지금 그 바람을 이루었다. 이렇게 그들은 지역에서 여러 가지 긍정적인 활동을 펼친다. 뿐만 아니라 매달 야유회나 영화관람, 원반던지기 게임, 둘러앉아 차를 마시며 책 이야기를 나누는 '유니버시-티(universi-tea)'의 밤 등 다양한 사교 행사를 갖는다. 덕분에 유대감을 키우려는 목적도 이루게 되었다.

흑인 무종교인 동아리

만디사 래티파 토마스(Mandisa Lateefah Thomas)가 애틀랜타 주에서 '흑인 무종교인 동아리'를 만든 핵심적인 이유도 유대감을 키우기 위해서였다. 만디사는 35살이며 애틀랜타 주의 질병통제센터에서 서비스 관리자로 일하고 있다. 그녀는 뉴욕 시 퀸즈 구에 있는 사우스 자메이카인 주택단지에서 편모의 손에 자랐다. 그러다 21살에 남편과 함께 애틀랜타로 이주했다. "여기로 이사 와서 가장 먼저 받은 질문이 어느 교회에 다니느냐는 것이었어요. 애틀랜타 주에 사는 흑인들은 특히 더 빈번하게 이런 질문을 받죠."

이런 환경에서 무종교인으로 산다는 것은 힘든 일이었다. 기독교인이 아니라는 것을 알면 사람들이 아예 신뢰를 안 했다. 어떤 부모들은 자녀를 비기독교인의 자녀와 놀지 못하게 하기도 했다. 종교적인 환경 속에 있지 않으면 목적 있는 공동체에 들어가고 싶어도 기회다운 기회가 많지 않았다.

무신론자인 만디사는 약간 외롭다는 느낌이 들었다. 동시에 친구들을 사귀고, 비슷한 생각을 가진 사람들이 모인 그룹의 일원이 되고 싶은 마음도 들었다. 그래서 무신론자들의 만남 행사에 가 보기로 마음먹었다. 행사는 괜찮았는데 모인 사람들이 거의 백인이고 흑인은 극소수라 마음이 불편했다. 그녀는 온라인에 들어가 다른 흑인 무종교인들과 소통을 시작했다. 그들도 비슷한 경험을 갖고 있었다. "만남이나 회의, 대회 같은 행사에는 주로 백인들이 참여했어요. 자연히 흑인들은 혼자 동떨어져서 고립감을 느끼게 되죠." 실제로 그녀나 그녀의 온라인 친구들이 노골적인 인종차별을 견뎌야 했던 적이 있을까? 아니면 그냥 별종 취급을 당하는 것 같은 느낌만 받은 것일까? 만디사는 이렇게 대답했다. "둘 다였죠."

만디사는 흑인 무종교인들이 서로를 찾아내 공동체를 만들어야 할 필요성을 깨달았다. 이로써 '흑인 무종교인 동아리'가 탄생했다. 일과 가정, 노래 사이에서 곡예를 하듯 시간을 쪼개 써야 했지만, 그녀의 삶에 새로 보태진 이 공동체 덕분에 더 없이 행복했다.

"정말 멋진 경험을 하고 있습니다. 대단해요. 우리는 매달 셋째 주 토요일에 총회를 가져요. 시도 읽고 노래도 부르고 토론도 하는 등 여러 가지 활동을 합니다. 음식도 넉넉하게 준비하죠. 사람들과 어울리는 시간도 많이 갖고요. 밤에 만나서 볼링도 하고, 휴일에는 저녁도 같이 먹습니다. 고속도로 입양제도(adopt-a-highway program, 개인이나 단체가 고속도로 일부를 맡아서 깨끗하게 청소하고 관리하는 봉사활동을 하는 미국의 특이한 제도 — 옮긴이)에 등록해서 도로를 깨끗하게 관리하는 일도 합니다. 또 이웃이나 가족, 친구들과 문제가 있는 회원들, 무신론자나 무종교자라는 이유로 배척당하는 사람들을 도덕적으로 지지해 주기도 하죠. 회원 중에 경제적으로 어려움을 겪는 사람이 있으면 모두 힘을 합해 문제에서 벗어나게 도와주기도 하고요."

미국 역사에도 분명히 저명한 흑인 무신론자와 불가지론자들이 많이 있었다. 두 보이스(W. E. B. Du Bois, 『흑인의 영혼』을 발표한 저술가 겸 사회학자, 흑인운동가 — 옮긴이)와 조라 닐 허스턴(Zora Neale Hurston, 앨리스 워커, 토니 모리슨 등에게도 영향을 미친 소설가 겸 여성인권운동의 선구자 — 옮긴이), 제임스 볼드윈(James Baldwin, 미국 내 흑인의 정체성 문제를 파고든 소설가 겸 수필가 — 옮긴이), 랭스턴 휴즈(Langston Hughes, 1920년대 흑인 문예부흥의 기수였던 시인 겸 소설가 — 옮긴이), 로레인 한스베리(Lorraine Hansberry, 1960년대 흑인 예술운동의 촉매 역할을 한 극작가 — 옮긴이), 리처드 라이트(Richard Wright, 미국 사회의 고질적 인종문제를 파헤친 소설가 — 옮긴이), 버터플라이 맥퀸(Butterfly McQueen, 「바람과 함께 사라지다」에서 스칼렛 오하라의 하녀 역으로 출연했던 배우 — 옮긴이), 모건 프리먼(Morgan Freeman)이 그 예다.

아프리카계 미국인들은 대부분 아주 종교적이다. 실제로 미국에서 가장 종교적인 인종/민족 집단에 속한다. 퓨 리서치 센터가 최근에 실시한 미국의 종교 실태 조사에 의하면, 다른 어떤 집단

종교 없는 삶

보다도 아프리카계 미국인들에게서 매주 교회에 가는 사람들의 비율이 높은 것으로 나타났다. 아프리카계 미국인 중에서 종교가 그들의 삶에서 아주 중요한 역할을 한다고 말하는 사람은 거의 80%나 되었고, 신의 존재를 절대적으로 확신한다고 말하는 사람은 90%나 되었다. 두 비율은 미국의 어떤 인종/민족 집단보다도 현저하게 높았다. 흑인 중에서 종교가 없다고 말한 사람은 8%에 불과했다.

그러므로 '흑인 무종교인 동아리'는 비주류 중에서도 진짜 비주류를 대변하는 그룹인 셈이다. 지금까지 매달 정규적으로 모습을 드러내는 회원은 약 20명가량이다. 그러나 연중 특별 행사에는 보통 30~40명의 회원이 참여한다. 만디사는 흑인 공동체 내에 종교가 없는 사람이 훨씬 많을 거라고 확신하고 있다. "제게 이렇게 말하는 흑인이 아주 많았어요. '저만 신을 안 믿는 줄 알았어요. 의문을 품고 있는 사람이 저밖에 없다고 생각하고 있었거든요.'"

교회 안의
무종교인 공동체

최근에 만들어진 그룹들 가운데서 '아아(AAHS)'도 주목해 볼 만하다. 'AAHS'의 발음은 목마른 사람이 시원한 레모네이드를 벌컥 벌컥 마신 후에 낼 법한 소리와 같다. 'AAHS'는 불가지론자(Agnostics), 무신론자(Atheists), 인본주의자(Humanists), 세속주의자(Secularists)의 약자로, 최근 캘리포니아 주 산타모니카에서 이안 도드(Ian Dodd)가 창설한 단체다.

이안은 53살의 유부남이며 두 아이의 아버지다. 텔레비전 카메라맨으로 일하며, 지금까지 근 10년 동안 유니테리언 보편 구제 교회의 신자로서 적극적인 활동을 펼치고 있다. 그 자신도 예상하지 못했던 일이다. "전부터 교회에 다녔냐고요? 아닙니다. 전혀요." 이안은 언제나 무신론자였다. 무신론자 부모 밑에서 자라났고, 본인도 종교에 관여하고 싶은 마음이 전혀 없었다. 그런데 이런 사실들에도 불구하고 교회 일에 꽤 많이 관여하고 있다. 목사 추대 위원회에서 봉사를 하고, 3년 동안 교회 청소년반을 가르치고, 신자의 한 사람으로서 매주 교회에 다니고 있다. 도대체 어떻게 된 일일까? 이안 같은 무신론자가 어쩌다 일요일에 집에 있지 않게 된 것일까?

"솔직히 말씀드리면, 예전엔 집에 있곤 했어요. 하지만 저는 아내와 아내의 친구들을 사랑합니다. 그런데 아내는 이런저런 모임을 많이 갖고 사람을 중심에 두는 사람이에요. 유니테리언 교회에 나가 보자고 먼저 제안한 사람도 아내죠. 아내가 유니테리언 교회에서 열리는 장례식에 가서 크게 감동을 받았거든요. 아내의 생일 바로 전이었는데, 장례식에 다녀와서는 저와 아이들에게 이렇게 말했어요. '음, 생일에 받고 싶은 게 있어. 일요일마다 네 번 연달아 식구들 전부 유니테리언 교회에 가는 거야.'"

두 번째 일요일이 지난 후 이안의 아내는 그 교회의 신자가 되기로 마음먹었다. 그녀는 "이 교회 신자들이야말로 나와 생각이 같고, 이들이 추구하는 것이 바로 내 가치"라고 느꼈다. 그래서 이안도 신자가 되기로 했다. 하지만 아내를 행복하게 해 주기 위한 것만은 아니었다. 이 교회에서 아이들을 위해 운영하는 프로그램들에도 마음이 끌렸기 때문이다. '가치와 신념, 정체성, 심오한 의문들'을 탐구하는 중학생 대상 수업이 특히 그랬다. 그들의 딸도 이 수업에 등록해서 많은 것을 배웠다. 그리고 이안도 드디어 다른 교사들과 함께 가르치게 되었다.

이안은 유니테리언 교회 공동체의 일원이 된 것이 여러 면에서 즐거웠다. 하지만 그 이상의 다른 무언가가 필요했다. 그의 무종교적인 세계관에 더욱 많이 부합되는 것이면 좋을 것 같았다. 또한 교회의 일원이 되는 것도 좋지만 그의 무신론을 인정해 주는 그룹의 일원도 되고 싶었다. 그런데 역시 무신론자인 몇 명의 나이 든 회원들이 비슷한 마음을 드러냈다. 그 순간 그룹을 만들면 좋겠다는 생각이 떠올랐다. "소수였지만 우리는 2010년 여름 내내 모임을 가졌습니다. 여름이 끝날 무렵에는 10명 혹은 12명으로 정규 회원이 늘어났고요. 그래서 어떤 행사를 열면 우리의 자연주의적인 세계관을 알릴 수 있을지 생각해 보기 시작했습니다."

그들은 가을에 처음으로 공공 행사를 개최했다. 교회의 성소에서 열린 이 행사에는 하버드 대학교의 인본주의적 교목인『신 없는 선(*Good Without God*)』의 저자 그레그 엡스타인(Greg Epstein)도 초대했다. 이안은 행사를 알리기 위해 열심히 노력했으며, 그 효과로 200명에 가까운 사람들이 참석했다.

"그 행사로 우리는 신자들 사이에서 유명인사가 됐어요. 그 후로도 여러 번의 강연회를 열었죠. 지난주에는 '무신론자 세대(Generation Atheist)'라는 그룹과 교회 마당에서 대규모 바비큐 파티도 열었어요. 이 그룹은 2~30대의 무신론자들과 음식을 먹으며 이야기를 나누는 모임이죠. 이 바비큐 파티에는 60명이 넘는 사람들이 참석했어요. 우리는 또 최근에 새로운 판본의『제퍼슨 바이블(The Jefferson Bile)』을 편집한 여성 귀빈을 초청해서 디너파티도 열었습니다. 토머스 제퍼슨이 프랑스 대사였던 점을 고려해서 프랑스 요리를 준비했죠. 보르도산 포도주도 여러 병 갖다 놓고요. 그리고 종교와 정교 분리, 미국의 수정헌법 제1조에 대한 제퍼슨의 견해에 대해 토론도 벌였습니다."

이 교회 안의 공동체는 이안에게 많은 보람을 안겨 주었다. 두 세계 모두에서 최고의 혜택을 볼 수 있었기 때문이다. 우선 유니테리언 보편구제 교회의 일원이 된 덕분에 아내를 행복하게 해 주고 식구들에게도 좋은 공동체 분위기를 선사해 줄 수 있었다. 한편 '아아'의 일원이 됨으로써 지적인 면에서 충족감을 얻고 그의 무종교인다운 정체성에 더욱 잘 어울리는 집단의 일부분이 될 수 있었다. 그의 활동에 흥미를 느끼는 사람들이 많다는 사실도 상당히 고무적이었다. "이 지역의 다른 유니테리언 교회 신자들이 제게 연락을 해서 묻기도 합니다. '오, 당신의 그룹에 대한 이야기를 들었어요. 우리도 여기서 그런 그룹을 시작해 보고 싶은데 도움을 주실 수 있을까요?'"

실제로 지난번 이안에게 연락했을 때 그는 새로운 그룹의 결성을 돕고 있었다. 이제 막 시작된 로스앤젤레스 '일요모임'에서 이사회 일원으로 활동하고 있었다. 언론매체에서는 이 모임에 '무신론자 교회'라는 별명을 붙여주었다. 이 그룹에서 한 달에 한 번 여는 모임에 엄청난 사람들이 몰려들었다. 모두들 초자연적인 존재를 향한 기도에 의지하지 않고, 공동체와 음악, 연대감, 자선활동, 영감 등 종교의 가장 좋은 점들을 경험하고 싶어 하는 이들이었다.

종교 없는 사람들의
정체성과 개인주의

사람들이 이러한 그룹들에 가입한 이유는 각기 다를 것이다. 그러나 이 모든 사람들에게 한 가지 공통적인 이유가 있었다. 바로 종교 없음이 그들의 정체성을 규정하는 중요한 일면이라는 인식이었다. 무종교인이라는 점은 그들이 누구인지를 결정하는 중요한 요소였다. 물론 여성, 미국인, 오토바이를 열광적으로 좋아하는 사람, 보호관찰관, 채식주의자, 비행기 승무원, 아버지, 아코디언 연주자 등 많은 것이 그들의 정체성을 설명해 줄 것이다. 그러나 무종교인이라는 것도 이런 목록에서 높은 위치에 있었다.

이것은 확실히 나도 마찬가지다. 무종교인이라는 점은 분명히 나의 정체성에서 중요한 부분을 차지한다. 나와 함께 자란 친구들도 거의 모두 무종교인이었으며 중년을 살아 내고 있는 지금도 마찬가지다. 지금의 친구들과 동료들도 대부분 무종교인이다. 그런데 놀랍게도 이들 가운데 무종교성에 대해 생각하거나 이야기하는 사람은 거의 없다. 심지어는 무종교성에 대해서 별 관심도 없는 것처럼 보인다.

이런 친구나 동료들과는 달리 내게 무종교인이라는 점은 대단히 중요한 의미를 지닌다. 내가 개인적으로 영웅시하는 인물들도 토머스 페인(Thomas Paine, 미국 독립전쟁과 프랑스 혁명 때 활약한 국제적 혁명이론가이자 작가 ― 옮긴이)과 로버트 잉거솔(Robert Ingersoll, '위대한 불가지론자'로 불렸던 미국의 정치인이자 연설가, 변호사 ― 옮긴이), 아얀 히르시 알리(Ayaan Hirsi Ali, 소말리아 태생의 네덜란드 정치인, 인권운동가, 작가 ― 옮긴이) 같은 당당한 자유사상가들이다. 나는 또 《프리 인콰이어리(Free Inquiry)》 같은 잡지를 신청해서 구독하고 있으며, 미국인본주의자연합회의 회원이기도 하다. 종교자유재단(Freedom from Religion Foundation) 같은 단체로부터 정기적으로 초청을 받아 강연을 하고, 종교 없는 삶에 대한 강의들을 하며, 세속주의나 세속화에 대한 책들을 읽는다. 그리고 무종교주의적 문화에 대한 책들도 쓴다. 그러므로 개인으로서 내가 누구인지를 잘 정의해 주는 관심사나 열정을 쏟아붓는 대상을 목록으로 작성한다면, 사과나 스칸디나비아의 모든 것, 1966년에서 1973년 사이에 만들어진 음악 그리고 무종교성을 꼽을 것이다. 물론 이것은 순위와는 상관이 없다.

내가 캠프 퀘스트에 관심을 기울이고 플로라를 이곳에 보내고 싶어 한 이유도 모두 이런 요인들 때문이다. 무종교인이 된다는 것이 내게 그렇게 중요한 문제가 아니었다면 나는 아마 캠프 퀘스트의 웹사이트에 그처럼 끌리지 않았을 것이다. 그러나 나는 끌렸고, 그 사이트도 나를 끌어당겨 내게 말을 걸어왔다. 무종교인이라는 점이 나의 정체성에서 중요한 부분을 차지했기 때문에 나는 종교적인 요소가 전혀 없는 오래된 캠프에 플로라를 보내고 싶지 않았다. 절대 그러고 싶지 않았다. 대신에 확실하게 무종교적인 캠프에 그녀를 보내고 싶었다.

물론 대부분의 무종교인들은 나처럼 확고한 무종교적 자아의식을 갖고 있지 않다. 종교가 없는 대부분의 사람들에게 무종교인이라는 점은 그들의 정체성이나 자신을 바라보는 방식에 영향을 미치는 목록에서 아랫부분에 위치한다. 때문에 무종교인이라는 점이 그들의 정체성을 가장 크게 결정짓는 요소는 아니다. 그들은 종교가 없다는 점을 지나치게 생각하지도 않고, 이 문제에 대한 글을 읽거나 쓰지도 않는다. 이 문제에 집착하지도 않는다. 이런 사람들은 분명히 캠프 퀘스트 같은 것에 끌리지도 않을 것이다. 실제로 이 장에서 소개한 것 같은 무종교인 그룹에 애써 참여하는 무종교인은 극소수에 불과하다.

도대체 얼마나 소수일까? "무종교인 중에 실제로 조직적인 공동생활에 참여하는 사람은 약 1-2%인 것으로 추정되고 있다." 이런 냉철한 평가를 한 사람은 오리건 주 포틀랜드에 사는 인류학자 프랭크 파스퀘일(Frank Pasquale) 박사다. 그는 미국의 현대 무종교인 그룹들을 누구보다도 오랫동안 연구해 오고 있다.

그는 또 민족지학자로서 무신론자 그룹이나 인본주의자 그룹, 유니테리언 인본주의자 그룹, 유대인 인본주의자 그룹, 회의주의자 그룹, 이성주의자 그룹 등 주로 태평양 연안 북서부와 북동부에 있는 다양한 유형의 무종교인 그룹 사이에서 이들을 주의 깊게 관찰하기도 했다. 그는 그들의 모임과 포틀럭 파티(potluck party, 참석자들이 자신의 취향에 맞는 음식이나 와인을 갖고 와서 함께 즐기는 파티 — 옮긴이), 강연회, 토론회, 영화제 같은 다양한 활동들에 참여하면서 그들을 인터뷰하고 조사했다. 그 결과 무엇보다도 중요한 사실을 하나 발견했는데, 바로 내가 방금 언급한 점과 같은 것이었다. 즉 무종교인 그룹에 가입하는 사람들은 일반적으로 무종교인이라는 점을 자기인식의 핵심 요소로 생각한다는 점이었다.

"아주 적은 비율의 무종교인만 무종교성 자체를 정체성의 중심적 혹은 핵심적 요소로 생각하고 이것에 초점을 맞춥니다. 이런 사람들은 무종교인 그룹에 적극적으로 참여하는 경향이 있죠. 제가 말하는 '무종교인'은 거의 종교적 정체성처럼 무종교성을 그들의 정체성으로 인식하고 자아의식의 이데올로기적 핵심으로 여길 정도로 무종교주의(secularism)나 무종교성(secularity)에 계속 초점을 맞추는 사람들을 의미합니다. 하지만 다시 말하는데, 이런 사람들은 비율이 아주 낮습니다."

그러므로 파스퀘일 박사의 주장에 따르면, 종교 없는 사람들의 경우 대부분 무종교성의 '자연스럽고 편안한 상태'를 좋아해도 무신론이나 반종교(irreligion)를 열정을 가지고 적극적으로 주장하지는 않는다. 또 무종교주의를 공개적으로 지지하거나 무종교인들의 그룹에 가입하지도 않는다. 그저 종교에 무관심하고, 무종교자들의 그룹에도 무심하거나 흥미를 느끼지 않을 뿐이다.

파스퀘일 박사는 현재 미국 전역에서 무종교인 그룹이 폭발적으로 증가하고 있으며, 이에 따라 회원들의 수와 활동도 점점 늘어나고 있다는 점을 주저 없이 인정했다. 그러나 종교적인 사람들이 흔히 그런 것처럼 이들이 공동체에 참여하는 단계에 이르거나 이에 가까워질지에 대해서는 회의적이었다.

그 이유는 무종교인들의 특성이 본래 그렇기 때문이다. 그들은 특히 무종교주의를 토대로 생각이 같은 사람들이 대규모로 어울리는 활동에는 가담하지 않는다. 무종교인의 핵심 혹은 중심에는 종교나 비종교, 반종교를 막론하고 이에 기초한 집단적 지시나 집단 순응주의, 사회적 몰두에 대한 의심이 자리 잡고 있기 때문이다. 적어도 많은 수의 종교 없는 사람들이 그렇다.

심리학적 연구도 이것을 뒷받침해 주고 있다. 한 예로, 최근의 연구 결과 무신론자와 불가지론자들은 집단과의 충실한 결속보다는 개인의 자율성을 더 가치 있게 여기는 경향이 있는 것으로 나타났다. 또 퓨 리서치 센터에서 최근에 실시한 조사 결과, 생각이 같은 사람들의 공동체에 소속되는 것이 아주 중요하다고 답한 미국인이 전체 미국인 가운데 약 반에 이른 반면, 종교가 없는 미국인들 중에서는 28%에 불과했다.

파스퀘일 박사가 설명한 대로, 무종교인이 되는 것은 개별화(individualization)나 개인주의(individualism)와 강하게 연관되어 있으며, 이것들의 발현 혹은 표현인 경우가 많다. 그리고 개별화와 개인주의는 (1)개인의 자율성 증대를 강조하고 (2)삶의 다양한 면에서 개인이 선택권을 확보하고 (3)전통적인 세계관을 거부하며 (4)형이상학적인 믿음(이나 이것의 결여)을 토대로 하는 전통적인 형태의 협회에 가입하거나 일원이 되는 것을 달가워하지 않는다. '에밀 뒤르켐(Emile Durkheim)의 주장처럼 종교가 하나의 사회적 접착제라면, 무종교성은 이에 대한 개인적인 반작용이다. 어떤 의미에서 이런 반작용은 "나는 전통, 특히 초자연적인 생각들과 관련 있는 전통들의 절대적인 권위와 일부러 거리를 두고, 이 권위에서 벗어나 있다."고 말하는 것이나 마찬가지다.

거의 모든 무종교인들은 믿음과 활동의 많은 부분이 마치 프리 픽스 메뉴(prix fixe menu, 레스토랑에서 고정된 가격에 따라 제공하는 식사. 우리가 흔히 세트 메뉴라고 부르는 것 ─옮긴이)처럼 근본적으로 정해져 있는 대규모 그룹의 일원이 되기보다, 음식을 따로 따로 시키는 접근법을 통해 그들의 세계관과 삶, 사회적 네트워크를 구축하고 사회에 기여하는 쪽을 더 좋아한다. 그러므로 무종교인이 되면 초자연적인 생각이나 종교 단체들로부터 스스로 거리를 둘 뿐만 아니라, 개인적 선택권을 확보하고 삶의 많은 측면에 스스로 책임을 지려고 한다. 그들은 이렇게 말한다. "저는 자율적인 인간입니다. 그건 제가 물려받은 모든 전통을 평가하거나 그것들의 옳고 그름을 평가할 권리와 책임이 제게 있다는 의미이기도 하죠." 다시 말하는데 무종교성은 정말로 개인주의의 표본과 같은 것이다. 많은 학자들도 이런 평가에 동의한다. 샌프란시스코 대학의 존 넬슨(John Nelson) 교수도 그중 한 명이다. 그는 자기만의 삶의 경로를 결정하는 개인의 힘이 증가했는데 ─ 이는 현대세계의 특징이기도 하다. ─ 이것이 무종교성과 크게 연관되어 있다고 했다.

그러나 파스퀘일 교수는 한 가지를 단호하게 주장했다. 무종교적인 사람들이 자율성을 대단히 가치 있게 여기고 더 개인주의적인 성향이 있다고 해서 이들이 모두 반사회적인 은둔자 무리는 아니라는 점이다. 이들도 의미 있는 사회적 관계를 즐길 줄 안다. 또 대의와 클럽, 협회, 자원봉사 단체에도 참여한다. 물론 이런 의미 있는 사회적 유대나 기여 역시도 그들의 선택에 따라 가족이나 친구, 동료, 비슷한 관심사나 이상과 열정을 공유할 수 있는 사람들과의 관계를 통해 키워 나간다. 무종교성에 특별히 토대를 둔 형식적이고 체계적인 그룹이나 단체에 가입하는 방식은 취하지 않는다고 해도 말이다.

조지타운 대학의 자크 베를리너블라우(Jacques Berlinerblau) 교수는 "무종교주의에는 '우리'를 경시하는 문제가 있다. 종교 없는 사람들은 '우리'를 실천하지 않는다."고 재치 있게 꼬집었다. 이런 주장은 다소 과장된 것처럼 들릴 수 있다. 캠프 퀘스트나 '아아' 같은 그룹이 존재한다는 사실만으로도 그의 주장에 분명하게 반론을 제기할 수 있다. 그러나 베를리너블라우 교수의 말은 무종교인들의 공동체적 성향이 다소 희미하다는 점과 관련해서 확실히 중요한 지적이다.

최근에 나온 한 심리학 연구 결과도 이런 점과 관련해 주목해 볼만 하다. 보스턴 대학교 심리학과의 교수인 캐서린 콜드웰-해리스(Catherine Caldwell-Harris)는 여러 편의 중요한 논문을 통해 성격적인 면에서 무종교인과 종교인을 구분 짓는 특징을 살펴보았다.

그런데 그녀가 발견한 핵심적인 차이들은, 무종교인이 종교가 있는 사람들에 비해서 일반적으로 훨씬 덜 사교적이고 덜 순응적이며 더 개인주의적이고 궁극적으로 '사회적 지원을 덜 필요로 한다.'는 점에 기초하고 있었다.

파스퀘일 교수와 콜드웰-해리스, 베를리너블라우 교수의 주장이 맞다면 어떨까? 무종교인들에게 사람들이 모이는 체계적이고 응집력 있는 그룹에 가입하고 어울리는 것을 본질적으로 꺼리는 성향이 있다면, 확실한 무종교적 공동체를 만들려는 시도들은, 반드시 그렇게 되지는 않겠지만, 분명히 한계에 부딪힐 수밖에 없을 것이다. 그런데 아이러니한 사실은 '인디애나 중부 인본주의자 교우 그룹(Humanist Friendship Group of Central Indiana)'이나 '하와이 무종교인 동호회(Hawaii Secular Society)', '알래스카 무신론자(Alaskan Atheists)' 같은 무종교인 그룹들이 내용과 목적 면에서 겉으로는 반종교적인 것처럼 보이지만, 여전히 지나치게 '기존 종교와 흡사한 양식과 구조, 형식'으로 많은 무종교인들을 끌어들이고 있다는 점이다.

인본주의자 커뮤니티 센터

위와 같은 말도 하버드 대학교의 인본주의자 교목인 그레그 엡스타인에게는 할 필요가 없다. 이미 언급했듯이, 그는 『신 없는 선』의 저자이며 산타모니카에 있는 '아아' 그룹의 개소식에서 강연을 하기도 했다. 그레그는 인본주의자 공동체를 만드는 일에 평생을 바쳤다. 보스턴에서 그가 한 작업도 큰 성공을 거두어 수백 명의 학생들이 그의 인본주의자 커뮤니티 프로젝트에 참여했다. 이 프로젝트의 목적은 "연대의 기회를 만들고, 윤리적 성숙을 도모하며, 종교적 교리가 아닌 인간의 이성과 연민심, 창조력을 토대로 하는 삶을 기리는 것이었다. 더불어 폭넓은 교육 프로그램과 사교 모임, 봉사 프로젝트, 인권을 위한 작업, 상담, 의식(ceremony), 명상 프로그램을 만들고 진행하고 알리고 연구해서, 인본주의자와 무신론자, 불가지론자, 무종교인 그룹처럼 서로 연관 있는 다양한 그룹들의 성장을 돕는 것"이었다.

그레그는 이 모든 작업에 아주 진지하게 임했다. 그에겐 평생의 작업이었기 때문이다. 그는 열정적이고 활력에 넘쳤으며 똑똑하고 카리스마 있고 표현력도 좋고 투지도 넘쳤다. 요컨대 미국에서 인본주의자의 사명을 띠고 있는 사람이 있다면 그는 의심할 필요도 없이 그레그 엡스타인일 것이다. 그는 인류학자 프랑크 파스퀘일이나 심리학자 캐서린 콜드웰-해리스가 무종교인들은 그런 노력을 잘 받아들이지 않거나 관심도 없다고 한 말도 단호하게 무시해 버리고 낙천적으로 그의 목적을 향해 나아가고 있다. 미국의 모든 도시에 역동적이고 성공적인 인본주의자 커뮤니티 센터를 세우기 위해 노력하고 있는 것이다.

한 예로 산타모니카의 교회 성소에서 유니테리언 보편구제교회 안의 '아아' 회원들에게 강연을 할 때 —— 나도 이 강연회 자리에 있었다. —— 그는 다음과 같이 열정적으로 설교했다. "갈수록 늘어나고 있는 종교 없는 사람들을 위해서 우리는 정말로 윤리적이고 도덕적이며 날로 번창하는 공동체들을 만들 수 있습니다. 인본주의자로서 우리는 진정 하나가 될 수 있어요. 여러 세대와 문화를 아우르는 지역 커뮤니티 네트워크가 미국 전역으로 퍼져나갈 때 인본주의자들이 조직적으로 스스로를 표현하면 더 없이 큰 기여를 할 수 있을 겁니다."

물론 이런 인본주의자 공동체들을 실제로 미국 전역에서 생겨나게 하는 데는 많은 것들이 필요하다. 그레그처럼 카리스마 있는 지도자가 있어야 하고, 자신과 같은 사람들의 모임에 흥미를 느끼는 사람들도 필요하며, 돈도 필요하다. 그러나 반종교라는 기치를 내걸어서는 안 된다. 무언가에 반대하는 태도는 여기에 필요한 결집력에 부합되는 특징이 아니기 때문이다. 그보다는 분명하고 긍정적이며 낙천적이고 대안적인 방향성을 갖춘 인본주의의 기치 아래 모여야 한다.

무종교주의를 (최소한) 정교분리나 (기껏해야) 사회에서 종교가 차지하는 중요도를 낮추려는 사회운동의 의제나 정치적 이데올로기로 이해할 수도 있다. 그럴 경우 인본주의는 무종교주의와 관련 있지만 뚜렷하게 구별되는 현상으로 받아들일 수 있다. 인본주의는 더욱 낙천적인 문화적 표현이나 개인적 세계관이며, 이런 세계관을 규정하는 것은 개인이 받아들이거나 회피하는 믿음들이다.

간단히 말해서 인본주의는 천국과 지옥, 하느님, 신 같은 모든 초자연적인 것들에 대한 믿음을 거부한다. 동시에 선한 일을 실천하고, 사랑과 이타심을 베푸는 존재가 될 수 있는 인간의 긍정적인 잠재력에 대한 믿음은 인정한다. 신앙을 거부하는 대신 이성을 지지하고, 미신을 거부하는 대신 증거에 기초한 사고를 지지하며, 신을 숭배하기보다 인류와 자연세계를 이해하고 사랑하려 한다.

1877년 펠릭스 아들러(Felix Adler)가 시작한 윤리 문화(Ethical Culture) 운동의 선언에 따르면, 인본주의는 "인간 삶의 최고 목표는 더욱 인간적인 사회를 창조하는 데 있다."는 생각에 토대를 두고 있다. 그러므로 인본주의는 삶을 개선하고 향상시키기 위해서 열정적으로 참여한다는 면에서 대단히 도덕적이다. 그래서 그레그는 종교가 있는 사람들이 그러는 것처럼 인본주의자 모임을 이루는 것이 좋다고 믿고 있다. "우리를 더 나은 사람이 되게 해 주는 도덕적인 공동체에 가입하면, 정말 놀랍게도 이 공동체가 실제로 그런 사람이, 더 나은 사람이 되게 도와준다는 것을 깨달을 것"이기 때문이다.

그레그는 뉴욕 퀸즈 구의 플러싱에서 자라났다. 그의 부모는 유대인이었다. 하지만 순전히 문화적이고 민족적인 의미에서 그런 것이지 종교적 믿음의 측면에서는 유대인이라고 할 수 없었다. 그러나 이처럼 부모들이 신앙심을 갖고 있지 않았음에도 종교는 분명히 그의 가정 내에서 관심과 매혹, 논쟁거리였다. 서가도 종교와 영성, 관련 철학서들로 꽉 채워져 있었다. 이웃은 물론이고 어디서나 믿음이나 신앙, 의식, 궁극의 진리와 의미 추구 같은 것들을 접할 수 있었다. 그는 내게 이렇게 이야기했다.

"플러싱은 세계에서 종교가 가장 다양한 나라에서도, 종교가 가장 다양한 도시의, 종교가 가장 다양한 동네였습니다. 내 친구들은 상상할 수 있는 온갖 종류의 종교적 배경을 갖고 있었죠. 그들의 온갖 다양한 종교들을 접하면서 저는 많은 질문을 던지게 됐습니다. 도대체 어느 종교가 진실인 거지? 진실이 아닌 것은 무엇일까?"

아이였을 때도 이런 의문들이 그를 압박했다. 10대 청소년 시절에도 이런 의문들은 언제나 그를 따라다녔다. 이로 인해 대학에 들어가면서 그는 종교학을 전공하기로 결심했다. "저는 정말 알고 싶었어요. '진리란 무엇일까? 무엇이 의미 있는 것일까? 어떤 게 행복한 삶일까?' 하는 것들을요."

독실한 신자는 아니었지만 그는 이런 의문들에 대해서 종교가 주는 통찰은 무엇이든 받아들였다. 그러면서 종교적 탐구와 철학에 열정적으로 매달렸다. 또 중국어를 복수 전공해서, 이런 실존적이고 영적인 의문들에 대한 동양의 접근법들을 공부하는 데 몰두했다. 이후 그레그는 대학을 졸업하자마자 중국으로 날아갔다. 유대교나 기독교, 이슬람교에서 발견한 것들에 감동이나 자극을 받지 못하고 동양의 영성에 호기심을 느꼈기 때문이다. 그리고 정식 계까지 받은 도교 승려가 되었다.

그러나 현실은 달랐다. 신랄한 무신론자인 크리스토퍼 히친스(Christopher Hitchens)의 말처럼 "동양적인 해법 같은 것은 없었다." 그레그가 직접 깨달은 것도 확실히 이와 같았다. "저는 중국에 가서 사람들을 만났어요. 그들과 함께 표면적으로는 공부를 하면서 그들과 어울리고 그들의 세계에 머물렀죠. 그러다 보니 정말 직관적으로 이런 느낌이 들었습니다. 그들도 같은 사람일 뿐이라는 느낌이요. 저는 어떤 초월의 경험을 기대하고 있었는데 말이죠. 저는 그들이 자신을 완전히 깨달은 영혼의 스승일 거라고 생각했었어요. 그런데 그들도 그냥 사람일 뿐이었습니다. 다른 사람들보다 더 완전하게 자신을 깨달은 것도 아니었죠. 이런 느낌이 들자 제가 지금까지 공부한 다른 종교들처럼 불교와 도교도 인간이 만든 것이라는 생각이 들었습니다. 사람은 그저 사람이고, 어떤 종교든 인간이 인간의 목적을 위해 창조한 것이라는 점을 깨달은 거죠."

그레그는 약간 환멸을 느끼며 중국에서 돌아왔다. 이후 그는 방향을 바꿔서 실존과 의미 같은 궁극적인 질문보다는 록 음악에 몇 년 동안 관심을 집중했다. 그러나 그것도 그리 오래 지속되지 않았다. 몇 년 후 그는 곧 그토록 열정적으로 관심을 기울였던 심오한 철학적·실존적 의문들에 다시 이끌렸다. 그리고 이번에는 인본주의 속에서 답을 찾았다. "그냥 알아졌어요. 인본주의는 제가 평생 듣기를 갈망해 왔던 바로 그것이었습니다."

2000년대 초 그레그는 1963년에 셔윈 와인(Sherwin Wine, 종교를 신앙심이 아닌 문화의 문제로 보는 유대교 종파의 지도자로서 평생 인습을 철폐하는 데 헌신한 랍비 — 옮긴이)이 창시한 인본주의적 유대교(Humanistic Judaism)에 들어갔다. 인본주의적 유대교는 비유신론적인 유대교 운동으로서 공동의 문화·역사적 경험들에서 유대인 정체성의 토대를 찾고, 신에 대한 믿음보다는 삶의 주기에 따른 행사와 휴일들을 기리는 데 초점을 맞춘다.

그레그는 2005년에 인본주의자 랍비로 임명된 후 하버드 신학대학에 들어가 신학 박사학위를 받았다. 얼마 후 하버드 대학교 인본주의자 교목이라는 현재의 직업을 얻었다. 한 치의 과장도 없이, 무신론자에게 이것은 평범하지 않은 궤적이다. 그레그도 자신이 흔히 생각하는 무신론자가 아니라고 인정했다. 실제로 그는 "종교적인 믿음은 전혀 없지만 대단히 종교적인 성격을 갖고 있다."고 즐겁게 자신을 설명했다.

"대단히 종교적인 성격"을 갖고 있다는 것이 어떤 의미냐고 묻자 그는 이렇게 말했다. "나는 누구인가? 나는 지금 왜 여기에 있는가? 우리는 왜 여기에 있는가? 산다는 것은 무엇일까? 타인들과 연결된다는 것은 무엇을 의미하는가? 이런 문제들에 정말로 관심이 있다는 의미입니다. 이런 문제들이 제게는 아주 중요해요. 삶에는 단순히 논리적이고 이성적인 존재가 되는 것 이상의 무언가가 있다고 생각합니다. 이런 상태들은 완전한 인간이 되는데 충분하지 않아요. 저는 무엇이든 아주 깊이 느끼고 많은 것에 의문을 품는 성향이 있어요."

그레그가 종교와 관련해서 마음에 들지 않는 점은 딱 한 가지, 초월적인 것에 대한 믿음이었다. 이 점만 아니라면 그는 종교에 긍정적이었다. 그래서 그는 신학과 믿음, 신은 빼고 종교가 제공하는 모든 것을 해 줄 인본주의자 커뮤니티 센터를 만들고 발전시키는 일에 개인적으로 전념하고 있다.

그레그에게 가까운 장래에 완벽하게 구현될 인본주의자 커뮤니티 센터가 궁극적으로 어떤 모습일지 설명해 달라고 부탁했다. 그는 신이 나서 열정적으로 자신의 꿈을 쏟아냈다.

"우선 건물을 지어야죠. 온갖 예술품으로 장식된 아름다운 공간이 될 겁니다. 이곳에서는 멋진 음악들이 연주될 거예요. 혁신적인 예술가들이 와서 공연을 하고 함께 작업하는 공간이 될 겁니다. 그리고 나이나 문화적 배경, 개성이 다른 다양한 사람들을 위한 프로그램들도 운영할 겁니다. 아이들을 위한 '일요학교' 같은 것을 열어서 '나의 정체성은 무엇일까?' '인본주의자가 된다는 것은 어떤 의미인가?' 같은 주제로 토론을 벌이게 할 거예요.

이를 통해 아이들은 영감을 불러일으킬 때 의지할 수 있는 삶의 핵심적인 자세나 철학으로서의 인본주의를 배우게 될 겁니다. 또 '윤리적인 존재가 된다는 것은 어떤 의미일까?' '스트레스 속에서 평정심을 찾는 방법을 무엇일까?' '삶에서 기념해야 할 의미 있는 시간은 언제인가?' '어떻게 해야 마음챙김을 잘 할 수 있을까?'와 같은 문제들에도 다가가고요. 이처럼 아이들을 위해 많은 일을 해 줄 겁니다.

수업계획을 세우고 커리큘럼을 짤 때는 치유사들과 심리학자, 과학자, 역사학자, 예술가들의 도움을 받을 것입니다. 어른들을 위한 교육도 실시해서, 다양한 면을 갖춘 인본주의 가치들을 탐구하고 어떤 삶이 인본주의자로서 훌륭한 삶인지도 공부할 것입니다. 또 많은 소규모 그룹도 만들고 또래교육도 실시할 겁니다. '인본주의적 유대교' 같은 문화 그룹이나 '문화적 가톨릭교도', '아프리카계 미국인 인본주의자', '유교적 인본주의자', '인도의 인본주의자' 같은 다양한 그룹을 위한 공간도 마련할 생각입니다. 뿐만 아니라 온갖 유형의 예술가들이 참여해서 언제나 그림을 그리고 음악을 만들고 이야기를 들려주게 할 거예요.

또 인본주의자 성인식, 인본주의자 결혼식, 인본주의자 장례식, 인본주의자 명명식 같은 다양한 의식과 음악, 스토리텔링, 영감을 불어넣는 토론, 음식과 관련된 다양한 유형의 주간 모임이나 서로를 알아가는 친교 모임도 열 겁니다. 가장 중요한 것으로, 지역사회를 위해 많은 봉사활동도 실시할 거고요. 그러면 인본주의자들은 그들이 사는 도시와 마을에서 의미 있고 세상에 영향을 미치는 프로젝트들을 떠맡는 사람들로 알려지게 될 겁니다. 커뮤니티 센터도 사람들이 모여서 인류에게 도움이 되는 지역봉사활동을 하는 장소로 알려지게 될 거고요."

그레그의 열정에는 전염성이 있었다. 그와 이야기를 나누고 나면 나도 언제나 대화의 열기에 동화되어 얼마 동안 기분이 좋았다. 전국에 인본주의자 커뮤니티 센터들이 세워질 것이라는 기대에 신이 나고 열정이 솟구쳤으며 개인적으로 참여하고 싶다는 마음도 일었다. 그레그의 꿈인 인본주의자 커뮤니티 센터를 나도 경험하고 싶었다. 내 아이들이 일요학교에서 소네트를 쓰고, 모빌을 만들고, 피카소와 마사 그레이엄(Martha Graham, 현대무용의 발전에 기여한 20세기 최고의 미국 무용가—옮긴이)에 대해 배우는 모습을 보고 싶었다. 큰 딸이 필립 풀먼(Philip Pullman, 전 세계인의 사랑을 받는 『황금나침반』으로 각종 상을 휩쓴 영국 최고의 판타지 작가—옮긴이)이나 무라카미 하루키의 책들에 대한 토론을 주도하는 모습을 보고 싶었다. 나도 다른 사람들과 함께 지역봉사프로젝트에 참여해서 어려운 이웃들을 돕거나, 나무를 심거나, 자전거를 고쳐 주고 싶었다. 매주 열리는 인본주의자 모임에 참석해서 월트 휘트먼의 시를 읽고, 존 레논의 노래를 부르고, 나중에는 그늘진 테라스에서 커피 케이크를 먹고 싶었다. 미국에 사형제도가 있다는 것이 얼마나 믿기지 않는 사실인지, 라스 폰 트리에(Lars von Trier)의 최신 영화가 얼마나 형편없는지, 사실상 헐벗은 벌디 마운틴 근처에 어떻게 멋진 하이킹 코스를 만들 수 있는지에 대해 이야기를 나누고 싶었다. 이런 커뮤니티 센터가 정말로 생겨서 나도 여기에 가입할 수 있었으면 좋겠다고 말이다.

하지만 아내 스테이시가 흥미를 느낄지는 그다지 확신할 수 없다. 사실 스테이시는 사람들과 어울리는 것을 좋아하는 편이 아니라는 점에서 전형적인 무종교인이기 때문이다. 그녀는 공동체의 일원이 되는 것에 큰 매력을 느껴 본 적이 없다. 확고한 개인주의자인 것이다. 이것을 입증해 주는 완벽한 일화가 있다. 몇 년전 나는 오렌지카운티에 있는 유니테리언 보편구제 교회에서 강연을 했다. 나는 강연 전에 예배의 전 과정에 참석했다. 찬송가와 성서 읽기, 사람들과 전체적인 분위기를 즐겼다. 그 후 집으로 돌아와 스테이시에게 말했다. "있잖아, 예배가 참 좋았어. 그런 신자들 모임에 들어가는 건 어떨까 생각해 봐야겠어." 그러자 그녀가 물었다.

"왜?"

"글쎄, 공동체를 위해서."

"우, 그런 공동체, 뭐가 필요하다고?" 그녀는 고려할 가치도 없는 생각이라는 듯 손사래를 치며 빈정거리는 어투로 말했다.

이 문제에 대해서 스테이시와 나의 생각은 분명히 달랐다. 나의 무종교성은 꽤 '종교적'이라는 점에서 그레그 엡스타인과 비슷한 면이 더 많았다. 앞에서 말한 것처럼, 무종교성은 나의 정체성에서 큰 부분을 차지했다. 나는 무종교성에 대해 생각하고, 읽고, 많은 이야기를 해 왔다. 그러면서도 지향점이 비슷한 사람들로 이루어진 지역 사회단체에 가입하는 것에 큰 흥미를 느꼈다.

이런 나와 비교할 때 스테이시의 무종교성이 훨씬 진실한지도 모른다. 무종교인이라는 것을 개인적으로 별로 중요하게 여기지 않을 만큼 무종교적이기 때문이다. 그녀는 무종교인이라는 것에 강박관념을 갖고 있지도 않고, 집착하지도 않는다. 그보다는 다른 일들을 하고, 개인적으로 관심 있는 다른 것들을 추구하고, 인본주의 커뮤니티 센터에 가입하기보다 가까운 친구나 가족과의 개인적인 유대감을 즐기는 일에 시간을 쏟아 붓는다. 그러나 물론 그런 인본주의 커뮤니티 센터가 근처에 생기고 내가 센터 일에 관여를 하면, 그녀도 분명히 가끔씩은 참여를 할 것이다. 플로라를 캠프 퀘스트에 보내는 데 동의한 것처럼 말이다.

그건 그렇고, 캠프 퀘스트를 선택한 것은 정말로 잘한 일이었다. 플로라는 그곳에서 아주 즐거운 시간을 보냈다. 캠프가 끝나서 플로라를 데리러 갈 때 나는 녹음기를 가져가지 않을 수 없었다.

침낭과 도자기 구운 것, 옷 같은 소지품들을 챙기고 나자, 플로라는 새로 사귄 친구들에게 눈물을 흘리며 작별 인사를 하고, 같은 오두막에서 살던 친구들과 상담원들을 껴안아 주었다. 이후 차에 오르자마자 나는 녹음을 시작했다. 다음은 플로라가 들려준 캠프 퀘스트 경험담을 거의 그대로 옮겨 적은 것이다.

"한번은 로스하고 '괴상하고 웃긴 과학' 시간에 진짜로 작동하는 배터리를 만들었어. 어떻게 만들었냐면, 5센트짜리 동전을 놓고 레몬에 적신 티슈 같은 걸 둔 다음에 1페니짜리 동전을 놓는 거야. 그러구 얼마 지나면 배터리가 만들어져. 또 이상한 접착제도 만들었어. 로스는 π의 150번째 숫자도 알고 있었어. 우리한테 말해 줬는 걸. 진짜 완전 끝내줬어! 어쩌구, 저쩌구, 저쩌구……. 진짜 완전 재밌었어!

호수에 가려고 버스를 타고 45분이나 달려야 했는데, 정말 재밌었어. 도착해 보니까 호수가 정말 크고 아름답더라. 그런데 모두들 수영 모자를 써야 한다고 해서 좀 벙쪘지. 하지만 물은 진짜 좋았어. 웬디도 멋졌고. 처음에는 낯설고 시시하게 느껴졌는데 서로를 더 잘 알게 되면서 떼 지어 몰려다니게 됐지. 나랑 웬디랑 레이븐이랑 이렇게.

우린 아침에 일찍 일어나 뜨거운 초콜릿을 마시기도 했어. 그러고는 종을 치러 갔어. 음식은 아주 훌륭했어. 구운 치즈와 토마토 수프가 나오기도 하고, 라자냐도 나오고. 그리고 할라페뇨도 나왔어! 진짜 완전 맵더라고! 우린 식탁에 앉아서 누가 물을 안 마시고 할라페뇨를 먹는지 지켜보곤 했어, 정말이야. (…) 그리고 밤마다 모닥불 앞에 앉아서 스모어(s'more, 구운 마시멜로를 초콜릿과 함께 크래커 사이에 끼워 먹는 간식 — 옮긴이)를 먹고 노래도 부르고 촌극도 공연했어.

우, 근데 완전 깨는 일도 있었어. 내 침대에서 자다가 잠이 깼는데 코에서 뭔가 마구 흘러내리는 거야. '오, 안 돼. 코피가 나는 건 아닐 거야!'라고 생각했지. 그런데 막 쏟아져 내려서 일어나 똑바로 앉아 있을 수도 없었어. 너무 많이 흘러내렸거든. 그래서 '웬디, 코피가 나!' 하고 소리쳤더니 웬디가 정말 착하게도 곧장 침대에서 튕기듯 일어나 티슈를 갖다 줬어. 그리고 라쿤을 본 적도 있어. (…) (그래서 캠프에서 가장 좋았던 일은 도대체 무엇이었는데? 가장 마음에 들었던 점은 뭐야?) 가장 좋았던 건 자유시간이 있었다는 점이야. 뭐든 원하는 걸 할 수 있었어. 활쏘기를 할 수도 있고 암벽등반을 할 수도 있었어. 수영장에 가거나, 그림을 그리거나, 공예품을 만들 수도 있고 말이야. 난 웬디랑 레이븐이랑 자유시간을 즐겼어.

(뭐라도 배운 게 있어?) 응, 물질에 대해 배웠어. 아주 아주 좋은 사람에 대해서도 배웠고. 기원전이나 뭐 그런 때 태어났는데 수염이 달린 남자였어. 근데 사람들한테 스스로 생각하라고 가르쳐서, 왕인가 암튼 그런 사람이 그에게 독을 마시게 했대."

'기원전'에 살았던 아주 아주 좋은 사람이라고? 수염이 달리고 사람들에게 스스로 생각하라고 가르친 사람이라고? 캠프 퀘스트에서 가르친 사람이라면 아마 소크라테스일 것이다.

캠프 퀘스트는 미국에서 무종교적인 커뮤니티를 만드는 것과 관련해서 아주 칭찬할 만한 모범을 보여 주었다. 종교에 반대하는 것을 유일하거나 주요한 일로 삼지 않았기 때문이다. 반대에 근거한 공동체는 어떤 것이든 결국 유해하고 괴팍한 공동체가 될 수밖에 없다. 그러므로 캠프 퀘스트에서 하는 활동들 속에 반종교성이 스며들 자리가 전혀 없다는 점은 바람직한 일이다. 캠프 퀘스트는 종교에 반대하기보다 긍정적인 인본주의적 이상을 키우는 일에 주로 초점을 맞춘다. 그리고 자유롭게 생각할 줄 아는 아이들에게 지지감과 결속감을 키워 줌으로써 이런 이상을 강화시킨다.

플로라는 캠프 퀘스트에 있는 동안 무종교주의를 억지로 주입당하지 않았다. 오히려 자유사상의 역사와 과학, 자연에 대해 조금씩 배우고, 즐거움과 우정에 대해서도 많은 것을 깨우쳤다. 그리고 다행스럽게도 그녀나 그녀의 가족과 같은 사람들, 지붕처럼 우거진 나무들 아래서 성소를 발견하고 모닥불을 피우며 서로 교감하고 그림과 공예품을 통해 의미를 찾는 사람들, 다른 사람들에게는 신에 대한 믿음이 더없이 좋은 것일 수 있어도 반드시 신을 믿어야만 윤리적이고 흥미로운 삶을 살 수 있는 건 아니라고 생각하는 사람들이 세상에는 많다는 편안한 느낌도 받았다. 실제로 코피를 흘리는 짝꿍을 돕는 데 믿음이 꼭 필요한 것은 아니었다. 이런 믿음이 없어도 공감과 클리넥스는 차고 넘쳤다.

6장

종교 없이
삶의 고난을
□ 잘 헤쳐 나갈 수
있을까?

프랑스어 수업 시간에 그녀를 만났다. 그녀의 이름은 크리시였다. 16살인 그녀는 눈이 아주 컸다. 성적은 보통이었으며 MTV를 좋아하고 밀러 제뉴인 드래프트를 마셨다. 그녀는 내가 처음으로 진지하게 사귄 여자친구였다.

그녀의 아버지는 어쩌다 복음주의 목사가 되었다. 원래는 캔자스 출신이었는데 1980년대 초에 부름을 받고 가족과 함께 서쪽으로 이주해서 남부 캘리포니아에 교회를 세웠다. 어느 일요일 아침 나는 초대를 받아 그 교회에 함께 가 보았다.

교회는 뉴포트 비치 쇼핑몰 근처의 커다랗고 평범한 건물 안에 있었다. 나는 특정 교파와 무관한 복음주의 교회에서 열리는 예배에 한 번도 참석해 본 적이 없었다. 교회에 많은 사람들이 와 있었다. 300명은 족히 넘을 것 같았는데 대부분이 백인이었다. 활기가 넘쳤으며 모두들 그런 분위기에 푹 젖어 있었다.

나는 크리시의 아버지가 거기 서서 예배 과정 전체를 책임지고 이끌어 가는 모습을 즐겁게 지켜보았다. 존경스럽게도 그의 모습은 진실하고 지혜로워 보였다. 찬송과 기도, 설교, 광고가 이어졌다. 그러나 가장 생생하게 기억하는 순간은 크리시의 아버지가 젊은 부부와 그들의 어린 아기를 설교단으로 부른 때였다. 20대로 보이는 부부는 갓난아이를 안고 앞으로 나갔다.

그들이 침울한 얼굴로 신자들을 마주 보고 서자 크리시의 아버지는 손을 활짝 편 채 그들의 위로 팔을 들어올렸다. 그러고는 젊은 부부의 아기에게 심장병이 있어서 그 달 안에 죽으리라는 진단을 받았다고 설명해 주었다. 젊은 부부는 울기 시작했다. 크리시의 아버지는 모든 신자들에게 함께 기적이 일어나도록 기도하자고, 아기가 치유될 수 있게, 아기의 작은 심장이 회복되게 해 달라고 기도하자고 간청했다. 그러자 모두들 눈을 감고 간곡히 기도 드렸고, 크리시의 아버지는 진심에서 우러나오는 말로 기도를 이끌며 신에게 이 작은 아기를 구해 달라고 읍소했다.

거기 앉아 있을 때 가장 먼저 든 느낌은 당황스러움이었다. '아기의 심장병을 고쳐 달라고 신에게 기도를 해? 이게 말이 되나? 신이 정말로 모든 것을 다 아는 존재라면, 이 아기가 심장에 결함이 있다는 것도 이미 알고 있지 않을까? 게다가 전능하기까지 하다면, 원할 경우 아기의 심장을 고쳐 줄 능력도 이미 갖고 있지 않을까? 그러니 아기의 심장병도 신의 계획이 아닐까? 그런데 기도가 무슨 소용이람? 이 사람들은 정말로 열심히 기도를 드리면 신이 당신의 뜻을 바꿔 줄 거라고 생각하는 건가? 그들이 기도를 열심히 드리지 않으면 아기를 그냥 죽게 내버려 둘 거라고 생각하는 건가? 이게 도대체 무슨 신이지?' 그런 냉담하고 회의적인 생각들이 15살 된 나의 두뇌에 퍼졌다.

그러나 이런 생각들은 곧 흐지부지 흩어져 버렸다. 눈물을 흘리는 부부를 바라보고 사방에서 중얼대는 기도소리를 들으며 앉아 있다 보니 처음의 회의적인 생각들이 사라져 버렸다. 대신에 내가 보고 경험하고 있는 일을 냉철하게 이해하고 공감하며 인정하게 되었다. 모두들 죽어 가는 아기를 둔 젊은 부부에게 사랑과 연민을 표현하고 있었다. 수백 명의 신자들이 이 불쌍하고 불운한 부부와 아기에게 진심으로 따스하게 그들의 마음을 쏟아붓고 있었다. 이들의 사랑과 슬픔을 나는 생생하게 '느낄' 수 있었다. 이렇게 하나된 행위는 뭐라 설명할 수 없는 도움을 낳고 있었다.

불쌍한 부부는 설교단 앞에서 눈물을 흘리고, 모든 신자들은 그들에게 지지와 희망을 쏟아 주었다. 목사님의 말씀을 곧이곧대로 받아들일 수는 없었지만, 이 말들의 중요성은 분명히 이해할 수 있었다. 요컨대 그의 말은 이 고통받는 사람들을 조금은 더 가

볍게 만들어 주었다. 물론 신자들의 기도가 실제로 그 아기를 치유하는 데 중요한 역할을 한다고는 생각하지 않았다. 그래도 그들의 행위가 침착하고 이로운 행위라는 것은 알 수 있었다. 신자들 자신과 각자의 개인적인 불운에 슬픔을 느끼는 교회 안의 모든 사람들은 물론이고 그 불운한 부부에게도 기도가 희망과 위안을 주었기 때문이다.

그곳에 앉아 있다 보니, 아기의 병든 심장을 고쳐 주는 신이 존재하지 않는다 해도 이 대규모의 기도 시간이 대단히 유익한 것이라는 분명한 확신이 들었다. 혹여 대단히 유익하지 않아도 최소한 충분히 이해할 만한 것이었다. 그날 나도 그 젊은 부부에게 안타까운 마음이 들었다. 지금도 그렇지만, 몇 달밖에 안된 갓난아이가 죽어 가기 시작할 때 느낄 고통을 감히 헤아릴 수도 없었기 때문이다.

그날 이후 나는 힘든 시기를 견디고 있는 사람들에게 종교가 도움이 된다는 점을 인정하고 이해하게 됐다. 아픔이나 고통, 병혹은 죽음, 고난과 참사, 두려움이나 상실을 경험할 때 종교는 특별한 약이 되어 준다. 이 약은 두 가지 방향에서 효과를 발휘한다. 공동의 지지를 받게 해 주고 개인적인 심리적 위안도 제공해 주는 것이다.

그러므로 힘겨운 시기를 지나는 사람들은 같은 종교를 믿는 신자들의 보살핌과 동지애에 의존할 수 있다. 신자들이 고통받는 다른 신자들을 위해 기도해 주고, 빵을 구워 주고, 아이들을 보살펴 주고, 돈을 걷어 주고, 혈액을 기증하는 등의 일을 해 주기 때문이다. 한편 신에 대한 믿음은 개인의 고통받는 영혼에 평화와 사랑, 희망을 가져다줄 수 있다. 신에 대한 믿음이 있는 사람은 상황이 아무리 지독하고 고통스러워도 자신이 완전히 길을 잃어버린 것은 아니며, 혼자도 아님을 안다. 신이 그곳에서 두 팔을 벌리고 있기 때문이다.

종교에는 이처럼 부정할 수 없는 위로의 측면이 있다. 이런 점을 감안할 때, 수십 년간의 폭넓은 연구에서 종교가 삶의 고난과 시련을 이겨 내도록 긍정적이고 이로운 방식으로 도와준다는 점이 드러난 것은 놀랍지 않다. 한 예로, 수많은 연구 결과 종교는 다양한 형태의 스트레스를 극복하게 도와주고, 자녀의 죽음을 이겨 내게 도와주고, 알코올 중독을 이겨 내려는 사람들을 도와주고, 만성적인 병과 통증을 치료하게 도와주고, 암을 이겨 내게 도와주고, 박해를 피해 도망친 난민들에게 위안을 주고, 성폭행 피해자들에게 도움을 주는 등 아주 여러 면에서 사람들에게 좋은 역할을 해 주는 것으로 나타났다. 이런 폭넓은 연구들 덕분에 종교심리학자 랄프 후드(Ralph Hood)는 "힘든 시기에 믿음에 의지하는 것은 문제와 감정을 처리하는 유익하고 건설적인 방법"이라는 당연하고도 자명한 진리를 자신 있게 주장한다.

그러나 이러한 연구들이 공통적으로 보여 주는 점은 종교적인 사람들이 삶의 어려운 상황들을 해결할 때 필요한 힘을 믿음이나 종교적인 공동체에서 성공적으로 이끌어 냈다는 점이다. 종교적인 극복에 관한 선두적인 전문가인 케네스 파가먼트(Kenneth Pargament) 교수가 선뜻 인정한 것처럼, 종교가 가장 유용한 대처 메커니즘임을 아는 사람들은 바로 이미 고도의 종교성을 유지하고 있는 사람들이다. "이런 사람들은 그들의 종교에 더욱 많이 투자하고, 이로써 어려움에 대처할 때 종교에서 더욱 많은 것을 얻어낸다." 이것은 놀라운 일이 아니다. 이미 예상했던 일이다.

그렇다면 종교가 없는 사람들은 어떨까? 신과 기도의 효험을 믿지 않고, 종교 모임에 가담할 마음도 없는 사람들은 어떨까? 고난의 시기에 직면했을 때 미국의 수많은 무종교인들은 어떻게 대처할까? 종교적인 믿음이나 공동체의 혜택도 받지 못하는데, 이들은 어떻게 이겨 낼까?

연구를 하면서 나는 트라우마와 비극을 경험하거나 전반적으로 힘든 시기를 지나고 있는 많은 무종교인을 만났다. 암과 투병 중인 사람은 물론이고 자식이나 부모, 형제자매, 배우자를 잃게 된 사람, 끔찍한 이혼 과정을 거친 사람, 수감생활과 병을 견뎌 낸 사람들도 만나 보았다. 심지어는 노르망디나 다낭, 바그다드 등지의 참호 속에서 긴 시간을 보낸 많은 무신론자들과도 이야기를 나눠 보았다. 척수손상을 입은 무신론자와 홀로코스트에서 살아남은 불가지론자, 심각한 약물 중독과 싸우고 있는 비신자들과도 대화를 나눴다. 그들의 경험과 통찰은 위안을 주는 종교 없이 힘든 시기를 견뎌 내는 게 쉽지는 않지만 가능하다는 것을 보여 주었다. 실제로 이런 일은 매일 언제나 이루어지고 있다.

상처 이겨 내기

시애틀의 어느 건조한 밤, 새벽 2시 30분경이었다. 앰버 올슨 (Amber Olson)은 교차로에서 모터 달린 자전거 위에 앉아 신호등이 초록색으로 바뀌기를 기다리고 있었다. 그녀는 막 담배를 사서 두 블록쯤 떨어진 친구네 아파트로 가는 중이었다. 신호등은 여전히 붉은색이었다. 그때 술 취한 운전자가 뒤에서 그녀를 들이 박고 어둠 속으로 잽싸게 도망쳐 버렸다. 심하게 다친 앰버는 피를 흘리다 의식을 잃은 채 홀로 도로 위에 버려졌다.

며칠 후 그녀는 병원 침대에서 진정제를 다량 투여받은 채로 깨어났다. 그녀의 어머니가 옆에 있었다. 의사들은 그녀에게 6번 흉추 부위에 완전한 척수손상을 입었다고 알려 주었다. 이 말은 곧 그녀의 흉골 아래 부위가 영구적으로 마비되었다는 의미였다. "저는 아무것도 느낄 수가 없었어요. 흉부에서부터 발가락까지 전부요." 엠버가 말했다.

사고 당시 26살이었는데 엠버는 이제 32살이 되었다. 그녀는 예쁘고 똑똑하며 휠체어에 앉아 있는 모습은 평온해 보였다. 그러나 얼굴에는 희미한 상흔들이 여기저기 남아 있었다. 그 사고로 생긴 상흔들처럼 보였지만 대놓고 물어볼 수는 없었다.

엠버는 유타 주 프로보에서 태어나고 자랐다. 그녀의 부모는 조부모와 증조부모처럼 모두 모르몬교도였다.

"그분들은 교회가 생길 때부터 다녔어요. 대초원을 횡단하셨죠. 그분들은 개척자였어요."

5학년이 되면서 엠버는 조금이라도 사교 생활을 하려면 종교를 가져야 한다는 것을 깨달았다. 그녀가 다니는 학교의 아이들이나 이웃들 모두 모르몬교 신앙에 열중해 있었기 때문이다. 그래서 사실 그녀의 가족들은 더 이상 종교에 흥미를 느끼지 않고 있었는데도 그녀는 종교에 관심을 갖게 되었다.

"스스로 교회에 나가기 시작했어요. 모르몬교를 믿는 일이 매일의 일과처럼 됐지요. 저는 일요일마다 교회에 갔어요. 젊은 여성들이 모이는 클럽 활동도 일주일 내내 있었고요. 예배도 봐야 했어요. 예배들은 모두 제 친구들 전부가 함께 했죠. 또 여름에는 캠프도 갔어요."

엠버는 신자이기도 했다. 꼭 사교적인 문제 때문에 모르몬교에 빠져든 것은 아니라는 말이다. 그것은 분명히 믿음과 많은 관련이 있었다. "저는 진실로 믿었어요. 기도도 하고요. 정말입니다. 모르몬교 경전도 읽었어요. 나중에는 2년 동안 신학교 수업도 들었어요. 매일 아침 6시에 일어나서 공부하고 기도했습니다. 정말 저는 진심으로 믿었어요."

그러다 15살 때 어머니와 함께 몬태나 주로 가서 1년간 살게 되었다. 이후 유타 주로 돌아왔을 때는 중요한 변화가 있었다. 얼마 동안 프로보에서 멀리 벗어나 있었기 때문이었을 수도 있다. 아니면 다른 사람들을 만나고 새로운 친구들을 사귀었기 때문일 수도 있다. 모르몬교도도 아니고 모르몬교가 무언지도 모르는 친구들 말이다. 그들 중에는 담배를 피우고 와인 쿨러(포도주에 과일 주스, 얼음, 소다수를 넣어 만든 칵테일 — 옮긴이)를 마시는 친구들도 있었다. 혹은 단순히 사춘기를 통과하는 중이었기 때문일 수도 있다. 이유가 무엇이었건 몬태나 주에서 1년을 보내고 유타 주로 돌아와 고등학교 2학년이 되었을 때 그녀의 믿음은 눈 녹듯 사라져 버렸다. 그것도 아주 빠르게 씻은 듯이. 그녀는 더 이상 믿지 않았다, 조금도. 엠버는 당시를 이렇게 회상했다.

"16살인가 17살이 되면서, 어느 순간 '이건 말도 안 돼.' 하는 생각이 들었어요. 저는 바로 알았어요. 신의 존재를 제가 믿지 않는다는 걸요. 신이 존재한다는 걸 정말로 믿을 수 없었어요. 모르몬교 신학에서 말하는 신만 믿지 못하게 된 것이 아니라 전반적으로 다 믿지 않게 됐습니다. 신과 종교 모두 안 믿게 됐어요. 죽었는데 어떻게 다른 곳으로 갈 수 있어요? 그러니까 죽었는데 어딘가 다른 곳으로 가는 게 있다는 말이에요? 그게 무슨 말이에요? 저는 믿을 수 없었어요. 네, 전부 다 믿을 수가 없었습니다."

엠버는 생각이 같은 친구들을 몇 명 만나서 남은 고등학생 시절을 그들과 어울렸다. 이후로 그녀는 완전한 무종교인으로 지내고 있다. 개인적으로 무신론자라는 명칭을 좋아하지도, 사용하지도 않지만, 그녀는 단호한 무신론자였다. 우주의 본질에 관한 문제들을 이해할 수 있는 방법은 과학뿐이라고 생각했으며, 신비롭거나 영적이거나 기적적인 것은 우주에 없다고 생각했다. 그저 자연적인 세계가 있을 뿐이었다. "저는 정말 존재 이면의 힘 같은 건 모르겠어요. 어떤 '영적인' 요소가 관여하고 있다는 생각도 안 들고요. 하지만 우주를 형성하는 물리적인 힘에는 언제나 경외감을 느끼죠."

엠버는 고등학교를 졸업한 후 워싱턴 주 타코마로 가서 이모와 함께 지냈다. 그녀는 지역의 커뮤니티 칼리지에서 사람들과 어울리는 법을 배웠다. 이후 시애틀로 옮겨 가서 사람들과 어울리기도 하고 독립서점에서 일도 시작했다. 삶은 더없이 순조로웠다. 아직 20대였으며, 시내에서 마음에 딱 드는 구역에 작지만 근사한 아파트를 얻어 살 만큼 돈도 충분히 벌었다. 서점에서 일하는 덕분에 건강보험에도 가입했다. 친구들도 많았고 귀여운 남자친구들도 있었다. 사교생활도 활발했다. 좋아하는 카페, 좋아하는 밴드, 좋아하는 나이트클럽, 중고 베스파 모페드지만 좋아하는 교통수단도 있었다. 그러나 그녀의 척추와 함께 이것도 그날 밤 완전히 망가져 버렸다.

삶의 모든 것들이 순식간에 엉망으로 변해 버렸다. "소방대원이 현장에 도착해서 제 목숨을 구해 주었어요. 저는 사실 친구를 만나러 가던 중이었어요. 친구는 구급차의 사이렌소리를 듣고 밖으로 나와서 무슨 일이 벌어졌는지를 확인했죠. 그래서 나중에 제게 어떻게 된 일인지 설명해 주었습니다. 소방관과 긴급의료원들이 거의 즉시 출동해서 모든 일을 잘 처리해 주었어요. 저를 좋은 병원으로 데려다주기도 하고요.

겨우 깨어났을 때 저는 약을 엄청 투여받고 있었어요. 아버지 말씀에 따르면 제가 가장 먼저 한 말은 이랬답니다. '망할, 아무것도 못 느끼겠어. 대체 어떻게 된 거지?'

서점을 다닐 때 건강보험을 들어 두었지만 이것만으로는 충분치가 않았다. 물리치료를 받는 외래환자들이 으레 그렇듯 의학적으로 심각한 상태였기 때문에 많은 비용을 충당하기에는 부족했다.

"어머니가 거금을 쏟아 부었지요. 얼마나 많은 금액이었는지 아마 믿기지 않을 겁니다. 평생 모은 돈이었어요. 그래도 최고의 물리치료와 재활훈련을 받을 수 있는 병원은 음, 너무 비쌌어요. 결국 스스로 해야만 했습니다. 자연히 시간이 아주 많이 걸렸죠. 힘도 많이 들었고요. 모든 것이 정말로 치욕적이었어요. 지금도 마찬가지고요. 걸을 수 없어서만은 아니에요. 저는 아무것도 느

낄 수가 없어요. 느낌이 없어졌거든요. 제 방광이 꽉 찼는지 어떤
지도 알 수가 없어요. 아시겠어요? 몸이 무언가를 할 수 있는 도
구가 아니라, 마치 머리에 붙어 있는, 관리가 필요한 이물질처럼
여겨져요. 그건 아주…… 뭐랄까, 유쾌하지 않아요."

우울감은 그녀에게 큰 영향을 미쳤다. 사고 후 그 절망적이던
시기에 엠버는 새로운 상황에 적응하는 것이 거의 불가능하다고
느꼈다. 살고 싶지 않았다. 자살이야말로 실행 가능한 선택사항
처럼 여겨졌다. 이럴 때 엠버를 계속 살아 있게 만든 건 어머니를
향한 엠버의 사랑과 엠버를 향한 어머니의 사랑이었다.

"어머니 때문에라도 계속 살 수밖에 없었어요. 회복되기 시작
한 것도 어머니 덕분이에요. '내가 자살하면 어머니가 너무 슬퍼
하실 거야. 어머니를 그렇게 만들면 안 돼.' 이런 생각이 들더라고
요. 어머니는 6개월간 제 곁을 떠나지 않았어요. 직장에도 휴직계
를 내고 늘 제 곁을 지키셨죠. 그리고 모든 일을 다 해 주셨어요.
저를 위해 휠체어로 다닐 수 있는 아파트를 구해서 여러 달 동안
함께 살았어요. 나가서 가구도 사 오시고, 정말 모든 걸 해 주셨
죠. 모든 면에서 어머니는 정말 성인이나 마찬가지였어요. 그래
서 처음에 저는 다른 사람을 위해서라도, 어머니를 위해서라도
살자고 생각했죠. 그런데 곧 이런 생각이 들더라고요. '좋아. 할
수 있어. 이겨 낼 수 있어. 훨씬 안 좋을 수도 있었는데 뭐.'"

그러나 병원에서 진정제를 맞고 있던 처음 몇 시간은 물론이고

그 힘들었던 첫해부터 지금까지 엠버는 결코 신에게 의존해 본 적이 없다. "신에 대한 생각도 안 들었어요. 정말입니다. 신에 대해서는 정말로 한 번도 생각해 본 적이 없어요. 그만큼 철저히 무종교적이었죠. 음, 그래도 문제없었어요." 하지만 사고 후 그 힘들었던 시기에 신을 어느 정도 믿었다면, 하다못해 심리적으로라도 도움이 되지 않았을까? 엠버는 그렇게 생각하지 않았다.

"신이 알아서 해 주실 거라고 믿는 게, 제 생각에는 도움이 될 것 같지 않아요. 그런 믿음이 있으면 배움을 얻을 수도 없죠. 어떤 것도 배우지 못할 겁니다. 그저 포기하고 자신의 책임을 신에게 떠넘길 테니까요. 이런 사고에서도 무언가를 배울 가능성이 있어요. 그런데 보이지 않는 무언가에 책임을 떠넘기고 믿어 버리면 그 가능성은 사라져 버리죠.

그보다 저는 삶에 대한 믿음을 확인하는 게 좋아요. 우리에게는 변화의 가능성이 있고, 스스로 변화할 수 있어요. 어떤 '고차원적인 힘'에게 그 가능성을 내줄 필요가 없습니다. 스스로 책임을 지고, 대단히 충격적인 사고를 겪은 후에도 필요한 조처들을 취할 수 있어야 해요. 제가 만약 신자였다면, 글쎄요, '이유'나 '계획'이 있었을 거라는 생각이 위안이 되었을 수도 있겠죠. 누군가 나를 살펴보고 있고, 누군가 해답을 알려 줄 것이기 때문에 언젠가 이유를 알게 되리라고 생각하면 위안이 되기도 했을 거예요.

하지만 '죽음의 순간 알게 될 거야. 그러니까 그 순간을 기다리면 돼. 그럴 만한 이유가 있어서 일어난 거라고 믿어도 된다고.' 같은 생각은 사실 이런 일이 일어날 이유가 없다고 생각하는 것과 같아요. 그러니까 스스로 선택하고 나아가야죠."

그렇다면 종교에서 아무것도 얻지 못하는 상황에서 그녀는 어떻게 극복을 했을까?

의심의 여지도 없이 그녀의 어머니가 중심적인 역할을 했다. 또 믿을 만한 친구들에게서도 도움을 받았다. "저는 친구들의 지지를 많이 받았어요. 모두들 정말 훌륭했습니다. 입원해 있을 때 병문안을 와 줬죠. 모두들 정말로 도움이 됐어요. 소수지만 제게는 진심으로 저를 지지해 주는 친구들이 있었어요."

엠버는 어머니와 친구들뿐만 아니라 확고하고 오랜 자기신뢰도 극복의 핵심요인이었다고 했다. "우리는 자신이 통제할 수 있는 것에 초점을 맞추잖아요. 그런데 저는 과거에 알던 모든 것에 대한 통제력을 완전히 상실했어요. 제 몸에 대한 통제력도요. 그래서 제가 정말로 통제할 수 있는 것이 무엇인지 생각해 봐야 했습니다. 내가 실제로 할 수 있는 게 정말로 무엇일까? 생각이 필요했어요. 그건 신에게 '떠넘길' 수 있는 일이 아니었습니다. 그럼 다른 사람이나 다른 어떤 것, 고차원적인 어떤 존재에게 맡기면 되지 않느냐고요? 하지만 '오, 모든 일이 잘 될 거야.' 하고 떠맡길 수 있는 일이 아니었습니다. 몸을 움직여 스스로 이뤄 내야 하는 일이었으니까요. 스스로 해야만 했죠.

저는 살고 싶다는 마음을 적극적으로 일으켜야 했습니다. 스스로 그런 선택을 내려야 했어요. 그리고 필요한 일을 해야만 했습니다. 휠체어에서 떨어져 바닥에 혼자 누워 있어도 신이 저를 안아 일으켜 주지는 않으니까요. 저 스스로 일어나야 했습니다. 방 귀퉁이까지 기어가서 벽과 침대 사이에 있는 지렛대를 찾아 다시 일어나는 법을 스스로 터득해야 했어요. 그건 쉽지 않았어요. 그 방법을 터득하는 데 무려 반년이나 걸렸습니다."

엠버는 지금도 사람들과 어울릴 수 있다. 하지만 더 이상 서점에서 일을 할 수는 없다. 지금은 여러 면에서 5년 전보다 삶이 훨씬 좋아졌지만 여전히 쉽지는 않다. "저는 장애인 지원금으로 살고 있어요. 하지만 그 돈은 너무 적죠. 월세와 식비를 충당하기도 부족해요." 수입과 지출의 균형을 맞출 수 있게 친구가 그녀의 집 뒷마당에 무상으로 에어스트림 트레일러를 놓고 살게 해 주었다. 당분간은 괜찮을 것 같았다. 최근에 엠버는 대학으로 돌아가서 역사학 학사 학위를 따기로 마음먹었다. 기록 보관에 관한 일을 하고 싶기 때문이다.

현재 엠버는 모든 것에 고요히 순응하고 있다. 신을 믿지 않아도 완벽한 평화를 느낀다. "이 지구 위에 존재하면서 아무 이유 없이 우주를 유영하고 있다는 사실에서 위안을 찾고 있어요. 제게는 이런 사실이 위로가 돼요. 중요한 건 아무것도 없어요. 종종 이런 생각이 들어요. 실제로 가장 큰 위안은 모든 것이 무의미하다는, 아무것도 아니라는 점입니다. 이 모든 일이 일어났다는 점도 중요하지 않아요. 제가 할 수 있는 유일한 일은 앞으로 나아가면서 저 자신에 대한 책임을 포기하지 않는 거예요.

물론 이렇게 실존적인 무의미를 어느 정도 인정하지만, 찾으려고만 하면 우리가 찾아낼 수 있는 의미는 도처에 널려 있어요. 개인적으로 책임을 지는 것은 물론이고, 우리 삶 속의 타인들에게 적극적으로 반응하고 그들의 요구와 느낌, 경험을 들어 주는 것에서도 의미를 찾을 수 있죠."

지난 1년간 엠버는 철학서를 읽는 취미를 갖게 되었다. 그녀는 위안과 가르침을 주는 인용문 두 개를 언제나 지니고 다닌다. 첫번째 인용문은 프리드리히 니체가 1873년에 쓴 에세이 「탈도덕적 의미에서의 진실과 거짓에 대하여」에 나오는 것이다. 이 인용문은 엠버에게 실존적인 면에서 커다란 위안을 주었다.

우주의 어느 외진 구석, 수많은 태양계 속에서 쏟아져 나와 반짝이는 하나의 별 위에서 영리한 동물들이 지식을 발명했다. 아주 짧은 순간에 불과했지만 '세계 역사'에서 가장 고차원적이고 가장 가식적인 순간이었다. 자연이 몇 번 숨을 고르자 별은 차가워졌고, 영리한 동물들은 죽음을 맞이해야 했다. 이런 우화를 만들어 냈어도 인간의 지능이 본질적으로 얼마나 형편없는지, 얼마나 어둡고 변덕이 심한지, 얼마나 목적이 없고 제멋대로인지 충분히 입증하지는 못했

종교 없는 삶

다. 그것이 존재하지 않았을 때는 영겁이 있었지만, 다시 그것이 사라져 버릴 때는 아무것도 일어나지 않을 것이다.

두 번째 인용문은 현대 철학자 앤서니 시몬 레이든(Anthony Simon Laden)의 에세이 『신 없는 초월(*Transcendence Without God*)』에서 가져온 것이다. 이 인용문은 이 외지고 덧없는 우주의 한 구석에서 삶의 의미를 분명히 느끼게 도와주었다.

신의 부재 속에서 인간의 삶에 남는 것은 자신과 타인 그리고 자연계의 다른 존재들과 갖는 상호작용과 인간의 행위뿐이다. 그리고 이 모든 행위와 상호작용의 의미는 우리가 이것들에 부여하는 것일 뿐이다.

나치의 유대인 대학살에서 살아남은 사람

나치와 점호, 정렬. '동작 빨리!' 팽팽한 가죽 끝에 묶여 으르렁대는 저먼 셰퍼드. 음울한 안마당. 제논은 기운도 없고 약했다. 두려웠다. 그래도 최대한 꼿꼿하고 힘 있게 서 있으려 애썼다. 나치들이 명령을 내리며 사람들을 마구 후려쳤다. 갑자기 나치 한 명이 제논 쪽을 향해 "너!"라고 소리쳤다. 제논은 공포에 얼어붙었다. 나치는 곧장 그를 향해 성큼성큼 걸어왔다. 그가 다시 소리쳤다. "너 말이야!" 그러나 그가 노려보는 사람은 사실 제논이 아니라, 제논의 바로 왼편에 있는 붉은 머리칼의 젊은이였다.

붉은 머리 젊은이가 앞으로 걸어 나갔다. 모여 있던 사람들 중에 5명의 다른 유대인들도 이렇게 앞으로 불려 나갔다. 그들은 앞쪽에 짧게 줄지어 섰다. 6명의 사내들. 소리치던 나치가 총을 꺼내 한 명씩 뒷머리를 쐈다. 사내들의 비쩍 마른 몸이 제논의 바로 앞 땅바닥에 쓰러졌다. 모두 일터로 돌아가라는 명령이 떨어졌다. 1943년 4월의 어느 날, 폴란드의 토마슈프 게토에서 있었던 일이다.

독일이 폴란드를 침공한 1939년 제논 노이마르크는 15살이었다. 전쟁이 끝날 때까지 어린 시절의 친구와 이웃들이 거의 모두 죽었으며, 그의 부모와 조부모, 이모와 고모, 삼촌, 사촌들까지 30명이나 되는 가족들도 세상을 떠났다. 유대인 대학살 동안 10대였던 제논은 내내 악몽 같은 공포와 탄압, 불안 속에서 살았다. 몇 년 동안 매일의 삶 속에 위험과 슬픔이 가득 도사리고 있었다. 15살부터 20살이 될 때까지 존재 자체가 위태로웠다.

제논은 어린 시절을 폴란드의 로지에서 보냈다. 그의 집은 종교가 없는 중산층의 유대인 가정이었다. 부모님 모두 신을 믿지 않았다. 1년에 한 번 속죄일에 회당에 갔지만, 이것은 대체로 어떤 종교적이거나 영적인 이유 때문이 아니라 공동체의 전통에 따르기 위해서였다. "아버지는 회당 밖에서 친구들과 수다를 떨고 정치 같은 것들을 논하면서 더 많은 시간을 보냈어요. 그리고 아이들은 아이들끼리 어울려 놀았죠. 예배에는 많이 참여하지 않았어요."

물려받은 전통과 민족성은 유대인이었지만, 제논의 가족은 분명한 무종교인들이었다. 제논도 신을 전혀 믿지 않았다. 꼬마 때는 물론이고 긴 생애의 어느 시절에도 신을 믿지 않았다. 이제 87살인 그는 자신을 이렇게 설명했다. "저는 불가지론자라고 할 수 있어요. 물리학을 전공했기 때문에 무엇이든 증거가 있어야 받아들입니다."

독일군이 폴란드를 침공했을 때 제논의 부모는 대도시인 로지를 벗어나 더 작고 시골스런 데다 친척도 몇 명 살고 있는 토마슈프로 피난을 가면 훨씬 안전할 거라고 생각했다. 그래서 제논은 15살이 되었을 무렵 토마슈프로 향했다. 부모님과 누나는 곧 뒤따라오기로 했다. 그러나 그들은 끝내 오지 못했다. 계속 출발을 연기하다가 결국에는 로지의 게토에 억류되고 말았기 때문이다.

물론 토마슈프도 안전한 천국은 아니었다. 나중에는 이곳의 유대인들도 불시에 검거되었다. 그러다 제논도 다른 몇몇 가족들과 함께 토마슈프 게토에 감금되었다. 환경은 비좁고 추웠으며 배도 고팠다. 발진티푸스가 여러 번 유행했고 그의 할아버지도 이 병으로 돌아가셨다. 총성이 이어졌고, 피에 젖은 몸뚱어리들이 길바닥에 나뒹굴었다. 가스실에서 유대인들을 대량 학살한다는 소문이 곧 게토 안으로 흘러들었다. 대부분의 사람들은 그런 끔찍한 소문을 믿지 않았다. 그런 미친 짓을 저지르리라고 누가 상상이나 할 수 있었겠는가? 그러나 제논은 달랐다. "저는 알고 있었어요. 다른 사람들에겐 단순한 소문처럼 여겨졌겠지만, 저는 그 소문이 사실임을 알았죠. 그들은 믿지 않았지만 저는 달랐습니다. 유대인들이 학살당하고 있다는 걸 저는 알았어요."

아니나 다를까, 1942년 10월의 어느 날, 토마슈프 게토에 갇혀 있던 사람들의 절반이 '정리'되었다. 이후 6,000명도 넘는 남녀와 어린아이들이 총의 위협을 받으며 가축용 운반차에 실려 트레블링카 나치수용소로 이송되었다. 이곳에서 그들은 즉결로 죽음의 가스실로 보내졌다.

제논은 다행히 이 이송에서 제외되었다. 수백 명의 다른 유대인들과 함께 그날 게토의 담장 바로 밖에 있는 강제노동수용소에서 작업을 배정받았기 때문이다. 그러나 제논의 고모 르네와 레이첼라, 셀리나와 11살짜리 사촌 올렉, 여러 명의 먼 친척과 친구들은 그렇게 운이 좋지 않았다.

이제 제논은 완전히 혼자가 되었다. 로지 게토의 부모님과 누나의 생사 여부도 확인할 수 없었다. 그는 토마슈프 게토 옆의 노동수용소에서 일하는 동안 기초적인 전기기사 훈련을 받았다. 하루 두 번 흑빵 한 조각과 멀건 수프를 먹었는데 이마저도 다행으로 여겨야 했다. 그러던 어느 날 독일인 감독관에게 게토 전체가 소거될 거라는 말을 들었다. 남은 유대인 포로들을 전부 트레블링카 죽음의 수용소로 보낼 것이라고 했다. 이 '작전'은 바로 다음 날 개시될 예정이었다. "내일은 너무 늦어. 오늘 도망쳐야 돼." 독일인 감독관은 이렇게 경고했다.

다음 날 새벽 3시 제논은 게토의 후미진 구석에 있는 잡동사니 더미 뒤에 몸을 웅크리고 있었다. 그는 주변을 살피며 기다렸다. 무장한 우크라이나인 보초병이 등을 돌리고 반대 방향으로 걸음을 떼 놓는 순간, 제논은 게토의 6피트 담장을 잽싸게 뛰어 넘었다.

이제 그는 나치에게 점령당한 폴란드에 홀로 남았다. 유대인이라는 걸 누군가에게 들키기라도 하면 체포되거나 죽을 가능성이 컸다. 그의 첫 번째 피신처는 토마슈프 외곽에 사는 먼 친척의 친구네 집이었다. 그녀는 마뜩찮아 하면서도 공구창고에 하룻밤 그를 재워 주었다. 이조차 그녀에게는 더 없이 위험한 일이었다. 독일인들이 공표를 했기 때문이다. "첫째, 수용소나 게토 바깥에서 유대인을 발견하면 누구든 총살할 것이다. 둘째, 유대인에게 잘 곳과 음식, 도움을 제공하는 폴란드인은 누구든 총살을 당할 것이다." 제논은 그 창고에 이틀 밤 이상은 머물 수 없었다. 너무 위험했기 때문이었다.

제논은 폴란드 최대의 도시인 바르샤바로 가기로 결심했다. 거기라면 도시가 주는 익명성을 이용해서 한결 수월하게 살아남을 수 있으리라 생각했기 때문이다. 게다가 그곳에는 아는 사람도 몇 명 있었다. 친구의 친구인 폴란드인들인데 위험을 무릅쓰고라도 그에게 피신처를 제공해 줄 것 같았다.

그는 무사히 바르샤바로 가서, 지인 중 한 명인 제니나라는 젊은 여성의 아파트 7층에 머물렀다. 그런데 사흘째 되던 날 누군가—이웃인 것 같았다.—가 그를 밀고했다. 제복 차림의 남자 둘이 아파트로 쳐들어와 제논을 구타하고 방 안에 가둔 다음, 그를 게슈타포에 끌고 갈 차를 부르러 나갔다. 제논은 그들이 돌아오기 전에 자물쇠를 열고 탈출했다.

이후 1년 반 동안 그는 이런 위기상황과 노숙을 여러 차례 경험하고 며칠간 굶주림에 시달리기도 했다. 그러면서도 나치 점령 하의 바르샤바에서 살아남았다. 그가 생존할 수 있었던 이유는 주로 폴란드인 행세를 했기 때문이다. 그는 늘 십자가를 목에 걸고 다녔다. 또 이런 위장을 확실하게 하기 위해서 정기적으로 교회에 다니고, 기도문과 찬송가도 꼼꼼하게 공부했다.

폴란드어를 완벽하게 구사하는 능력도 큰 도움이 됐다. 폴란드에 사는 유대인들은 거의 모두 이디시어나 이디시어 억양이 섞인 폴란드어를 썼는데, 둘 다 유대인이라는 결정적인 증거였다. 그는 또 전형적인 유대인처럼 보이지도 않았다. 덕분에 그는 폴란드인 행세를 할 수 있었다. 괜찮은 일자리를 얻어 전기기사 일도 했다. 가짜 신분증에 가짜 폴란드어 이름까지 만들고, 작은 방도 얻었다.

이렇게 어느 정도 안정적인 삶을 살았다. 바르샤바 게토 안에 억류되어 있는 유대인들에 비하면 확실히 안정된 삶이었다. 그러나 하루하루가 안절부절못할 만큼 위험했다. 그가 유대인이라는 것을 언제든 누군가 의심하고 밀고할 수 있었다. 그래서 갇히면 제논은 그걸로 끝장이었다. 살아가기가 쉽지 않았다. "폴란드 속담에 당시의 제 상황을 잘 설명해 주는 말이 있어요. '나 즐로디에주 차프카 고레(Na zlodzieju czapka gore).'입니다. 직역하면 '도둑의 모자가 빛난다.'인데 보통 '죄인은 죄인처럼 보인다.'는 의미로 해석하죠."

집주인이 그를 수상쩍게 본 적도 여러 번이었다. 그러면 제논은 즉각 방을 빼고, 시내의 다른 구역에 안전한 새 거처를 마련해서 이사했다. 그렇게 여러 번 이사를 했다. 그는 언제나 경계 태세를 유지했으며 늘 불안했다. "들통이 나서 밀고를 당할지도 모른다는 불안과 공포에 늘 시달렸어요. 독일인 감독관이나 폴란드인 동료, 식당에서 만난 사람, 이웃 등 새로운 사람을 접할 때면 늘 조마조마했죠. 사적인 질문에 어떻게 답해야 할지, 돌발적으로 반유대주의적인 말을 들으면 어떻게 반응할지 걱정이 됐습니다. 그들과 같은 민족이 아니라는 게 발각되면 어쩌지? 내가 유대인이라는 걸 들키면 어쩌지? 늘 행동거지와 얼굴 표정에 신경이 쓰였어요. 이런 불안한 기색이 하도 두드러져서 사람들에게 의심을 사기도 했을 겁니다."

그는 한 달 두 달 꾸역꾸역 살아남았다. 그러다가 드디어 다양한 지하저항운동에 가담하기 시작했다. 그는 대개 비밀 정보와 현금, 무기를 다른 운동원이나 지하 투쟁원들에게 전달하는 배달원 역할을 했다. 물론 대단히 위험한 일이었다. 가끔 나치 장교들이 우글거리는 기차에 함께 타기도 했다. 어떨 때는 좁은 골목길에서 미행을 당하거나, 버스 정류장에서 누군가 미심쩍게 바라보기도 했다. 모르는 사람에게 지시를 받고 그 사람이 정말로 동지인지 의심을 하기도 했다. '그는 정말 저항운동원인 걸까? 혹 내가 위험한 상황에 빠져들고 있는 건 아닐까?' 가끔은 경찰이나 군인들이 막무가내로 그를 불러 세워 놓고 직업을 묻거나 신분증을 꼼꼼히 들여다보기도 했다. 그가 들고 있던 서류가방이나 짐까지 살펴봤다면 그는 아마 끝장나 버리고 말았을 것이다.

그래도 그는 이어지는 사건들을 이겨 내면서 근근이 살아남았다. "저는 열정과 목적의식이 충만했어요. 어느 모퉁이를 돌든 누구를 만나든 삶은 늘 위험으로 가득 차 있었지만, 성취감과 만족감도 놀랄 만큼 컸죠. 저는 제가 할 수 있는 일을 다 했고, 미미하게나마 사람들이 살아남게 도움도 주었어요. 제 덕분에, 제가 직접적으로 도와준 덕분에 살아남은 사람도 셋이나 됐어요."

제논은 이렇게 자신의 생존에만 집중하지 않고, 다른 사람들도

　　　　　　　　　　　　　　　　　　　　　　종교 없는 삶

살아남게 도와주었다. 일자리를 구해 주고, 체포되지 않게 위조 서류를 만들어 주고, 피신해야 할 사람에게는 안전한 집을 물색해 주고, 스스로를 방어할 수 있게 무기를 구해 주기도 했다. 그의 근본적인 동기는 무엇이었을까? 왜 그는 자신의 생존에만 집중하지 않고 타인들을 위해 큰 위험을 무릅쓴 것일까? "저는 도움을 주고 싶었어요. 정말로 도와주고 싶었어요. 뭐 다른 이유가 있을 수 있겠어요? 그저 다른 사람들을 돕고 싶었습니다."

제논은 1944년 나치들에 대항한 바르샤바 봉기와 이후의 잔혹하고 참혹한 탄압을 목격했다. 그러나 러시아 군대가 바르샤바를 접수하러 가까이 접근하고 독일군의 폴란드 장악력이 서서히 약화되기 시작할 무렵, 제논은 소탕작전 중인 게슈타포에게 체포되었다. 그가 체포된 이유는 유대인이어서라기보다 폴란드 저항운동의 일원으로 의심받았기 때문이었다. 그는 강제수용소로 압송되었는데, 당시 이 수용소의 수감자들은 아우슈비츠로 이송될 예정이었다.

그런데 행운이 다시 그의 편을 들어 주었다. 몇몇의 폴란드인 노동자들이 비엔나에서 일할 일꾼으로 차출되었는데, 제논이 전기기사임을 알아본 독일인 보초 덕에 목숨을 건질 수 있었던 것이다. 이로써 제논은 아우슈비츠가 아닌 비엔나로 가는 폴란드인 노동자 무리에 합류했다.

그들은 가축용 운반차에 실려 서쪽으로 향했다. 어느 날 기차가 쿨로스즈키 선로교차로에 정차했다. 이곳은 폴란드 전역에서 온 기차들로 상당히 붐볐다. 그들은 이곳에 여러 시간 묶여 있었다. 오후 늦게 또 다른 기차가 그들의 바로 옆에 정차했다. 제논은 그가 타고 있던 기차의 얇은 벽 패널 틈으로 옆의 기차에 수척한 유대인들이 가득 타고 있음을 보았다.

그는 그 기차에 타고 있던 남자 한 명과 조용히 이야기를 시작했다. 그의 말에 따르면 그 기차는 로지 게토에서 출발한 것이었다. 제논의 부모와 누나를 아느냐고 물었더니 그는 안다고 했다. 더 멀리 있는 다른 객차 안이지만, 실제로 이 기차 안에 그들이 타고 있다고 했다. "그의 말이 믿기지 않았어요. 토할 것 같았죠. 위에 통증도 느껴졌어요. 심장이 멎어 버린 것 같았습니다. 완전히 속수무책이었죠. 상상도 못 하실 거예요."

제논은 바닥에 주저앉아 얼굴을 가리고 울음을 삼켰다. 객차 안의 다른 폴란드인들에게 그의 고통을 들키고 싶지 않았기 때문이다. 그는 아픈 시늉을 하다가 잠이 든 척 했다. 드디어 기차가 출발했고, 로지 게토에서 그의 가족을 태우고 온 기차도 떠났다. 그렇게 그의 가족은 아우슈비츠로 이송되어 가스실로 보내졌다.(그러나 제논의 누나는 살아남았다.)

폴란드인 노동자를 가득 실은 가축용 운반차는 3주를 꼬박 달려 비엔나에 도착했다. 제논과 그의 동료들에게는 아주 가끔 음식과 물이 주어졌다. 3일 연달아 아무것도 주지 않을 때도 종종 있었다. "우리는 내내 허기지고 목도 말랐어요. 게다가 아주, 정말 말도 못하게 지저분했습니다. 몇 주 동안 씻지도 못했으니까요. 시간은 너무 천천히 흘러갔습니다. 우리는 그저 조용하게 표정도 없이, 반은 졸고 반은 무감각한 상태로 바닥에 앉아 있었어요."

비엔나 외곽의 작은 마을에 도착한 후 그들은 격리되었다. 명령에 따라 옷을 모두 벗고 샤워를 하는 사이 그들의 옷이 소독되었다. '이제 시작이군.' 제논은 생각했다. 그가 할례를 받았다는 게 드러나면 그는 죽임을 당하고 말 것이었다. 그러나 이번에도 그는 운이 좋았다. 폴란드인 노동자들이 샤워실로 들어갈 때 다른 차량에 실려 온 여성 수감자들도 함께 있었던 것이다.

모두들 벌거벗은 여성들의 모습에 기겁을 한 탓인지 누구도 그가 유대인임을 알아차리지 못했다. 비엔나에 도착한 후 그들은 강제 노동수용소에 수감되었다. 제논은 도망쳤다. 이후 며칠간 집도 없이 쓰레기 더미를 뒤져 배를 채우다가 작은 독일인 회사에 전기기사로 취직했다.(물론 여전히 폴란드인 행세를 했다.)

드디어 전쟁이 끝나자 러시아인들이 비엔나로 들어왔다. 그들은 제논이 유대인임을 믿지 않았다. 대신에 나치와 공모한 폴란드인 부역자라며 그를 고발했다. 그들은 처형시키기 위해 그를 근처 숲으로 끌고 갔다. "망할 놈의 나치들한테서 살아남았더니, 이젠 러시아 놈들이 저를 쏴 죽이려 하지 뭡니까? 아무 죄도 없는데요!"

그런데 숲에서 제논을 총살하라는 임무를 부여받은 병사 둘이 그를 죽이지 않기로 했다. 이유가 무엇인지 제논은 알 수 없었다. 어쨌든 그들은 제논을 나무 사이의 작은 길로 데려 가더니 돌아보지 말고 그냥 도망치라고 했다.

그는 이렇게 유대인 대학살에서 살아남았다. 이후 독일에 있는 난민캠프에서 누나와 고모 둘을 발견했다. 어느 밤 이들과 즐겁게 저녁 식사를 마친 후 그는 웃음을 터뜨렸다. 왜 웃었는지는 정확히 기억나지 않는다. 그러나 거의 6년 만에 처음으로 웃음을 터뜨렸다는 것만은 분명하다.

제논이 생존할 수 있었던 바탕에는 몇 가지 핵심 요인들이 있었다. 그는 젊고 건강했으며, 폴란드어를 완벽하게 구사할 줄 알았고, 전형적인 유대인처럼 보이지 않았으며, 다른 사람들과 잘 지낼 줄 알았고, 위험을 무릅써야 할 때를 직관적으로 잘 파악했으며, 운도 아주, 정말 겁나게 좋았다. 하지만 종교적인 믿음은 어떤 식으로도 도움이 되지 않았다. 그가 철저한 무종교인이었기 때문에 신은 아무런 영향도 미칠 수 없었다.

그래도 나는 궁금했다. 특히 상황이 무척 안 좋았을 때 그가 당장의 위안을 위해서라도 기도를 했다면, 이런 기도가 즉시 도움이 되지 않았을까? "아뇨. 그렇지 않습니다." 그렇다면 토마슈프 게토에서 도망치기 위해 막 담장을 넘던 그 위험한 순간에는 어땠을까? "아뇨. 그때도 신에게 기도하지 않았습니다. 어떻게 하면 보초에게 들키지 않고 담장을 넘을까 하는 생각뿐이었어요. 이런 생각밖에 들지 않았습니다. '언제 행동을 개시하는 게 좋을까? 위험성은 얼마나 될까?' 이런 생각들뿐이었어요." 러시아 병사들이 그를 총살시키기 위해 숲으로 끌고 갈 때는 어땠을까? "그때도 기도를 하지 않았습니다. 기도를 해야겠다는 생각도 안 들었어요. 무엇을 향해 기도한단 말입니까? 그런 상황에 있다는 게 화날 뿐이었어요. '죽을 고비를 그렇게 많이 넘겼는데 결국 이렇게 죽다니!' 머릿속에는 오로지 이 생각뿐이었어요."

그렇다면 그 운 좋은 도주들은 다 어떻게 설명할 수 있을까? 그에게는 구사일생의 순간들이 너무도 많았다. 독일인 감독관이 토마슈프 게토가 곧 소거될 거라고 언질을 준 일이나 바르샤바의 아파트 7층에서 도망친 일, 아우슈비츠가 아니라 비엔나로 압송된 일, 격리 중에 유대인임을 들키지 않은 일 등은 다 어떻게 된 것일까? 이 모든 일을 신적인 존재의 중재로 해석할 수도 있지 않을까? 제논의 놀라운 이야기는 순전히 '운'이라고 설명하기 힘들 수도 있다. 그보다는 신이 지켜 주고 있었기 때문이라고 할 수도 있지 않을까?

제논은 이런 해석을 받아들이지 않았다. "보세요. 제게 일어났던 행운들을 신의 덕분으로 돌린다면, 제가 경험하고 견뎌 내야 했던 불행한 일들도 신의 탓으로 돌려야 할 겁니다. 그때 신이 있었다면 그는 제 편이 아니었어요. 신은 저를 지켜 주지 않았다고요. 제가 겪어 내야 했던 그 모든 일들, 저를 고통에 빠뜨린 그 모든 일들을 생각해 보세요. 부모와 친지, 친구들의 죽음, 구타와 체포, 끝없는 두려움, 늘 따라붙었던 엄청난 공포, 너무도 많은 파괴, 게토 소거로 수천 명의 사람들이 살해된 일, 무수한 죽음을요. 이 모든 일의 중심에 신이 있었다거나 누군가를 보살피고 있었다고는 생각할 수 없어요. 저는 살아남았어요. 하지만 그건 신 덕분이 아닙니다. 절대로요."

그렇다면 그는 그 모든 일을 어떻게 이겨 낼 수 있었을까? 신에게 의지하지 않았다면 무엇에 기대었을까?

"음, 저는 정말 멍한 상태였어요. 적절한 말을 못 찾겠네요. 어쨌든 저는 거의 혼이 나가 있었어요. 그저 살아남는 데만 초점을 맞추고 있었죠. 이런 마음 상태가 어쩐 일인지 저를 고통으로부터, 심지어는 가끔 배고픔으로부터도 보호해 줬습니다. 저도 모르겠어요. 하지만 저는 저 자신에게 의지했습니다. 그리고 생존을 위해 해야만 하는 일들을 했지요. 또 타인들을 돕기 위해 조금이라도 할 수 있는 일을 하려고 노력했습니다. 그게 전부예요."

전쟁이 끝난 후 제논은 몇 년 동안 이탈리아에서 지내며 전기 공학 학위를 땄다. 그 후 미국으로 건너가, 오클라호마 대학에서 장학금을 받고 석사학위를 받은 뒤 UCLA에서 박사학위를 땄다. 그는 아내와 로스앤젤레스에 정착해 항공우주 산업체에서 일하며 두 딸을 키웠다. 지금은 행복하게 은퇴해서 가끔 고등학생이나 대학생들에게 전쟁 중의 경험담을 들려준다. 그의 집 거실 한 가운데서 눈에 가장 잘 띄는 자리에는 언제나 그의 손자들 사진이 걸려 있다.

엠버가 불굴의 끈기로 그녀의 척추손상에 직면하거나, 제논이 유대인 대학살 중에 살아남아 이후에 성공적인 삶을 영위할 수 있었던 것은 많은 요인이 빚어낸 결과다. 그러나 이 요인들의 바탕에는 공통적으로 그들의 끈기가 있다. 끈기는 실제적인 문제 해결과 개인적 용기 그리고 (뒤에서 살펴볼 게일 스탠턴의 이야기에서 더욱 깊이 확인할 수 있듯) 한결같은 자기신뢰와 같은 무종교인들의 미덕 속에 깊이 새겨져 있다.

중독에서 벗어나기

삶이 험난할 때 무종교인과 종교인들이 사용하는 극복 전략은 거의 비슷하다. 가족과 친구들에게 기대거나, 상담을 받거나, 전문가의 인도를 구하는 것이다. 그러나 자신이 믿는 신에게 의지하는 종교인들과 달리, 무종교인들에게는 초자연적인 선택 사항이 없다. 무종교인들이 선택할 수 있는 방법은 모두 이 세상의 것들이다. 종교가 없는 사람들은 하늘을 향해 도움을 비는 대신 필연적으로 자신에게 시선을 돌린다. 이로써 무종교적인 극복의 핵심, 즉 거침없고 회복력 강한 고도의 자기신뢰에 이른다.

표현만 다를 뿐 이런 이야기를 나는 여러 번 들었다. 애리조나 주 투손에 사는 41살의 게일 스탠턴도 무종교적이고 단호한 자기신뢰를 누구 못지않게 분명하고 고무적으로 구현하고 있었다. 아버지의 고질적인 조울증으로 인해 어린 시절 게일의 가족은 해마다 다른 주로 이사를 했다. 게일은 버몬트 주에 살던 시절 고등학교를 중퇴했다. 텍사스 주 오스틴에 살던 10대 후반에는 헤로인과 알코올, 마리화나 등에 모조리 중독됐다. 거기다 중독 상태를 유지하기 위해 다양한 범죄를 저지르고 종종 체포되어 수감 생활을 하기도 했다. 그녀의 남자친구는 약물 과다 복용으로 죽었다. 오스틴 시절 이런 중독자의 삶은 끔찍하고 야만적이었다.

1년간의 수감 생활 ── 그녀는 '여러 차원'에서 '끔찍한' 경험이었다고 했다. ── 을 마친 후 그녀는 드디어 스스로 변화하기로, 온전한 삶을 살아가기로 결심했다. 그녀는 텍사스 주를 떠났고, 절제를 했으며, 건강한 관계를 맺고, 고졸학력인증서를 취득하고, 전문대학에 입학했다가 4년제 대학에 편입해 학사 학위를 따고, 장학금으로 대학원을 다니고, 사회복지와 공공회계 석사학위를 얻고, 임상사회사업가 자격증도 취득했다.

현재 그녀는 결혼해서 아들을 둘이나 키우고 있다. 또 약물중독과 약물남용 문제를 극복하게 도와주는 대규모 외래시설의 책임자로 일하고 있다. "제게 큰 자극을 주는 것은 자선과 정의입니다. 많은 사람들이 불이익을 받고 있는 것 같아요. 그런데 하나의 사회임에도 불구하고 불운한 사람들을 돕는 일은 별로 안 하죠. 저는 제가 도착했을 때보다 떠날 때 이 지구가 더욱 좋은 곳으로 변해 있었으면 좋겠어요. 그래서 제가 마음을 움직일 수 있거나, 도움을 줄 수 있는 사람이 있다면……."

텍사스 주의 길거리를 헤매던 헤로인 중독자에서 두 아이를 둔 행복한 어머니, 교육을 잘 받은 외래 클리닉 책임자로 변모하는 과정은 쉽지 않았다. 시간도 아주 오래 걸렸다. 그녀는 여러 가지 약물치료 프로그램에 등록했으며, 약물중독자모임과 알코올중독자모임에도 참석했다. 그중 전통적인 12단계 프로그램은 특별히 도움이 되었다.

그러나 12단계 프로그램은 본질적으로 영적이었으며 그 핵심에는 '고차원적인 힘'에 대한 적극적인 믿음이 있었다. 게일은 '고차원적인 힘'이나 '신'이라는 말이 등장할 때마다 버릇처럼 그 자리에 마음속으로 그녀만의 무종교적인 말을 대신 끼워 넣었다.

"12단계 모임의 회원들은 대부분 '자신보다 고차원적인 힘'을 신으로 확신했어요. 하지만 저는 그것을 받아들일 수 없었어요. 대신에 저는 늘 고차원적인 힘을 다른 사람들과의 유대로 생각했죠. 삶의 한 부분이라는 느낌으로요. 중독의 중심에는 공허감이 있어요. 그래서 중독자들은 흔히 그 공허감을 신으로 채우는 문제에 대해 이야기하죠. 저는 그 공허감을 '유대'로 채운다고 생각

하곤 했어요. 다른 사람들과의 연결로요. 그 모임도 제게는 고차
원적인 힘이었어요. 자연히 그 모임은 제게 효과가 있었습니다."

게일은 빅토르 프랑클(Viktor Frankl)과 에리히 프롬(Erich Fromm)의
글에서 많은 통찰과 지혜를 얻었다. 프랑클은 삶을 살 만한 가치
가 있는 것으로 만들려면 자기만의 의미를 찾아야 하며 누구나
적극적으로 이 의미를 창조할 수 있다고 가르쳤다. 반면에 프롬
은 유대가 의미의 중요한 원천이 되므로 타인들과의 따뜻한 유대
가 삶을 잘 살아가는 데 가장 중요하다고 했다. 게일은 명상도 했
다. 마음을 그저 고요하게 만드는 좋은 방법이 명상이라고 생각
했기 때문이다. 그녀는 무신론자들을 위해 특별히 고안된 여러
가지 12단계 프로그램에도 참가했다. "가끔 모임에서 어쩔 수 없
이 들던 '신'이라는 말을 듣지 않아도 되는 게 좋았어요."

게일은 그녀처럼 신을 믿지 않고 중독을 이겨 내는 게 아주 드
문 일임을 인정했다. 마약 중독에서 회복하고 다른 중독자들을
위해서 일한 몇 년간의 체험을 통해, 그녀가 아는 사람들 중에서
신을 믿고 의지해서 중독을 이겨 내는 데 많은 도움을 받은 이들
이 95%가 넘었기 때문이다. "신에 대한 믿음이 강하면 확실히 도
움이 되죠. 분명히 그렇습니다."

그러나 게일은 신에 대한 믿음도 없이 중독에서 벗어날 수 있
었다. 어떻게 그럴 수 있었을까?

"저는 투지에 차 있었던 것 같아요. 음, 온갖 혼란 속에서도 내

면을 들여다봤어요. 감옥도 도움이 됐죠. 감옥에 있는 1년 동안 정화가 됐어요. 덕분에 출감했을 때는 유혹이 약해졌습니다. 약을 멀리하는 기간이 길어질수록 유혹은 줄어들죠. 무슨 말인가 하면, 출감했을 때도 마약을 복용하고픈 마음은 들었지만 그 유혹이 그렇게 압도적이지는 않았다는 겁니다. 이런 면에서 수감생활도 도움이 됐죠.

하지만 기도 같은 건 하지 않았어요. 그냥 내면의 힘에 의지 했어요. 이 힘을 발견하기 위해서는 내면을 들여다봐야 했고요. 저만의 회복력을 발견하고 그 모든 일을 겪어 내기 위해서요. 이런 일들이 다 내면에서 시작된다고 생각했거든요. 하지만 대학에 들어가고 대학원을 다니는 건 정말 힘들었습니다. 두 아이는 아직 어린데 석사학위 과정은 빡빡했죠. 꽤 많은 사람들이 중퇴를 했어요. 힘들긴 했지만, 정말 장난 아니게 고됐지만, 저는 결국 해냈어요. 석사과정을 통과했죠. 진짜 열심히 공부했으니까요.

밖에서 못 찾으면 내면으로 눈을 돌리게 됩니다. 저기 밖에서 신을 발견하지 못하면 안에서, 자신의 내면에서 찾게 되죠. 저는 신에게 기댈 수 없었기 때문에 저 자신에게 의지해야 했습니다. 제가 가진 것은 이것뿐이었으니까요. 제게 남은 유일한 선택이었어요. 그렇다고 제가 특별하다거나 뭐 그런 느낌은 들지 않아요. 저는 그냥 저일 뿐이지요. 하지만 전 많은 도전을 받아들이고, 겪어 내고, 해냈습니다."

종교의 도움 없이
극복하기

엠버와 제논, 게일의 이야기에서 드러나는 비슷한 주제는 분명하다. 바로 '완전히 내려놓고 신에게 맡기라.'는 생각이 언제나 효과적이지는 않다는 것이다. 물론 이런 생각 속에는 확실히 참선 수행자처럼 받아들이는 태도가 스며 있고, 이런 받아들임은 존경할 만한 것이다. 또 가끔은 상황을 그냥 받아들이고, 자신이 통제할 수 없는 환경에 맞서 싸우거나 안달을 내지 말아야 할 때도 있다. 그러나 고차원적인 힘을 받아들인다는 근본적인 전제는 그렇게 바람직한 것만은 아니다. 적어도 무종교인들이 보기에는 그렇다.

엠버는 마비가 시작됐을 때 '내려놓을' 수 없었다. 어머니의 사랑과 친구들의 도움이 있었지만, 싸우고 몸부림치면서 스스로 회복하고 의미와 가치를 찾아야 했다. 또 청소년 시절 유대인 대학살을 목격한 제논의 눈에는 어떤 기도도 그를 구해 주지 못할 것 같았다. 그는 자신을 스스로 구해야 했다. 약물중독을 치료할 때 많은 중독자들이 신에 대한 믿음에서 커다란 힘을 얻지만, 게일에게는 자신에 대한 믿음이 더 성공적이고 더 실제적인 방법이었다. 간단히 말하면 더욱 그녀다운 방법이었다.

무종교인들이 삶의 어려운 상황들을 어떻게 이겨 내는지 더욱 잘 이해하기 위해서 나는 다양한 전문가들과 대화를 나눠 보았다. 그들은 종교의 도움 없이 몸이나 마음의 문제들을 개선하려는 무종교인들을 돕고 연구하는 사람들이었다.

'무종교적인 상담과 치료'를 정식으로 제공하는 상담심리학자 연합회인 '시카고 무종교인 치유사'의 설립자 힐러리 웰스(Hilary Wells)도 그런 전문가였다. 50대 후반인 힐러리는 25년 넘게 치유사로 일하고 있었다. 그녀는 무종교인들을 위한 치유사로 일하게 된 배경을 이렇게 설명했다.

"인터넷에서 무종교인 치유사와 무종교인 치유를 검색해 봤어요. 그런데 하나도 찾을 수가 없었어요. 종교 사이트나 영적인 방법들만 수두룩하게 나왔습니다. '성경을 기초로' 도움을 주는 기독교인 치유사나 유대인 치유집단, 가톨릭 신자들을 위해 특별히 고안된 상담들만 나왔어요. 하지만 구체적으로 무종교인들을 위한 것은 없었습니다. 그래서 특별히 무종교적인 치유법을 원하는 사람들이 있다면 이들에게 그것을 찾게 해 주는 것이 좋겠다는 생각이 들었죠."

무종교적인 치유법은 실제로 어떤 것을 의미할까? "치유사가 초자연적인 믿음을 갖고 있거나 가르치지 않고 치유를 해 주는 것이죠. 저는 대체로 종교가 없는 고객들을 치유해 줍니다."

힐러리에게 종교적인 믿음은 근본적으로 환상일 뿐이다. 물론

가끔은 그런 환상이 심리적으로 위안이 될 수도 있다. 그러나 장기적인 정서적 안정성을 구축할 때 환상은 최고의 구성 요소는 아니다. "아무것도 할 수 없고 견디기만 하는 것조차도 어려운 상황 속에 갇혀 있는 사람들이 있지요. 이런 사람들에게는 신이 보살펴 주고 있다거나 결국은 선의가 승리한다는 등의 환상이 마음과 몸의 스트레스를 얼마간 완화시켜 주죠. 하지만 이런 환상은 삶에서 정말로 해야 할 일이 무엇인지를 구체적으로 파악하는 데 방해가 될 수도 있어요. 심지어는 이해를 못하게 만들 수도 있고요."

삶이 고달프거나 문제를 잘 이겨 내지 못할 때 종교가 없는 사람들은 어떻게 할까? "결국 핵심은 타인들과의 유대에 있어요. 우리는 사회적인 동물입니다. 사회적 환경 속에서 우리와 관계를 맺고 있는 주변 사람들을 통해 위안과 의미, 사랑을 얻어 내죠. 고통스럽거나 삶이 힘들 때 종교가 없는 사람들이 의지하는 것은 바로 이런 유대입니다. 이런 사회적 유대가 없다면, 종교가 없는 사람들은 자신에게 의지하고 자신을 더욱 신뢰해야 합니다.

무종교적인 인생관을 갖고 있을 때는 실제로 이렇게 하기가 더 쉬워요. 자기믿음이나 자기신뢰에 관한 한 무종교인들은 종교가 있는 사람들보다 훨씬 탄탄한 토대 위에 서 있지요. 종교가 있는 사람들은 하느님이나 신들에게 더 의존적이니까요."

카렌 황(Karen Hwang)도 무종교인들의 극복 방식을 조명하는 전문가다. 그녀는 상담심리학 교수로서 척추손상으로 고통받는 사람들을 위해 몇 년 전부터 일해왔다. 뉴저지 치의대와 뉴저지메디컬스쿨 물리재활의학과 교수인 황 박사는 척추손상이 불러오는 다양한 경험적 측면들을 연구했다. 척추가 손상된 여성들이 어머니의 역할과 결혼생활을 어떻게 해내는지, 척추손상이 성 기능에 어떤 영향을 미치는지, 특정한 약물 치료가 척추 염증을 줄이는 데 도움이 되는지 등을 살펴보는 것이다.

뿐만 아니라 앞에서 이야기한 엠버처럼 척추가 손상된 무신론자들도 특별히 관찰해 보았다. 그리고 척추손상을 입은 종교가 없는 사람들을 종교가 있는 사람들과 비교해 보았다. 그 결과 스스로가 평가하는 전반적인 행복감 면에서 별 차이가 없음을 발견했다. 또 거의 모든 무신론자들이 그들의 무종교성이 척추손상을 이겨 내는 데 도움이 된다고 보고했다.

"종교가 없는 사람들에게는 의지할 만한 종교적 믿음이 없기 때문에 그런 손상을 입으면 더 혼란스러울 거라고 생각할 겁니다. 사실은 정반대였어요. 제가 인터뷰한 사람들 중에는 이런 사실을 언급한 이들도 있었어요. 애초에 종교적 믿음이 없었기 때문에 '믿음의 위기'도 겪지 않고, 그래서 이런 일이 일어나도 더 쉽게 받아들일 수 있다고요. 신이 나를 사랑하지 않거나 벌을 주기 위해서 이런 일을 일으킨 게 아니기 때문에, '왜 내게 이런 일이 일어난 거지?' 하고 생각하는 정신적 위기도 없죠. 영적으로나 실존적으로 낙심하지 않는 겁니다. 대신에 선뜻 인정합니다. '음, 그건 사고였어. 지금 내가 해야 할 일은 뭐지?'"

황 박사가 연구한 무종교인들은 그들이 장애를 갖게 된 '이유' 나 의미를 묻기보다, 손상을 입은 건 본질적으로 우연이었음을 편안하게 받아들이는 성향이 두드러졌다. "무신론적인 인생관은 더욱 큰 맥락에서 장애를 통합시키는 논리적이고 일관된 토대를 제공해 줍니다." 다른 연구들도 황 박사의 주장을 뒷받침해 주었다. 즉 트라우마와 직면할 때는 종교가 있다는 점이 때로 불리하게 작용할 수도 있다는 것이다.

한 예로, 마티 톰슨(Marti Thompson)과 파울라 바더먼(Paula Vardaman)은 종교가 있는 사람일 경우 사랑하는 사람이 죽은 후 애도 기간에 신에게 항변하면서 더욱 강렬하게 고통을 경험한다는 점을 발견했다. 또 케네스 파가먼트는 종교를 믿는 사람들은 전쟁 기간에 그들의 기도를 신이 무시하는 것 같으면 심리적으로 불만을 느낀다는 점을 깨달았다. 주디스 허먼(Judith Herman)이 그녀의 저서 『트라우마』에서 주장한 것처럼, 대단히 충격적인 사건은 종종 "자연적이거나 신적인 질서에 대한 믿음을 깨뜨려서 희생자를 실존적인 위기 상태에 빠트린다."

대부분의 사람들에게 종교적인 믿음이 아픔과 고통의 시기에 마음을 진정시켜 주는 역할을 한다는 점은 분명하다. 그러나 웰스 박사의 상담 경험과 황 박사 같은 전문가들의 연구는 종교적인 믿음이 어떤 사람들에게는 역효과를 낼 수 있음을 알려 준다. 어떤 경우에는 종교가 없는 사람들이 고난의 시기에 실제로 더 나은 입장을 취하기도 한다.

루크 갈렌(Luke Galen)은 미시간 주 앨런데일에 있는 그랜드 벨리 주립대학의 심리학 교수다. 그는 미국에서 종교가 없는 사람들의 심리를 구체적으로 연구하는 극소수의 학자들 가운데 한 명이다. 그는 몇 년 전부터 무신론자와 불가지론자, 자유사상가, 인본주의자 같은 다양한 비종교인들을 연구하면서 이들이 종교가 있는 사람들과 심리적인 면에서 어떻게 비슷하거나 다른지 찾아내려 애쓰고 있다. 이를 위해 그는 미시간 주의 무종교인 공동체들은 물론이고 전국적 표본들을 대상으로 한 연구도 실시했다.

무종교적 단체에 관여하고 있는 비종교인들을 인구통계학적으로 교회에 다니는 비슷한 종교인들과 비교대조한 결과, 몇몇 주목할 만한 예외들이 있기는 했지만 두 집단이 정서적으로나 심리적으로 크게 다르지 않았다. 무종교적인 단체에 가입되어 있는 사람들은 남성에 고학력자인 경우가 많았다.(반면에 교회에 다니는 사람은 여성에 저학력자인 경향이 있었다.)

또 인성의 표준 척도 면에서, 교회에 다니는 사람은 무종교인에 비해 유쾌함 점수가 더 높은 반면, 무종교적 집단에 가입되어 있는 종교 없는 사람은 새로운 경험에 대한 개방성이 더욱 높고 지적인 것을 더 중시하는 경향이 있었다. 두 집단 모두 거의 똑같이 삶에 만족한다고 답한 반면, 사회적 지지도는 종교 단체에 소속돼 있는 사람이 더욱 높은 것으로 나타났다.

나는 갈렌 교수에게 종교가 있는 사람이 종교가 없는 사람보다 정신건강 수준이 더욱 높다고 하는 많은 연구들에 대해 물었다. 그는 분명히 사회적 지지 때문에 그런 결과가 나왔을 것이라고 설명했다. 혹은 개인이 폭넓은 사회적 환경과 조화를 이루는 태도, 즉 순응의 긍정적인 결과일 수도 있다고 했다.

다시 말해, 대다수의 사람들이 하는 일을 하면 그렇지 않은 사람에 비해서 정신적으로 더 좋고 건강한 경향이 있다. 그 이유를 그는 이렇게 설명했다. "우리에게 주어진 문화에서 '정상성'을 어떻게 정의하느냐에 많은 것이 달려 있습니다. 전 세계적으로 종교가 있는 사람들이 삶의 만족도가 약간 더 높고 우울도 낮다는 것은 사실입니다. 이것은 그들이 사회에서 정상적이거나 일반적이라고 여기는 행위, 즉 종교에 참여하고 있기 때문일 수도 있습니다.

왜냐하면 대부분의 사람들이 종교를 믿지 않는 고도의 무종교적인 사회에서 종교 활동을 활발하게 하는 사람들을 살펴보면, 이런 효과가 갑자기 사라져 버리는 경향이 있거든요. 종교를 갖고 있어도 심리적으로 더 건강하지 않다는 말입니다. 사실 종교 없는 사람들보다 더 잘 못 지내는 사람들도 있어요. 예를 들어, 유럽에서 무종교적인 성향이 강한 나라들을 살펴보면, 이곳에서는 종교가 있는 사람이라고 해서 정신적으로 더 건강하지도 않습니다. 또 미국 안에서도, 종교적인 성향이 강한 주에 사는 종교인들은 정신적으로 더 건강하지만 전혀 종교적이지 않은 주들에 사는 종교인들은 그렇지 않아요. 이런 걸 보면, 정신건강은 부분적으로 그 사회의 규범과 깊은 연관이 있는 것 같습니다."

사실 우리는 무종교적 극복의 세부적인 측면들 — 그 범위나 윤곽, 효과 — 에 대해 별로 아는 것이 없다. 무종교적인 극복이라는 연구영역은 거의 주목받지 못했었다. 하지만 당연하게도 명석하게 문제를 해결할 줄 아는 사람들, '좋아, 상황을 개선하려면 이렇게 해야 해. 1단계는 이렇게 하고, 2단계는 이렇게 하는 거야.'라는 식으로 접근하는 사람들은 삶의 문제들에 전반적으로 더욱 잘 대처하는 경향이 있다. 글렌 교수도 이렇게 설명했다.

"종교가 없는 사람들은 신을 믿거나 신에게 의존하지 않습니다. 기도의 마술 같은 힘도 믿지 않아요. '영적'이거나 '신비로운' 해결책은 그들에게 있을 수 없습니다. 결국 그들은 슬프거나 힘들거나 어려운 상황을 들여다보고 스스로 고민해야 합니다. '음, 여기서 내가 해야 할 일은 뭐지?' 이렇게 종교가 없는 사람들은 기본적이고 이성적인 문제해결 메커니즘을 종교가 있는 사람들보다 더 자주 사용합니다. 그래서 트라우마를 다룰 때도 더욱 성공적으로 문제를 해결하죠."

루크가 상실감에 빠졌을 때를 살펴보면, 그도 위안을 얻기 위해 신에게 의지하지 않았다. 그는 어렸을 때는 신자였지만 20대 중반에 무신론자가 되었다. 그의 무신론이 유신론에 그늘을 드리우던 즈음, 사랑하던 아버지가 크리스마스 다음 날 돌아가셨다.

"아버지가 돌아가시면서 저의 무신론이 시험에 들었죠. 그러니까 이런 겁니다. '신이 존재하지 않는다는 게 진실이라면, 아버지를 다시는 볼 수 없을 거야. 아버지는 천국에 계시지 않을 테니까. 내세도 없고.' 저는 이런 생각 속에 함축되어 있는 의미들을 진지하게 생각해 봐야 했습니다. 아주 깊고 진지하게 생각해 봤죠. 그 결과 제 생각이 맞다는 걸 알았습니다. 아버지는 돌아가셨고, 그걸로 끝이었어요.

하지만 다른 사람들이 예상하는 것처럼 그렇게 정신적으로 상처를 입지는 않았어요. 어린 시절에 흡수했던 온갖 종교적 주장들을 믿지 않아도 기분을 더 좋게 만들 수 있었습니다. 아버지에 대한 추억은 여전히 제게 남아 있고, 이걸로도 충분히 좋았으니까요. 아버지와 관련해서 제가 소중하게 생각하는 것은 여전히 이곳에, 제 마음 속에 있기 때문입니다. 아버지는 저와 제 형제들의 마음속에 여전히 살아 계세요. 그런데 왜 아버지가 천국에서 나를 내려다보고 계실 거라고 생각해야 합니까? 왜 언젠가 아버지를 다시 만날 거라고 생각해야 합니까? 솔직히 이런 생각들이 제게는 좀 이상하게 여겨집니다."

그렇다면 아버지가 돌아가셨을 때 그는 어떻게 이겨 냈을까?

"친구와 가족들이요. 친구와 가족들 덕분입니다. 이게 다예요."

종교에서 얻는 위안

종교가 없는 사람들은 친구나 가족, 이마저도 없을 때는 자신에게 의지하면서 힘든 시기를 견뎌 낸다. 사회적인 유대와 합리적인 문제해결, 비교적 강한 자기신뢰에 의지하는 것이다. 그러나 내가 이번 장에서 결론 내린 것처럼, 어떤 사람들에게는 이것이 충분하지 않을 수도 있다. 비극의 한복판에 있을 때는 종교가 없다는 점이 불리할 수도 있다. 가족과 친구들이 불안정할 때는 특히 그렇다.

몇 년 전 할리우드 근처에서 여름 캠프 책임자로 일할 때 나누었던 잊을 수 없는 대화가 있다. 사라는 캠프에 참석한 아이의 어머니였다. 다른 부모들이 자리를 뜬 후에도 그녀는 한참이나 캠핑장에 머물러 있곤 했다. 매일 아침 나와 잡담을 나누면서 아이들이 깃발 뺏기나 피구를 하는 모습을 지켜보았다. 그러던 어느 날 종교 없는 사람들에 대해 대화를 나누던 중에 그녀가 이렇게 말했다.

"음, 조이는 사실 제 둘째 아이예요. 첫째는 죽었죠. 자동차에 치어서요. 8살밖에 안 됐었는데 말이죠. 저는 언제나 무신론자였는데, 당시에는 그게 참 공허하게 느껴졌어요. 아들이 죽자 제 친구들 ― 모두 종교가 없었어요. ― 은 전부 이 비극을 어떻게 다뤄야 할지 몰랐어요. 무엇을, 어떤 말을 해 주어야 할지도 몰랐죠. 친척들도 거의 마찬가지였어요. 다들 그냥 넋이 나가고 두려움에 빠진 것 같았어요. 그래선지 저를 슬슬 피하더군요. 저는 믿을 수 없을 만큼 외롭고 우울했어요.

그런데 어느 날 잘 알지도 못하는 이웃이 저희 집을 찾아왔어요. 그녀는 자신이 기독교인이라면서 아들을 잃은 제가 너무 안쓰러워서 저를 위해 기도를 해 주고 있다고 말했어요. 교회의 여성신자그룹에 초대도 하고요. 가 봤더니 다들 너무 친절하고 따뜻했어요. 마음을 열고 저를 맞아 주고 저의 아픔에도 공감해 주셨죠. 그래서 몇 달 동안 이 모임에 나갔습니다.

하지만 예수를 저의 개인적인 구원자로 받아들이지는 않았어요. 신에게 기대지도 않았고요. 그런 게 그냥 믿기지 않았거든요. 그래도 이 종교적인 여성들이 저를 받아들였던 태도는 결코 잊지 못할 거예요. 그들은 마음이 너무 따뜻하고 공감을 잘해 줬어요. 저를 알지도 못했는데 말입니다. 하지만 종교 없는 사람들 사이에서는 그런 게 전혀 없었어요."

사라의 경험은 무종교적 문화의 모습들이 전부 칭찬할 만하거나 이상적이지는 않음을 분명히 보여 준다. 사라가 이야기한 것처럼, 확고한 자기신뢰와 실제적인 문제해결력, 가족과 친구들의 지속적인 지지가 무종교인들이 힘든 시기를 이겨 내는 데 필요한 전부는 아니다. 적어도 종교가 없는 모든 사람들이 그런 것은 아니다. 무종교인들도 소외감과 고립감을 느낄 때가 있다. 종교적인 신념으로 뭉친 헌신적인 공동체가 없을 때 정말로 진공 상태에 있는 것 같은 느낌이 들 수도 있다.

요컨대 종교 없는 삶의 모습들 중에는 종교가 있는 사람들의 삶과 비교해서 잘 평가할 수 없는 점들도 있다. 모든 종교 없는 삶을 평가할 때는 이것을 인정해야 한다. 그리고 바라건대 이런 정직한 인정을 자극 삼아 무종교적인 문화 속에 필요한 것이 무엇인지 따뜻한 마음을 갖고 창조적으로 생각해 봤으면 좋겠다. 종교가 있음으로 해서 얻을 수 있는 분명한 혜택 없이 삶의 문제들을 직면하고 살아가려면, 그래야 한다.

7장

죽음 앞에서
종교는
□ 어떤
의미일까?

"모든 것은 소멸합니다. 전부요. 이건 자연의 이치일 뿐입니다."

"두려워할 게 뭐가 있겠어요? 죽으면 나는 사라지는 건데요."

"바로 이겁니다. 지금의 삶이 전부예요. 죽음은 사실 삶에 의미를 부여해 주는 것이고요."

"무언가 더 있다면 죽은 뒤 발견하게 되겠죠. 하지만 지금 저는 여기에 존재합니다. 그러니 이 멋진 생을 즐겨야죠."

"삶을 최대한 만끽해야 합니다. 삶을 소중히 여겨야 해요. 삶의 진수를 맛봐야죠. 아시겠어요? 되도록 좋은 사람이 돼서 긍정적인 영향을 끼치도록 애써야 합니다. 다른 생은 없으니까요. 제게는 이것이 불가지론자가 되는 핵심인 것 같아요. 죽은 뒤 천국에 간다고 생각하면, 글쎄요, 그러면 마치 이 생이 대기 장소처럼 여겨지지 않을까요? 그러면 이 생을 더욱 나은 어딘가로 가기 위한 전초기지나 과도기 같은 것으로 받아들일 겁니다. 이런 생각은 사람을 무신경하게 만들어 버립니다. 무언가를 행동으로 옮기지 않게 만들기도 하죠. 할 수 있거나 해야 하는 만큼 열정적으로 사랑하거나 느끼지 못하게 만들기도 하고요.

하지만 천국이나 윤회 같은 게 없다고 믿으면 ─ 사실 저도 이렇게 생각합니다. ─ 우리에게는 이번 생밖에 없게 되죠. 이 생이 우리의 전부가 되는 겁니다. 이번 생이 우리가 누리는 전부이므로 이 생을 진실로 사랑해야 하죠. 그러면 결코, 전혀, 조금도 이 생을 당연한 것으로 받아들이지 않을 겁니다. 이 생은 귀한 것이니까요."

위의 인용구는 인간의 유한성과 관련해서 종교가 없는 사람들에게 들은 말 가운데 비교적 공통적인 감성을 담은 몇 개를 뽑은 것이다. 죽음에 대해서는 누구나 나름의 개인적인 접근방식과 경험, 느낌이 분명히 있을 것이다. 그러나 거의 모든 무종교인들은 몇 가지 기본적인 생각을 드러냈다. (1)이 생 ─ 기적적이고 풍요롭고 덧없는 ─ 이 유일한 생이다. (2)그러므로 이 생을 꽉 붙잡아 만끽하고 기쁘게 받아들여야 한다. (3)생이 끝나도 두려워할 것은 아무것도 없다.

처음 경험한 죽음

"세게 후려치는 소리 같았어." 미셸이 말했다. "하지만 '퍽'보다는 '탁' 소리에 더 가까웠지."

"뭐가?" 내가 물었다.

우리는 미셸의 방에 있었다. 나는 지저분한 바닥에 누워 있고, 그녀는 역시 정리가 안 된 침대 위에 앉아 있었다. 1980년대 중반의 어느 느긋한 일요일 오후, 방 안에서는 바우하우스(Bauhaus, 영국의 4인조 그룹―옮긴이)의 노래가 배경음악처럼 흐르고 있었다. 우리는 10대 청소년이었다. 미셸은 레드 핫 칠리 페퍼스의 열정적인 베이스 기타 연주자 플리(Flea)와 함께했던 전날 밤의 모험을 다시 들려주고 있었다. 그녀는 얼마 전부터 그와 사랑에 빠져 있었다. 확신하건대 미셸은 분명히 그의 첫 번째 소녀 팬이었을 것이다. 그녀가 처음부터, 그러니까 그들이 페어팩스 고등학교 출신의 투박하지만 매력적인 무명 펑크밴드였던 시절부터 그들의 쇼에 갔었기 때문이다. 그런데 그들의 두 번째 앨범이 출시되고 몇 달 지나지 않아 미셸이 플리와 밤을 보내기 시작했다. 우리는 모두 엄청 감동받을 뿐 크게 놀라지는 않았다. 미셸은 그런 친구였기 때문이다. 미셸은 무언가를 사랑하면, 그것 속으로, 그것을 위해 열정적으로 뛰어들었다.

미셸은 전날 에코 파크의 어느 집 커다란 의자 위에서 플리와 노닥거리던 이야기를 들려주었다. 그 집에는 다른 사람들도 많이 있었는데, 이 중 몇몇은 부엌에서 놀고 있었다. 그런데 누군가 무언가를 떨어뜨리면서 이상한 소리와 함께 완전히 난장판이 되어 버렸다.

"크게 '바꿔치기(swap)'하는 소리 같았어." 그녀가 이야기를 계속했다.

"크게 '퍽(thwap, 소리가 같거나 비슷하지만 뜻은 전혀 다른 말을 갖고 하는 일종의 말장난이다. swap와 thwap은 발음은 비슷하지만 뜻은 각각 '교환하다'와 '무거운 물체가 무언가에 부딪혔을 때 나는 쿵, 퍽 같은 의성어'로 전혀 다르다.—옮긴이)'하고 부딪히는 소리 같았다는 말이지? 고깃덩이가 키클롭스의 눈을 맞혔을 때처럼?"

그러자 미셸이 잠시 가만히 있다가 물었다. "뭐?"

"거 있잖아." 나는 설명을 계속했다. "아가멤논인가 프로메테우스의 이야기에 나오는 것처럼 말이야. 거대한 키클롭스와 맞서 싸우다가 고깃덩어리를 그의 눈을 향해 던지잖아."

그러자 미셸이 베개를 그녀의 배에 대고 깔깔대며 웃기 시작했다.

"그건 오디세우스 이야기지. 그리고 그건 고깃덩어리(steak)가 아니라 막대기(stake, steak와 stake의 발음은 똑같다.—옮긴이)였어!"

처음에는 그녀의 말이 이해가 안 됐지만, 잠시 후 쑥스럽게도 퍼뜩 파악이 됐다. 키클롭스의 눈에 던져진 것이 한 조각의 두터운 붉은 날고기라고 언제나 생각하고 있었는데 그것은 사실 나의 착각이었다.

미셸이 배꼽을 쥐고 점점 더 크게 웃다가 내게 베개를 던지기 시작했다. 나도 배꼽이 빠지게 웃음이 나왔지만 계속 말을 하면서 체면을 세울 만한 변명을 내놓으려 했다. 「톰과 제리」에서 늘 보던 살코기 때문이라는 식의 변명 말이다. 그렇게 둘 다 배가 아프도록 웃고 또 웃었다. 그러다가 왜 그랬는지는 모르겠는데 그 살코기가 '갈빗살(rib-eye)'인지 아니면 '갈빛살(rib-aye)'인지 되풀이해서 묻기 시작했다. 오디세우스가 스코틀랜드인 선원이었나? 그러고는 또 웃다가 어느 순간 멈추고, 숨을 가다듬는 듯하다가 갑자기 또 터져 나오는 웃음을 참지 못했다. 이런 일이 한참이나 계속되는 통에 나는 결국 부엌에서 난 소음의 정체가 무엇이었는지 미셸에게 듣지 못했다.

미셸과 나는 초등학교 3학년 때부터 친구였다. 초등학생 시절 미셸과 나는 무더운 여름 날 집 근처에서 물싸움 하는 걸 좋아했다. 또 둘 다 음악을 사랑했다. 미셸은 나의 11번째 생일 선물로 '리볼버(Revolver, 비틀즈가 1966년에 발매한 명반 — 옮긴이)' 엘피판을 주었다. 그녀가 공모한 이 서프라이즈 생일파티도 물싸움 장으로 변해 버렸다. 우리는 또 연극도 좋아했다. 중학교 시절 그녀는 「앤티 맘(Auntie Mame)」의 주인공 역할을, 나는 그녀의 피보호자인 패트릭 데니스 역할을 맡았다. 또 「한 여름 밤의 꿈(A Midsummer Night's

Dream)」에서는 둘 다 직공들의 극단원으로 등장했다. 그녀는 톰 스나우트, 나는 피터 퀸스 역할을 맡았다. 고등학생 시절에는 너무 취하거나 몽롱해져 있을 때 서로를 위로해 주고, 심하게 불안할 때는 동네 산을 걷고, 영화 「브라질(Brazil)」을 여섯 번이나 함께 보러 가고, 영화 속 등장인물에게 경의를 표하기 위해 하이힐을 머리 꼭대기에 거꾸로 묶기도 했다. 그리고 물론 '레드 핫 칠리 페퍼스'의 공연에도 여러 번 함께 갔다.

해가 막 뜨려는 첫새벽에 미셸이 내 방 창문을 두드린 것도 내가 소중히 여기는 추억의 하나다. 비가 억수로 퍼붓는 날이었다. 당시 그녀는 괴로워하는 남자친구와 힘든 밤을 보낸 후였고, 집에도 몇 가지 문제들이 있었다. 결국 내 방으로 도망쳐 왔고, 우리는 내 침대에 누워 전축으로 러브(Love, 미국의 사이키델릭 록밴드 — 옮긴이)의 「성(The Castle)」을 연거푸 들었다. 나는 계속 전축의 바늘을 들어 올려 이 곡이 시작되는 지점에 내려놓아야 했다. 지금도 이 곡이 들릴 때마다 그 비 오던 새벽이 떠오른다.

고등학교를 졸업하고 미셸은 대학에 다니기 위해 산타바바라로 갔다. 그녀가 1학년이었을 때 나는 두 번 그녀를 찾아갔다. 그녀가 듣던 '움직임' 수업에 함께 참여해서 몸을 쭉쭉 펴고 꼬았다가 편안하게 이완하고 혀를 내둘렀던 기억이 난다. 또 이슬라 비스타의 학생 거주지에 있는 멋진 집에서 그녀 그리고 그녀의 친구들과 즐거운 시간을 보내기도 했다. 당시 그녀의 남자친구가 도노반(Donovan, 로큰롤 명예의 전당과 작곡가 명예의 전당에 헌액된 스코틀랜드의 싱어송라이터 — 옮긴이)에 푹 빠져 있었는데, 그녀가 인도 위에서 학생들과 도노반의 「너의 사랑을 하늘처럼 입어 봐(Wear Your Love Like Heaven)」를 부르며 제멋대로 춤을 춰서 남자친구와 나를 즐겁게 만들어 줬던 기억도 난다.

그런데 그러고 약 한 달 뒤 친구 클로딘이 전화를 했다. 그녀는 울면서 미셸이 타고 있던 차가 벼랑 아래로 굴러떨어졌다고 했다. "미셸은 지금 어느 병원에 있어? 가 보자." 내 입에서 가장 먼저 이 말이 튀어나왔다. 그러나 맙소사, 그럴 수 없었다. 미셸이 이미 죽었기 때문이다.

클로딘의 이 말을 나는 이해하기 힘들었다. 머리가 제대로 작동하지 않았다. 내 두뇌체계 속에서 적절한 서류 캐비닛을 찾아 클로딘의 말을 집어넣기도 힘들었다. 클로딘이 전화로 힘들게 전해 준 이야기는 대략 이랬다. 전날 미셸은 몇몇 친구들과 함께 U2의 공연을 보기 위해 차를 몰고 산타바바라에서 로스앤젤레스로 왔다. 콘서트가 끝난 후 그들은 경치 좋은 태평양 연안 해안도로인 1번 고속도로를 타고 집으로 향했다.

그런데 로스앤젤레스와 산타바바라 중간에서 차가 그만 길을 벗어나 저 밑 어두운 바다 속으로 가라앉고 말았다. 모두들 죽었다. 운전자가 졸음운전을 한 것인지 아니면 음주운전을 해서 길을 벗어나게 된 것인지는 누구도 몰랐다. 정말 누구도 알 수 없었다. 어쨌든 바다에 떠서 위 아래로 깐닥거리던 차는 다음 날 아침 어부에 의해 발견되었다. 미셸의 몸은 여전히 뒷좌석 벨트에 묶여 있었다.

미셸이 죽고 몇 주가 지난 후에도 나는 여전히 비탄에 잠겨 있었다. 그녀는 누구도 대신할 수 없는 친구였다. 나는 그녀를 사랑했고, 그녀도 나를 사랑한다는 걸 느낄 수 있었다. 그녀는 활력 넘치는 빛 같은 존재였다. 창조성과 에너지, 웃음이 공처럼 똘똘 뭉쳐 있었다. 그녀에게서는 생기가 물씬 뿜어 나왔다. 이처럼 존재감과 친절, 기발함, 기쁨으로 가득 차 있던 사람이 어떻게 그처럼 사라져 버릴 수 있을까? 그것도 10대의 나이에?

목이 멜 것만 같은 슬픔의 응어리를 풀어 버리는 데는 아주 오랜 시간이 필요했다. 미셸의 남자친구였던 그 도노반의 팬도 처참하기는 마찬가지였다. 미셸의 가족도, 미셸의 어린 형제자매들도 피폐해졌다. 그녀의 어머니가 겪었을 고통은 짐작도 할 수 없었다. 미셸에게는 친구들이 아주 많았는데, 함께 느끼던 슬픔으로 인해 우리는 아주 가까워졌다. 친구들끼리 서로의 집에 모여 이야기하고, 울고, 우울해하곤 했다.

어느 오후 나는 미셸의 친한 친구 가운데 한 명인 안나와 태평양 연안 도로로 차를 몰아, 미셸의 차가 길에서 벗어난 바로 그 지점에 가 보았다. 우리는 어느 커다란 바위 위에 앉아 바닷물을 응시했다. 무언가 의미 있고 통절하고 영혼이 담긴 말을 남기고 싶었다. 우리만의 작은 의식 같은 걸 치르고 싶었다. 그러나 마음에 힘이 하나도 없었다. 그저 슬프고 우울할 뿐이었다.

그날 밤 식탁에 둘러앉아 안나의 어머니와 저녁을 먹으면서도 우리는 모종의 희망을 찾거나 만들어 내려 했다. '지금 미셸은 천국에서 따뜻한 눈빛으로 우리를 지켜보고 있을지 몰라.' 우리는 이렇게 생각했다. '위자보드(Ouija board, 심령술에서 망자와 대화할 때 사용하는 도구―옮긴이)를 이용해서 미셸과 다시 접촉할 수 있을지도 모르고. 미셸은 죽는 순간 훨씬 아름답고 숭고한 다른 생명체로 환생했을지도 몰라. 존재의 다른 차원, 다른 생에서 언젠가 그녀를 다시 만날 거야…….' 우리는 슬픔을 지워 버리기 위해서 온 힘을 다 짜내 영적인 희망을 발명해 냈다.

이때 심리학자인 안나의 어머니가 우리의 대화에 끼어들었다. 그녀의 솔직한 말에 우리는 정신이 번쩍 들었다. 그녀는 이렇게 말했다.

"잘 들어 봐. 너희가 생각하는 가능성들은 사실일 수도, 아닐 수도 있어. 미셸은 환생했을 수도, 아닐 수도 있지. 지금 천국에서 우리를 내려다보고 있을 수도 있고, 아닐 수도 있어. 어느 영적인 영역에서 어느 날 다시 미셸과 함께 있을 수도 있고, 그러지 못할 수도 있어. 이런 문제들에 대해서는 우리도 모르니까. 이런 문제들에 대해서는 어떤 증거도 갖고 있지 않으니까.

하지만 너희들에게 분명히 말해 줄 수 있는 것, 우리가 정말로 알 수 있는 것도 있어. 우리에게 미셸은 이제 죽은 사람이라는 거야. 이제 미셸은 결코 노래를 부르거나, 웃으면서 터벅터벅 이 집 안으로 들어오지 않을 거야. 코 위에 사과를 올려놓고 균형을 맞추려 애쓰는 일도 다신 못할 거고. 미셸이 다시 너희들에게 전화를 거는 일도 없을 거야. 늦은 밤이나 아침 일찍 너희 방 창문을 두드리지도 못할 거고. 그녀는 죽었으니까. 정말 슬프고도 슬픈 일이지. 지금은 아파하고 애도해야 할 시간이야. 그래도 바람이지만, 미셸이 그랬던 것처럼 너희들도 활기차고 자유롭게 살아. 그러면, 미셸도 어느 의미에서는 계속 살게 될 거야. 미셸이 너희 둘에게 미친 지속적인 영향과 미셸에 대한 너희들의 기억 속에서 말이야."

안나의 어머니가 이런 말을 하는 순간 나는 그녀의 말이 옳음을 깨달았다. 종교적이지 않은 시각으로 죽음에 접근한 것은 개인적으로 이것이 처음이었다.

가장 위대한 세대

미셸이 죽은 후로 나는 죽음에 대한 무종교적인 시각을 더욱 깊이 이해하게 되었다. 세월이 흐르면서 내 친구와 가족 중에 세상을 떠나는 이들이 많아졌기 때문이기도 하고, 전문적인 연구를 하면서 내가 많은 사람들을 인터뷰한 덕분이기도 하다. 그들 모두 다른 배경을 지니고 있었지만 죽음을 가까이서 경험한 사람들, 죽어 가는 사람들 옆에서 혹은 그들과 함께 일한 사람들, 죽음의 근처에 있는 사람들이었다.

월터 파인즈(Walter Pines)의 예를 살펴보자. 93살인 그는 죽음을 깊이 생각하고, 이겨 내고, 자신의 유한성을 피하지 않고 직면하는 사람이었다. 대화를 나누면서 보니 그는 완전히 노쇠한 사람 같았다. 공격적인 피부암으로 얼굴의 많은 부분이 잠식당하고, 뺨의 깊게 파인 부분에서는 옴들이 썩어 가고 있었다. 완전한 대머리였는데 얼룩덜룩한 두피도 상태가 아주 안 좋았다. 등은 굽었고 관절염도 심했다. 청력도 약화되고 있었다. 옅은 청색의 두 눈이 활기차게 미소 짓고 있지 않았다면 아마 한두 주 이상은 넘기지 못할 사람처럼 보였을 것이다. 죽음은 예측하기 어려운 것이지만 말이다.

그의 몸도 확실히 쇠잔해져 있었다. 그러나 대화를 나누면서 그의 총기어린 눈을 들여다보면, 그의 정신이 더없이 영민하며 재기도 멀쩡하고 개성도 여전히 젊다는 걸 깨달을 것이다. '이런, 10년은 더 살겠는걸.' 하는 생각이 들 수도 있다.

하지만 그는 살날이 하루가 남았든 5,000일이 남았든 신경 쓰지 않았다. 죽음이 임박했다고 괴로워하지 않았다. 물론 그도 죽고 싶지는 않았지만 그렇다고 죽음 때문에 불안해하지도 않았다.

전혀 아니었다.

월터는 자신을 '무신론자'라고 생각하지 않았다. 그런 말 자체를 탐탁지 않아 했다. 그저 신에 관심이 없을 뿐이었다. 하지만 종교에 반감이 전혀 없다는 것도 선뜻 인정했다. "그냥 정말로 관심이 없을 뿐이에요. 내 말 무슨 의미인지 알죠?"

월터는 1919년 오하이오 동부에서 태어났다. 그의 아버지는 지역 제철소에서 일하고 어머니는 집에서 살림을 하면서 그를 포함해 7명의 자식들을 보살폈다. 월터는 자라서 탄광과 옥수수 밭에서 일했다. 그러다가 군에 징집돼 2차 세계대전 중에 보병사단의 소총수로 복무했다. 공격이 시작된 직후 특히 코몽전투에서 많은 일들을 목격했다.

전투 경험이라면 그는 언제까지고 이야기할 수 있었다. 한번은 프랑스의 시골 지역에서 그의 부대가 독일군을 물리치고 있었다. 강을 건너야 했는데, 보트가 세 척뿐이었다. 그의 소대가 배에 올라탔고, 강을 건너는 중에 건너편에서 독일군 기관총 사수가 발포를 했다. 아군의 보트 두 척이 '제거'되었다. 그러나 월터가 타고 있던 보트는 멀쩡했다. 월터와 나머지 병사들은 가까스로 강 건너편에 도착해서 그 독일군 기관총 사수를 '제거'해 버렸다. 그런데 전투가 워낙 치열해서 월터는 그만 목에 총을 맞았다. 위생병의 말에 따르면, 다행히 머리카락 반 올 차이로 총알이 그의 경정맥을 비켜 가서 치명상은 입지 않았다. 그는 바로 다음 날 귀대

종교 없는 삶

해서 몇 주, 아니 몇 달을 전장에서 보냈다.

이 모든 일을 겪으면서도 그는 신에게 의지하지 않았다. 포격이 심할 때도 구해 달라고 기도하지 않았다. "참호 속에 무신론자들이 있단 말입니까?" 나의 물음에 그가 크게 웃었다. "오, 물론 있습니다. 있고말고요. 당연한 일입니다. 보세요. 이런 상황에서는 그저 자신이 해야 할 일을 하는 수밖에 없어요. 자신과 친구, 전우들을 믿어야 합니다. 우리에게 있는 건 이게 전부니까요. 그리고 우리는 전장에 있어요. 죽이지 않으면 죽죠. 그런 겁니다. 전장에 있을 때 저는 한 번도 기도할 생각을 안 했어요. 그저 제가 해야 할 일을 했죠."

전쟁이 끝난 후 월터는 결혼을 하고 회계학 학위를 받았다. 자식을 둘 키웠으며, 나중에는 잘나가는 회사의 재무 담당 부사장에 올랐다. 좋은 동네에 멋진 집을 사고, 아내가 조울증을 이겨 내게 도와주고, 군대 친구들 —— 지금은 거의 죽었다. —— 과 언제나 교류를 하고 지냈다.

이제 월터는 93살이다. 생의 끝자락에 있는 게 분명하다. 천국이나 지옥이 있을지도 모른다는 생각을 해 본 적이 있느냐고 묻자, 그가 말했다. "아뇨. 없습니다. 제가 늘 말하는 것처럼 천국은 바로 지금 여기에 있어요. 매일의 삶이 제게는 천국이지요. 천국과 지옥도 우리가 여기 지상에 살아 있는 동안에 존재하는 겁니다. 그게 다예요."

삶의 끝이 점점 가까워지는 지금, 월터가 삶을 대하는 자세를 한마디로 요약하면 그건 바로 '감사'다. 그에게는 하루하루가 그저 감사할 따름이다. 그는 아침에 먹는 신선한 과일을 특히 즐긴다. 여름날 뒷마당에 앉아 이웃집 아이들이 수영장에서 물장구치는 모습을 지켜보는 것도 좋아한다. 곰에 있는 오랜 친구와 지금도 연락을 주고받는다. 자식과 손주들을 사랑하며, 손주들이 학교에서 뭘 배우고 있는지 자식들이 직장생활을 잘 하고 있는지 등 그들이 살아가는 이야기를 듣는 것도 좋아한다.

입주 간호사에게 받는 도움도 고맙게 여기고, 히스토리 채널도 즐겨 본다. 물론 몸이 쇠약해지면서 생겨나는 고통은 결코 유쾌하지 않았다. 하지만 이런 고통도 그가 느끼는 삶에 감사하는 마음을 약화시키지는 못했다. 그의 입버릇처럼 그는 "매일매일 그저 만끽한다. 매일매일."

월터의 감사하는 태도는 무종교인들의 핵심 미덕을 잘 보여 준다. 나는 이를 '지금 여기'의 철학을 깊게 포용한 것이라고 말하곤 했다. 가상의 내세를 기대하거나 갈망하는 대신, 월터는 언제나 지금 여기, 그의 바로 앞에 있는 것들을 즐겼다. 그에게 삶은 소중하게 여기고 즐겨야 할 것이었다. 덕분에 평생 신이나 내세를 믿지 않았어도 월터는 의기소침해지거나 우울해지거나 무감각해지지 않았다. 오히려 정반대였다. 신이나 내세를 믿지 않았기 때문에 오히려 하루하루를 가치 있게 받아들이고 사랑할 수 있었다. 그에게 남아 있는 날은 많지 않았지만, 오히려 그렇기 때문에 하루하루를 더욱 소중히 여겼다.

월터에게 죽음이 두렵지 않느냐고 묻자 이렇게 대답했다. "아뇨, 아닙니다. 죽는 건 두렵지 않아요. 살아오면서 죽음을 아주 많이 목격했어요. 그래서 죽음이 불가피하다는 걸 잘 압니다. 죽음 때문에 걱정하진 않아요. 전혀요. 어쨌든 죽음에 대해서는 할 수 있는 게 아무것도 없어요. 그런데 왜 걱정을 합니까? 때가 되면 죽는 거죠."

부활한 무신론자

월터가 임박한 죽음을 두려움 없이 직시하고 있다면, 밀드레드 윌콕스(Mildred Wilcox)는 이미 저 세상에 다녀오고 죽음을 경험해 봤다. 그녀도 역시 죽음에 전혀 두려움이 없다. 이것은 그녀의 사적이고 직접적인 경험에 더욱 단단하게 기초하고 있다.

네브래스카 주의 쾌적하지만 별 특징은 없는 고향에서 인터뷰를 하기 1년 전 밀드레드는 죽음을 경험했다. 4만 6,000명이 사는 이 마을에 무신론자는 많지 않지만 그래도 몇 명 있기는 했다. 그리고 약 4년 전 그들은 인터넷으로 서로 연락을 주고받다가 그룹을 만들기로 했다. 그들은 쇼핑몰에 있는 작은 커뮤니티 룸에서

한 달에 한 번 만나 무신론과 세속주의, 종교, 정교 분리와 관련된 다양한 문제들을 이야기하기 시작했다.

2011년 3월에 열린 이 모임에 밀드레드는 일찍 참석했다. 오트밀 건포도 쿠키를 한 통 구워 모임이 시작되기 전에 차려 놓고 싶었기 때문이다. 쿠키를 다 차려 놓고 난 후 그녀는 커피를 내리기 시작했다. 그때 또 다른 회원인 쉴라가 도착했다. 인사를 주고받은 후 쉴라는 접이식 의자를 원 모양으로 배치했다. 그러다 밀드레드가 어려움에 처해 있는 걸 보았다. 당시 86살이던 밀드레드는 죽어 가고 있었다.

쉴라는 당시의 상황을 이렇게 설명했다. "밀드레드가 얼굴을 일그러뜨리고 있는 게 보였어요. 계산대 위에서 팔에 얼굴을 올려놓고 있었지요. '밀드레드, 괜찮아?' 하고 물었죠. 달려가 보니 눈이 뒤집어지기 시작하고 있었어요. 마루에 눕혔는데 파랗게 변하기 시작했어요. 두 눈은 확장되고요. 상태가 심각하다는 걸 알았죠. 그래서 심폐소생술을 했어요. 그러나 아무 반응이 없었습니다. 맥박도 안 뛰고 숨도 안 쉬었어요. 911에 전화를 걸었어요. 그들이 전화상으로 압박 리듬을 알려 줬죠. 물론 그 사이 그들은 전담반을 보냈습니다. 하지만 우리가 있던 곳은 쇼핑몰 안에서도 구석에 있어 눈에 잘 띄지 않는 작은 방에 있었어요. 전담반이 우리를 찾아내는 데 애를 먹었지요. 저는 전담반이 도착해서 그녀를 병원으로 실어갈 때까지 계속 심폐소생술을 했습니다.

우리는 그녀가 죽었다고 생각했어요. 아니, 저는 그날 밤 그녀가 죽을 거라고 확신했어요. 실제로 그녀는 정말로 죽었었어요. 그녀의 심장이 14분 동안 완전히 멈췄었거든요. 이걸 아는 이유는 그녀가 전부터 심박조율기를 내장하고 다녔기 때문이에요. 심장마비 중에 나타난 현상들이 심박조율기에 기록되는데, 나중에 의사가 그녀의 심장이 꼬박 14분 동안이나 멈췄었다고 했어요. 또 그녀의 나이 등을 감안할 때, 이 모든 상황을 이겨 내고 그녀가 살아날 가능성은 1%도 안 된다고 했어요. 그런데 그녀는 지금 여기 있어요. 건강하게 살아 있지요! 이전의 밀드레드처럼 쉴 새 없이 떠들어 대면서요!"

기적이 일어난 건가? 밀드레드에게는 아니었다. 그녀는 여전히 확고한 무신론자다. 긴 생애 내내 그녀는 늘 무신론자였다. 그녀의 죽음과 부활도 이런 성향을 변화시키지는 못했다. 삶과 죽음을 바라보는 그녀의 무종교적인 시각도 달라지지 않았다.

이제 87살인 밀드레드는 미주리 주 스프링필드에서 태어나고 자랐다. 그녀의 어머니는 오클라호마 주 태생의 전업주부이자 동화작가였다. 아버지는 냉장고 기술자였는데, 미주리 주 오자크의 통나무집 흙바닥에서, 그것도 15살 소녀의 몸에서 태어난 순 '촌뜨기'였다.

밀드레드는 자랄 때 기독교인으로서 교회에도 다녔었지만 19살이 되면서 신앙을 잃어 버렸다. 무슨 일이 있었던 거냐고? "간단해요. 대학에 들어가서 교육을 받았기 때문이죠." 게다가 남편을 만났는데, 그는 과학자에 무신론자였다. 그의 무신론이 그녀의 무신론을 더욱 확고하게 만들어 주었다.

그녀의 무신론이 흔들릴 수도 있었던 때, 그러니까 종교적 믿음이 주는 위안에 의지할 수도 있었던 때가 있다면 분명히 둘째 아들 빌리가 3살에 백혈병 진단을 받았을 때일 것이다. 빌리는 4살에 세상을 떠났다. 이것은 밀드레드의 삶에서 가장 슬픈 일이었다. 그래도 그녀의 무신론은 변하지 않았다.

"빌리가 죽은 직후 다른 사람에게 가장 먼저 들은 말이 이런 거였어요. '주님이 빌리를 고향으로 불어들인 거예요. 빌리의 차례였던 것뿐입니다.' 저는 그에게 이렇게 쏴붙였죠. '아뇨, 빌리의 차례라는 식으로 말하지 마세요. 그런 말 듣고 싶지도 않아요.' 그런 말에 정말 화가 났었죠."

그녀는 아들의 죽음을 어떻게 견뎌 냈을까? "이런 말도 안 되는 일들이 일어나기도 하는 법이니까요. 음, 당시에는 이런 말을 이해하지 못했어요. 하지만 그 상황에 딱 맞는 말이었죠. 그런 게 삶이에요. 장담할 수 있는 일은 없어요. 삶은 그런 것 같아요. 그러니까 아이들도 죽죠. 제가 고통받는 걸 보기 위해 저를 고통에 빠뜨리는 신은 없어요. 빌리를 데려가고 싶어서 빌리를 죽게 만드는 신도 없고요. 그냥 그런 일이 일어나는 것일 뿐이죠. 그렇다고 제가 불행하지 않았던 건 아닙니다. 충분히 불행했어요. 하지만 아들이 죽었다고 종교를 갖고 싶다는 마음이 들지는 않았어요. 전혀요. 대신에 우리는 다시 아이를 가졌습니다."

그녀 자신의 죽음 혹은 임사체험에는 어떤 마음이 들었을까? 전년도에 겪은 심장마비가 어떻게든 영향을 미쳤나? '아니었다.' 심장이 더 이상 뛰지 않는 동안 어떤 영적 체험이나 신비체험을 했나? '아니었다.' 흰 빛 같은 걸 보았나? 역시 '아니었다.' 평화나 고요를 느꼈나? '아니었다.' 그러면 아픔이나 후회, 그리움 혹은 운명 같은 걸 느꼈나? 역시 '아니었다.' 그녀는 이렇게 말했다. "아뇨. 어떤 느낌도 없었어요. 아무 기억도 안 나고요. 아무것도요. 그게 다예요."

영적 체험을 했다면 이런 현상은 산소 부족의 결과일 가능성이 가장 크지만, 임사체험으로 설명하는 경우도 많다. 많은 이들이 증언이나 글을 통해 터널의 끝에서 흰 빛을 봤다거나, 몸에서 벗어나 공중에 떠서 자신을 내려다보거나, 이미 죽은 친지들을 만나거나, 신의 존재를 느꼈다고 했다. 이런 체험을 하거나 이야기를 들은 많은 사람들은 이것들을 내세가 존재한다는 분명한 증거로 받아들였다.

그러나 밀드레드는 아니었다. 그녀는 이런 설명들을 과학적으로 입증할 수 있다고 믿지 않았다. 하지만 (심리학적으로든 신경학적으로든) 자연주의적인 설명 근거가 분명히 있을 거라고 생각했다. 그녀 자신은 이런 것을 경험하지 않았지만 말이다. 심장이 멈췄던

14분 동안 그녀는 어떤 영혼도 보지 못했으며 어떤 체험도 하지 않았다. 자연히 그 충격적인 경험으로 인해 신을 생각하거나, 무신론에 의문을 품거나, 종교를 찾게 되지도 않았다.

심장마비라는 충격적인 일을 겪은 후에도 종교를 받아들일 마음이 잘 들지 않았다는 게 어떤 이들에게는 이상하게 여겨질 것이다. 하지만 사실 이상한 일이 아니다. 시드니 크루그(Sydney Croog)와 솔 리바인(Sol Levine)은 최근에 심장마비를 일으킨 350명의 사람들을 연구했다. 그 결과 이 경험이 세계관이나 신앙, 지향성에 전혀 변화를 일으키지 않았다는 사실을 발견했다. 심장마비를 일으키기 전에 종교적이었던 사람들은 일을 겪은 후에도 여전히 종교적이었으며, 심장마비를 일으키기 전에 종교가 없었던 사람들은 여전히 종교가 없었다. 또 관련 연구들도 밀드레드처럼 중병을 앓은 사람이나 정기적으로 죽음을 직접 목격하는 의사들도 대부분 내세를 믿지 않으며, 그들의 죽음에 무종교적인 입장을 유지한다는 점을 보여 주었다.

나는 밀드레드가 심장마비를 겪고 나서 두려워하지 않았는지 궁금했다. 그녀는 이렇게 말했다. "아뇨. 전혀요. 저는 언제나 죽음에 전체적으로 두려움이 없었어요. 그건 지금도 마찬가지예요. 두려워할 게 뭐가 있나요?"

많은 사람들이 죽음에 대한 깊고도 실존적인 두려움이 인간의 불가피한 면이라고 생각한다. 누구도 죽기를 바라지 않고 누구나 죽음을 두려워하기 때문에 종교를 믿는 거라고 말이다. 심리학자 벤저민 베이트-할라미와 마이클 아가일(Michael Argyle)은 '죽음은 가장 보편적이고 가장 부정적인 인간 조건이다. 그래서 모든 종교의 핵심에는 죽음을 다루는 태도가 있다.'고 말했다. 확실히 세계의 대다수 종교들은 죽음 이후에도 삶이 계속된다는 생각을 우주론 속에 포함하고 있으며 불멸성이나 열반(nirvana)을 약속한다. 그리고 많은 이들이 이것에서 위안을 얻는다.

하지만 모든 사람들이 이것을 받아들이지는 않는다. 자신의 유한성을 그대로 받아들이는 월터와 밀드레드 같은 사람들은 수없이 많다. '세계 가치 조사(World Values Surveys)'에 의하면, 헝가리인의 67%, 미국인의 64%, 독일인의 61%, 프랑스인의 55%, 노르웨이인의 53%, 일본인의 49%, 영국인의 42%, 대만인의 39%, 아르헨티나인의 37%, 오스트레일리아인의 36%, 캐나다인의 27%가 내세를 믿지 않는다고 한다. 무작위로 선정한 몇몇 나라에 불과한데도, 이 나라들에 죽음이 끝임을 인정하는 사람들이 이미 수백만이나 되는 것이다.

또 미국인들의 대다수가 내세를 믿는다고 주장하지만, 그렇지 않은 미국인들도 수천만 명이나 된다. 실제로 25%에 달하는 미국인은 내세를 믿지 않는다. 국민의 1/4에 달하는 엄청나게 많은 사람들이 자신의 유한성을 받아들이고, 자기 존재의 최종적 소멸

이 불가피하고 필연적인 것임을 인정하는 것이다. 이런 사람들에게 내세에 대한 믿음이나 기약은 경험적으로 입증되지 않은, 믿기 어려운 주장에 불과하다.

그렇다고 죽음과 대면하지 않거나 상대하지 않아도 되는 것은 아니다. 우리에게는 그럴 필요가 있다. 우리 자신의 죽음이 아니라, 타인들의 죽음 역시 우리는 분명하게 대면하고 다룰 줄 알아야 한다.

죽어 가는 부모를 돌보는
무종교인 딸

인간이 감내해야 하는 고통들 중에서 가장 힘든 경험은 일반적으로 배우자를 비롯한 가족이나 친구의 죽음이다. 우리가 직접 보살펴 주어야 하는 부모나 가까운 친지가 죽으면 정서적으로 피폐해질 뿐만 아니라 신체적·경제적으로도 힘들어진다. 이럴 때 종교적 공동체의 일원이면 큰 도움을 받을 수도 있지만 종교가 없는 사람들은 흔히 혼자 견뎌 내야 한다.

루피타 포틸로(Lupita Portillo)의 아버지 후안은 뉴멕시코 출신이었다. 재혼한 부인과의 사이에서 태어난 루피타도 이곳에서 태어났는데, 루피타의 어머니는 그녀가 아기였을 때 집을 떠났다. 이후로 후안의 아버지는 새 출발을 위한 노력의 일환으로 전처 사이에서 태어난 두 아이와 루피타를 데리고 캘리포니아 주 산호세로 이주했다. 그는 다시 재혼하지 않고 편부로서 자식들을 키우는 일에만 최선을 다했다. 루피타의 기억에 그는 대단히 종교적이었으며 '진정한 신자'였다. 밤마다 기도를 드리고, 그의 침실 벽을 장식하던 성모 마리아 그림과 십자가를 소중히 여겼다. 그러나 이렇게 신앙에서 위안을 받아도 그는 종종 침울해졌다. 아내를 잃은 상실감이 그를 고통스럽게 했으며, 편부로서 짊어져야 하는 짐들도 많았다. 그는 결국 술에 의존했고, 술은 그의 업무 능력을 저하시켰다. 이로 인해 그는 시간제 건물관리인과 정원사 일을 하며 불규칙한 수입으로 근근이 생계를 꾸려갔다.

루피타는 아버지와 언니오빠의 독실한 신앙심을 이해했다. 하지만 그녀 자신은 전혀 종교적인 사람이 아니었다. 대학 2학년 때 그녀는 완전한 무신론자가 되었다. 그런데 그녀가 정치학 학사학위를 딴 직후 아버지가 암 진단을 받았다. 이후 몇 년 동안 아버지는 거듭되는 수술을 견뎌 내면서 암의 재발을 막으려 애썼다. 아버지는 종종 피곤하거나 식사를 할 수 없었으며, 두 증상이 모두 나타나는 때도 있었다. 그 사이 건망증이 생겼고, 다른 건강 문제들도 늘어갔다. 이런 상황 속에서도 루피타는 로스앤젤레스에서 로스쿨을 다니기 시작했다. 이제 350마일이나 떨어져 지내야 했기 때문에 아버지를 돌보기가 더욱 힘들어졌다.

그런데도 그녀의 언니와 오빠는 나서서 돕지 않았다. "무슨 이유 때문인지, 언니와 오빠 모두 대단히 종교적인 사람들이었는데 보호자로서 아버지를 보살피는 일에는 전혀 적극적이지 않았어요. 이때는 그들이 저보다 아버지와 더 가까이 살아서 함께 아버지를 돌보게 하려고 무던히도 애를 썼는데, 결국 그들은 아버지를 보살펴 주지 않았어요. 그래서 제가 가끔 한밤중에 꼬박 6시간을 달려와서 아버지를 보살피거나, 아버지를 데리고 의사를 만나러 가거나, 사회보장 센터에 가거나 했습니다." 그러다 아버지의 건강이 더욱 악화되자 루피타는 결국 그를 노인원호시설에 맡겼다가 요양병원으로 옮겨야 했다.

그녀는 계속 자동차로 로스앤젤레스와 산호세를 오가면서 힘들게 로스쿨을 다니고 새로운 애인과의 관계도 키워 나갔다. 그러면서도 언제나 아버지를 옆에서 제대로 보살피고 싶어 했다. 또 형제들에게 짐을 약간 나눠 질 수 없겠느냐고 계속 물어보았다. 그들이 경제적으로 더 안정돼 있었고, 집도 있었고, 도와줄 배우자도 있었기 때문이다. 그러나 그들은 짐을 나누려 하지 않았다. "정기적으로 교회에 갈 시간은 내면서도 정작 곤경에 처한 저를 도와주거나 죽어 가는 아버지를 보살필 시간은 내려 하지 않았어요."

아버지가 돌아가신 후 루피타는 아버지의 바람에 따라 뉴멕시코의 작은 고향 마을에 그를 묻었다. 그의 죽음은 루피타에게 너무도 슬픈 일이었다. 그녀는 정말로 상실감을 느꼈다. 반면에 지난 몇 년 동안 천천히 아버지와 이별하는 훈련을 하고 아버지가 너무 오랜 기간 아팠기 때문인지 한편으로 살짝 후련함이 느껴지기도 했다. 아버지가 드디어 평화를 얻었기 때문이다. 그래서인지 그녀는 실제로 비교적 무난하게 그의 죽음을 극복해 냈다.

하지만 그녀의 형제들은 전혀 달랐다. "그들은 완전히 넋이 나갔어요. 제가 기둥 역할을 해야 했죠. 제가 모든 일을 처리했습니다. 모든 준비를 다 제가 했죠. 물론 저도 비탄에 잠겼어요. 저도 너무 슬펐거든요. 그래도 해야 할 일은 했죠. 하지만 그들은 아니었어요. 장례식을 치르러 뉴멕시코에 갔는데 미구엘이 심각한 신경쇠약 증세를 보였어요. 말 그대로 맛이 간 겁니다. 신과 이야기를 나누는데 신이 이 모든 혼란스러운 상황을 그에게 말해 주었다고 했어요. 제 호텔방 문을 두드리면서 모든 계시를 받았다고 주장했어요. 정말로 제정신이 아니었습니다. 그들은 저보다 정서적으로 훨씬 힘든 시기를 보냈어요."

물론 나는 사회학자인지라 이 일화가 논거로서 약하다는 것을 잘 안다. 루피타의 이야기만 가지고 죽어 가는 부모를 대할 때 무종교성이나 종교성이 주는 혜택이나 단점에 대해 어떤 중요한 결론을 이끌어 낼 수는 없다. 루피타가 언니와 오빠에 비해서 아버지의 장례를 더욱 적극적으로 처리했다고 해서, 다른 가정들에서도 언제나 그러리라고 볼 수는 없다. 당연한 이야기다. 종교가 없는 형제가 죽어 가는 아버지를 전혀 도와주지 않는 동안 종교가 있는 형제가 모든 일을 처리한 경우도 무수히 많을 수 있다.

그럼에도 루피타의 이야기를 소개한 이유는, 종교가 없는 사람도 종교가 있는 사람과 마찬가지로 도움과 지원을 줄 수 있고 실제로 준다는 점을 잘 전달하고 있기 때문이다. 그리고 이런 점은 더욱 포괄적인 사실을 강조해 준다. 즉 고통이나 상실, 죽음을 경험하는 시기에 무종교성과(이나) 종교성은 개인의 도덕성이나 품위의 정도와 흔히 상관이 없다는 것이다.

단적인 예로 루피타의 형제들은 신을 믿고, 죄를 고백하고, 의식과 기도하기, 무릎 꿇고 예배 보기, 기부 등 신앙이 그들에게 요구하는 일은 무엇이든 한다. 그러면서도 죽어 가는 아버지를 돕거나 지원하는 일을 못 하기도 한다. 한편 루피타는 기도를 하거나 성서를 공부하거나 예배를 보러 가지는 않는다. 그러면서도 가장 선하고 사랑스러운 인간의 잠재력을 분명하게 드러내 보여 주기도 한다. 그러므로 사랑하는 사람이 죽어 갈 때 그를 보살필 수 있는 능력과 추동력의 근원 혹은 동기는 종교적인 데 있지 않고 볼 수 있다.

루피타의 이야기에서 강조할 만한 두 번째 면은 언니나 오빠보다 그녀가 아버지의 죽음을 정서적으로 더욱 잘 이겨 낼 수 있었다는 점이다. 심리학적으로 그녀의 마음 상태는 형제들보다 훨씬 건강했다. 따져 보면 이것은 우리의 직관적인 예상과 완전히 어굿난다. 요컨대 보다 종교적인 그녀의 형제들이 정말로 내세를 믿는다면, 아버지가 하늘에서 잘 지낼 것이므로 멀지 않은 미래에 아버지와 재회하리라고 확고하게 기대하고 있어야 할 것이다. 그런데 넋이 나갈 이유가 어디에 있단 말인가? 반면에 루피타는 내세도 믿지 않고, 이 생에서든 다른 가상의 생에서든 아버지를 다시 만나리라는 확신도 없었다. 그러므로 정작 내면이 황폐해져야 할 사람은 루피타일 것이다. 무신론자인 탓에 아버지가 어떤 형태로든 계속 존재한다고 믿지도 않고, 아버지와 다시 함께하리라는 기대도 없다. 그러니 종교가 있는 형제들보다 그녀가 정서적으로 더욱 피폐해져야 하는 게 당연하지 않나? 그러나 이미 살펴본 것처럼, 그녀는 아버지의 죽음을 형제들보다 훨씬 침착하고 성숙하게 받아들이고 대처했다.

이런 점이 나는 의아했다. 그래서 아버지를 다시는 만나지 못하리라고 믿으면서도 아버지의 죽음 앞에서 형제들보다 정서적으로 더욱 건강할 수 있었던 이유가 무엇이냐고 물었다. 내세를 믿기 때문에 하늘에서 아버지와 다시 함께하리라고 생각하는 형제들은 그처럼 혼란스러워 했는데 말이다. 그러자 그녀가 한숨을 내쉬며 말했다.

"네. 저도 내내 그 문제를 이해하려고 머리를 싸맸었어요. 그런데 잘 모르겠더라고요. 저도 정말 비통했어요. 저도 슬펐습니다. 그리고 돌아가신 후에도 아버지 생각을 많이 했어요. 동시에 아버지의 죽음을 계기로 죽음의 문제를 전체적으로 많이 생각해 보게 됐죠. 그 결과 이런 생각이 들더군요. '원래 그런 거야. 삶은 원래 그래.' 제 생각에는 죽으면 그냥 죽는 거예요. 아버지를 잃었을 때, 아버지가 돌아가셨을 때 처음으로 이걸 이해하게 된 거 같아요. 삶이 원래 그렇다는 걸요. 그래서 편안하게 받아들이게 된 거예요. 이런 게 삶이고, 삶에는 죽음이 있기 마련이라고요. 밀물과 썰물처럼 삶과 죽음, 행복과 슬픔이 있는 거라고요. 그런 게 삶이라고요."

루피타의 이야기는 많은 종교 없는 사람들이 죽음과 어떻게 대면하는지를 잘 보여 준다. 종교가 없는 사람들은 온건함과 냉철함, 깊은 슬픔과 궁극적인 받아들임으로 죽음과 대면한다는 것을.

종교가 빠진 장례

루피타는 아버지의 장례식을 전통적인 가톨릭 양식으로 치렀다. 사실 오늘날의 장례식은 거의가 본질적으로 종교적이다. 거의 모든 사람이 이런 장례식을 원하기 때문이기도 하다. 하지만 모든 사람이 그런 건 아니다. 루피타만 해도 그녀가 죽었을 때 종교적인 장례식을 치러 주기를 기대하지 않는다. 실제로 비종교적인 장례식을 원하는 미국인도 갈수록 늘어 가고 있는 추세다. '미국 종교 정체성 조사(American Religious Identification Survey)'에 따르면, 자신의 장례식이 종교적으로 치러지기를 바라지 않는 미국인이 거의 30%나 된다고 한다.

이런 사람들은 어떤 장례식을 치르고 싶어 하는 걸까? 아마도 종교적이지 않은 추도식 같은 걸 원할 것이다. 장례식장이나 해변, 혹은 집의 마당 같은 곳에서 친구와 가족 등 고인이 사랑하던 사람들끼리 모여 기억을 나누고, 음악을 듣고, 오래된 사진이 담긴 비디오나 동영상을 볼 것이다. 그리고 추도식을 좀 더 조직적이고 체계적인 형태로 치르고 싶으면, 종교적이지 않은 추도식을 집전해 주는 퀸시 리스코브(Quincy Risskov) 같은 전문가를 고용할 것이다.

56살의 퀸시는 뉴욕 주 버펄로에 산다. 결혼해서 아들이 둘 있으며, 아내는 시간제 글쓰기 교사로, 그는 시간제 박물관 도슨트로 일하고 있다. 그의 말에 의하면 '버펄로에는 종일제 일자리가 더 이상 없기' 때문이다. 그는 또 종교적이지 않은 결혼식이나 장례식 집전자로도 일하고 있다.

대부분의 주에서는 평생의 의례들(life-cycle rituals)을 무신론자가 집전하는 것을 허용하지 않으며, 성직자가 집전하기를 바란다. 그래서 퀸시는 한 발 앞서서 온라인으로 '보편적 삶 교회(Universial Life Church)'로부터 성직자 임명장을 받았다. 대중들 앞에서 사려 깊게 말하는 능력과 그의 카리스마, 유쾌한 웹사이트 덕분에 그는 이런저런 의례들을 엄숙하게 집전해 달라는 부탁을 자주 받는다.

아주 종교적이지 않은 사람들조차 회상과 인정, 정화에 체계적으로 몰입할 수 있는 순간들을 원하고 필요로 한다. 출생과 결혼, 장례 의식을 치르는 시간에 사람들은 잠시 멈추어 그 순간을 받아들이고 의미와 아름다움, 절절함을 느끼고 싶어 한다. 영감과 안내 혹은 위안을 주는 말들을 듣고 싶어 한다. 하지만 이들은 본질적으로 이런 의식들이 종교적으로 진행되는 것은 원하지 않는다.

예를 들어, 대부분의 종교 없는 사람들은 결혼식장에서 "이 둘은 신에 의해 하나로 묶였습니다."와 같은 말을 듣고 싶어 하지 않는다. 하지만 진심어린 서약을 교환하는 모습을 보고 싶어 하고, 헌신에 관한 지혜로운 말이나 멋진 시를 듣고 싶어 한다. 또한 장례식의 경우에 거의 모든 종교 없는 사람들은 고인이 이제 '더 나은 곳'에 있다거나 하느님의 집에 살게 되었다는 따위의 말을 듣고 싶어 하지 않는다. 기도를 하거나 죄를 용서받고픈 마음도 없다. 그럼에도 뭔가 의미 있고 진정성이 담긴 의식을 통해 서로 화합하고 동화되는 느낌은 받고 싶어 한다. 이런 것이 행사를 특별하고 진실하고 진심이 묻어나는 것으로 만들어 주기 때문이다.

이런 의식과 통과의례에는 보통 기조를 정하고, 역할을 지정해 주고, 말을 건네고, 노래를 이끌고, 실권을 쥐고 집전을 해 주는 리더가 필요하다. 퀸시 같은 사람 말이다. 불가지론자 아버지에 신앙을 실천하지 않는 기독교인을 어머니로 둔 퀸시는 2004년 형이 죽었을 때 처음으로 장례식을 집전했다. "형은 잔디 사업을 했어요. 그러다 폐병을 얻어서 49살에 세상을 떠났습니다. 형이 결혼할 때 주례를 서 주었던 목사님은 이미 돌아가셨어요. 형 부부가 알고 지내던 성직자는 그분밖에 없었는데 말이죠. 형 부부가 교회엘 안 다녔거든요. 형은 불가지론자였고, 형수는 무종교적인 사람이었어요. 결국 제가 나섰죠."

이렇게 처음으로 장례식을 치러 낸 후 퀸시는 다른 장례식도 많이 집전하게 되었다. 일을 할 때 그는 먼저 망자의 친지들을 만난다. 그들의 상실감에 귀 기울이고, 사랑하던 고인을 어떤 식으로 추모하고 싶은지 묻고, 의식에 포함시키거나 그들이 힘을 보탤 수 있는 것들에 대해서 제안을 한다. 이렇게 협의 —— 이런 과정에는 적정한 수준의 상담도 포함된다. —— 를 마친 후에는 그들의 말과 기억, 회상들을 추도식에 집어넣는 등 그들의 바람을 존중하고 반영하기 위해 최선을 다한다.

그는 고인이 사랑하던 시나 음악을 장례식에 집어넣고, 장례식에 참가하는 사람들이 포함시키고 싶어 하는 다른 사적인 특별한 요소들도 수용했다. 개개의 추도식을 고인의 특별한 개성에 맞춘 고유한 것으로 만들기 위한 노력이었다. 그러면서도 추도식에서 용서와 인정 같은 몇 가지 공통적인 문제들을 강조하고, 죽음에 어떻게 접근하고 이해해야 할지도 살짝 덧붙였다.

"죽음으로 인해 우리는 망자를 잃어버리는 게 아닙니다. 망자와의 관계에서 새로운 국면으로 들어가는 것이지요. 기억이라는 새로운 국면 속으로요. 추도식에서 저는 앞으로 며칠이나 몇 주, 몇 달, 몇 년 동안 망자를 기억하게 해 줄 무언가를 보거나 듣거나 만지게 될 텐데 그런 순간을 포용하는 것이 중요하다고 말해 줍니다. 이것들이 망자의 생에서 보석 같은 것이었을 테니까요. 그런 기억들을 받아들여야 합니다."

이런 면에서 퀸시는 갈수록 증가하는 무종교인들의 요구를 분명하게 충족시켜 준다. 종교가 없는 사람들은 신이나 기도, 천국, 내세 등을 들먹이지 않고도 의미 있게 추도식을 치르고 싶어 한다. 퀸시 자신도 이런 것들을 믿지 않는다. 그는 죽으면 끝이라고 생각한다. 그래서 나는 그에게 물어보았다. "이 생이 전부라면 이 생의 궁극적인 의미는 무엇일까요? 죽음 앞에서 슬픔에 잠긴 채 삶의 의미를 알고 싶어 하는 사람들에게 뭐라고 말해 주시나요?" 그는 이렇게 대답했다.

"삶은 당신이 의미 있기를 바라는 만큼 의미를 가져요. 죽은 뒤에는 계속되지 않는다는 이유로 삶을 무의미하다고 느끼고 의미 없는 삶을 살아간다면, 그것 역시 당신의 선택입니다. 일부 기독교인들은 이 생이 미래의 다른 생을 위한 준비라고 생각하고픈 마음이 깊은 것 같아요. 도움이 된다면, 믿음으로 그런 생각을 충족시켜 주는 것도 중요한 일입니다. 하지만 제게는 그런 게 필요하지 않아요. 제게는 이 생이 의미로 가득하니까요. 저는 도처에

종교 없는 삶

서 의미를 발견합니다. 두 아들을 키우는 일에서도, 지역 연극에 참여하는 일에서도, 의례를 이끄는 일을 하는 데서도, 삶에서 중요한 순간들을 통과하는 사람들에게 위안과 도움을 주는 일에서도 의미를 느끼지요. 즐기고 사랑할 수 있는 것들이 이 생에는 너무도 많습니다."

특별하고
창의적인 추도식

오드리 핏츠패트릭(Audrey Fitzpatrick)도 퀸시처럼 사랑하는 사람의 죽음을 같이 경험하는 일을 한다. 장례식을 직접 집도하지는 않지만 장례식이 잘 치러지도록 돕는 일을 하기 때문이다. 오드리는 로스앤젤레스 시내에 있는 대규모 장례식장의 공인 장의사다. 그녀가 경험한 다양한 유형의 장례식 이야기는 종교 없는 사람들이 어떻게 삶의 상실을 기리고 치러 내는지에 대해서 흥미로운 통찰을 제공한다.

오드리는 14년 동안 장의사로 일하면서 온갖 유형의 장례식을 목격했다. 장례식은 대개 본질적으로 종교적이었다. 그녀가 일하는 장례식장에서 반경 5마일 이내에는 에티오피아인과 러시아인, 아르메니아인, 태국인, 과테말라인, 유대인, 베트남인, 아프리카계 미국인 마을을 포함한 온갖 지역 공동체가 있으며, 모두 그들만의 다양한 종교 전통을 갖고 있다.

그러나 오드리가 경험한 바에 따르면, 종교적인 요소들을 전혀 포함시키지 않고 장례식을 치르고 싶어 하는 사람들이 지난 10년 사이 눈에 띄게 늘어났다. 그녀는 이렇게 말했다.

"저는 이런 추세가 마음에 들어요. 경험 많은 장의사로서 느낀 건데, 무종교적인 장례식의 경우 원하는 대로 식을 치를 수 있고, 망자에 대한 생각도 장례식에 더 많이 반영하는 경향이 있거든요. 생전의 사진이나 비디오, 음악, 사람들의 회고담을 더욱 자유롭게 집어넣을 수 있으니까요. 종교적인 장례식과 무종교적인 장례식은 질적으로 확연하게 달라요.

일반적으로 종교적인 장례식에는 이미 나름의 순서, 정해진 체계가 있어요. 저는 이런 순서나 체계가 많은 유족들에게 도움이 될 수 있다고 생각합니다. 그들이 이런 것에 아주 익숙하고 또 이런 순서나 체계를 기대하고 있었을 경우에는 특히 그렇죠. 그들은 이런 친숙함에 의존하고, 이런 것이 필요하기도 합니다.

하지만 이미 정해져 있는 종교적인 추도 방식을 따르지 않는 유족들과 일할 기회들도 있어요. 이런 유족들은 정말로 유기적인 방식으로 추도식에 접근합니다. 그들은 이렇게 자문하죠. '아버지나 배우자, 친구를 어떻게 하면 최고로 존중해 주고 잘 기릴 수 있을까?' 이로써 완전히 다른 세계의 문을 열어젖히게 되죠.

종교 없는 삶

저는 가능성들이 많아서 이런 종교적이지 않은 의식에 더욱 많은 생각이 깃들게 된다고 생각합니다. 이따금 특별한 음악을 연주하거나, 시를 읽거나, 풍선을 띄우거나, 비둘기들을 날려 보내고 싶어 하는 이들도 있어요. 정말 온갖 아이디어들이 등장하죠. 전통적인 방식으로 식을 치르거나 특정한 기도문을 읽지 않아도 되기 때문에 장례식은 훨씬 자유롭게 진행됩니다. 장례식이 순전히 망자의 흔적들을 모아서 무언가를 창조해 내는 열린 공간이 되죠.

이런 추도식에서는 오로지 망자만을 생각하고, 세세한 부분에까지 많은 신경을 쓰고, 참석자들도 진솔하게 자신의 마음을 이야기합니다. 저는 이런 게 참 좋아요. 이런 장례식을 마치고 돌아올 때면 언제나 고인이 어떤 사람이었고 무엇을 좋아했으며 무엇을 의미 있게 생각했는지 훨씬 분명하게 이해하게 됩니다. 전통적인 방식의 종교적 장례식을 마치고 돌아올 때보다 훨씬요."

존엄한 죽음

나름의 경험과 시각을 탐구해 보고 싶은 마지막 인물로, 완전히 다른 각도에서 죽음을 다뤄 온 페그 샌딘(Peg Sandeen)이 있다. 그는 오리건 주 포틀랜드에 있는 '국립존엄사센터'의 책임자로서 몇 년 전부터 임종 문제를 열정적으로 연구해 오고 있다. 그는 죽어 가는 사람들을 돕고, 자신의 바람대로 생을 마감하고자 하는 사람들을 적극적으로 지원하는 일에 시간과 에너지를 바치고 있다. 이런 개인적 열정의 바탕에는 공감을 가치 있게 여기고 어려움에 처한 사람들을 도우려는 마음이 자리 잡고 있다.

"누구나 잘 죽어야 한다고 생각해요. 죽음에도 개인적인 선택권이 있어야 한다고 봅니다. 자신의 마지막에 대한 선택권이 있어야 한다고 확고하게 믿고 있어요. 사회복지사로서 사람들이 잘 살아가게 도와주고 행복을 촉진시키는 것이 무엇일지를 생각해 보았어요. 그러다 보니 사람들에게 선택권이 있을 때 성공적으로 잘 살아갈 수 있음을 알게 됐습니다. 그들 자신에게 선택권이 있을 때요. 그래서 삶의 마지막까지 이 선택권을 확장시켜야 한다고 믿게 됐어요."

1994년 오리건 주의 대다수 주민들은 투표를 통해 존엄사법(Death with Dignity Act)을 통과시켰다. 이로써 말기 환자들이 의사들의 도움으로 생을 마감하는 것이 합법화되었다. 미국에서 이런 법안을 통과시킨 것은 오리건 주가 처음이었다. 쉬운 일은 아니었다.

1997년 이 법안을 반대하는 사람들이 제51법안 찬반투표(Ballot Measure)를 통해 이 법안을 철회시키려 했다. 그러나 이런 시도는 오리건 주 유권자들의 60%에 의해 거부되었다. 이후에도 조지 W. 부시 행정부와 몇몇 국회의원들이 다시 이 법안에 문제를 제기했다. 그러나 2006년 대법원 판결에 의해 이 법안은 유지되었다. 이로써 안락사법은 변함없이 존속되고 있다.

이 법에 따르면, 정신이 양호한 오리건 주 성인 중에서 (의사 두 명에게) 불치병으로 6개월 이내에 죽으리라는 진단을 받은 사람은 생을 마감할 수 있도록 치사량의 약을 처방해 달라고 요구할 수 있다. 이 요구는 서면은 물론 구두로도 이뤄져야 하며, 증인 두 명 (이중 한 명은 환자와 전혀 관계가 없고 환자의 재산을 조금이라도 물려받을 권리가 없는 사람이어야 한다.)의 확인을 받아야 한다. 요청이 이뤄지면, 14일의 대기 기간이 지난 후 치사량의 약을 처방받을 수 있다. 하지만 어떤 의사나 약사에게도 참여를 강요해서는 안 된다. 이들은 자유롭게 이 과정에서 벗어날 수 있다. 이 법안이 실행된 이후 수백 명의 오리건 주 주민들이 의사의 도움과 인도를 받으며 스스로 생을 마감했다.

미국의 첫 존엄사법이 오리건 주에서 통과된 이유는 오리건이 가장 종교적이지 않은 주이기 때문이라고 확신한다. 단적인 예로, 오리건 주에서는 교회에 좀처럼 가지 않는 주민이 약 40%나 되며, 성경은 신의 말씀이 아니라 인간이 쓴 책에 불과하다고 생각하는 사람도 40%나 된다. 또 약 25%의 주민은 종교를 '전혀' 믿지 않고, 약 20%는 무신론자나 불가지론자적인 성향을 갖고 있는 것으로 나타났다. 이처럼 오리건 주는 미국에서 가장 비종교적인 10개 주 가운데서도 첫 번째에 위치한다.

또 최근 '미국 종교기구 통계자 연합회(Association of Statisticians of American Religious Bodies)'에서 실시한 통계 조사에서도 포틀랜드가 미국에서 가장 비기독교적인 곳으로 나타났다. 미국의 첫 번째 존엄사법이 상대적으로 무종교적인 성향이 강한 이 지역에서 통과됐다는 사실은 충분히 이해할 만한 것이다.

페그는 오리건 주에서 통과된 것과 같은 법안을 제정하도록 다른 주들을 돕는 일도 하고 있다. 그녀의 노력은 워싱턴 주나 매사추세츠, 버몬트 주처럼 상대적으로 비종교적인 성향이 강한 주들에서 큰 결실을 맺고 있다. "이곳의 사무실에서 흔히 하는 말이 있어요. '메이슨-딕슨 선(Mason-Dixon Line, 메릴랜드 주와 펜실베이니아 주의 경계선으로 미국 남부와 북부를 가르는 선 ―옮긴이) 남쪽은 안 된다.'는 것입니다. 미국의 몇몇 지역에서 존엄사법 제정은 실현 불가능한 일이에요. 종교가 그 원인의 하나인 것 같고요." 페그가 단호하게 주장하는 것처럼 "우리가 하는 일의 주요 반대자들은 종교인들입니다. 늘 그래 왔고 오늘날도 마찬가지예요."

실제로 종교가 강한 지역에서는 죽을 권리를 위한 법안 발기에 반대가 강했고, 종교가 비교적 약한 지역에서는 이것을 훨씬 잘 수용했다. 사회학자 제니퍼 하밀-루커(Jenifer Hamil-Luker)와 크리스티안 스미스(Christian Smith)의 연구에 의하면, '의사의 지원을 받는 자살에 종교가 없는 사람들이 동의할 가능성은 종교가 있는 사람들에 비해서 3배는 더 큰' 것으로 나타났다.

생명이 대단히 소중한 것이므로 어떤 희생을 치르고서라도 지키고 보존해야 한다는 점에서는 종교적인 미국인이든 종교적이지 않은 미국인이든 모두 동의한다. 그러나 인위적인 생명연장이 불러오는 고통에 더욱 적극적으로 관심을 갖고, 어떻게 해서든 덜 고통받으며 평화롭게 생을 마감하려는 사람들은 무종교적인 미국인들이다. 이런 점에서 이들은 종교적인 미국인들과 대조를 이룬다.

페그도 확실히 이런 점에 관심을 가졌다. 그녀가 죽을 권리 운동에 처음으로 관심을 갖게 된 것은 에이즈로 고통받는 사람들을 위해 일할 때였다. 그녀는 많은 사람들이 심한 고통 속에 있는 것을 보았다. 중증의 많은 환자들이 그들의 배우자에게 사랑한다면 자신을 죽여 달라고, 부디 자비를 베풀어서 고통을 끝내게 도와 달라고 간청하는 것을 보았다. 그리고 의사들이 이런 간청을 적절하게 즉 합법적으로 처리해 주지 않고 그러지도 못한다는 것도 확인했다.

죽음에 대해서 페그는 언제나 편안함과 실용주의(pragmatism)를 중시하는 태도를 견지했다. 존엄사의 법제화를 실현하고 싶다는 마음이 생긴 것도 이 때문이다. "저의 어머니는 호스피스 간호사였어요. 그래서 저는 자라면서 죽음을 삶의 한 부분으로 받아들였죠. 죽음은 제게 현실이었어요. 어머니가 저녁 식탁에서 죽어가는 사람들의 이야기를 들려주곤 했어요. 어머니의 직업이 그랬으니까요. 또 저는 죽어 가는 사람들이 모여 있는 어머니의 일터에 가 보기도 했어요. 죽음을 보는 시각이 다른 사람들과 다른 건이 때문일 겁니다. 제게는 죽음이 훨씬 사실적인 것이었어요. 죽음에 대해서는 아마 제가 다른 사람들보다 훨씬 실제적인 생각을 갖고 있을 겁니다."

이 '죽음에 대한 실제적인 생각'이 페그를 인도해 주고 있다. 이 생각은 윤리로 변화되어 나타났고, 이런 윤리는 실제적 결과를 만들어 내는 사회정치적 행위로 구체화되었다. 페그에게는 가장 무력한 시기에 힘을 내도록 타인을 도와주고, 그들이 원하는 것처럼 고통은 되도록 적게 받으면서 최대한 위엄 있게 죽을 권리를 부여해 주고 싶은 갈망이 있다. 이런 갈망은 최고의 무종교적 미덕에서 생겨난 것이다.

죽음에 대한 두려움

인터뷰를 마칠 즈음 페그에게 죽음이 두렵지 않느냐고 물었다. 그녀는 이렇게 말했다. "아뇨. 죽음을 두려워하지 않아요. 제가 위독한 상태라는 걸 알게 되면 물론 유쾌하지는 않겠죠. 하지만 죽음은 아니에요. 죽음을 전혀 두려워하지 않아요." 실제로 월터 파인즈와 밀드레드 윌콕스, 루피타 포틸로, 퀸시 리스코브 같은 무종교인들은 거의 모두 그들의 죽음에 대해서 페그 샌딘과 비슷한 태도를 갖고 있었다. 요컨대 죽음을 바라지는 않지만, 그렇다고 불현 듯 닥칠 수도 있는 죽음에 특별한 공포나 두려움을 갖고 있지도 않았다.

나는 몇 안 되는 특이한 무종교인 가운데 한 명인 것 같다. 우디 앨런이나 잉그마르 베르히만(Ingmar Bergman, 전후 세계 영화의 금자탑으로 평가받는 많은 작품들을 연출한 스웨덴의 영화감독―옮긴이)처럼 실제로 죽음을 두려워하는 사람 말이다. 나는 죽음과 편안하게 어울리지 못한다. 왜 그런지는 나도 잘 모르겠다. 죽으면 내가 더 이상 존재하지 않는다는 생각을 받아들이는 데는 문제가 없다. 예컨대 100년 전에 내가 존재하지 않았다는 사실은 내게 어떤 괴로움도 불러일으키지 않는다. 마찬가지로 100년 뒤 내가 존재하지 않으리라는 사실도 나는 전혀 신경 쓰지 않는다. 그래도 인정할 수밖에 없다. 나는 죽음이 두렵다고 말이다.

이 두려움이 시작된 것은 아마 자동차 사고를 당한 7살 때일 것이다. 나는 어머니 그리고 형 데이비드와 함께 자동차를 타고 가는 중이었다. 형은 조수석에, 나는 뒷좌석에 앉아 있었다. 우리가 타고 있던 차는 파란색 폭스바겐 스테이션 왜건이었다. 우리 중 누구도 안전벨트를 매고 있지 않았다.(당시는 1976년이었다.) 그런데 선셋 대로에서 속도를 높인 채 우리와 반대 방향에서 달려오던 차가 통제력을 잃고 우리 차에 세게 부딪혔다.

충돌이 일어나고 바로 다음 순간, 어머니와 나는 자세를 바로 하고 서로를 살펴보았다. 그런데 형이 등을 구부린 채 미동도 않고 앉아 있었다. 어머니가 형의 어깨를 잡고 몸을 일으켜 주었지만 형의 머리가 다시 앞으로 수그러졌다. 두 눈은 감겨 있었고, 의식도 없었으며, 창백한 얼굴에서는 대각선으로 붉은 피가 한 줄 흘러내렸다. 그 순간 어머니가 끔찍하게 비명을 질러 댔고, 나도 덩달아 비명을 내질렀다. 몇몇 사람들이 근처 잔디밭으로 데이비드를 옮겼다. 구급대원들이 도착했고, 데이비드는 곧 의식을 회복했다. 그는 멀쩡했다. 어머니의 상처가 좀 심하기는 했지만, 우리 모두 괜찮았다.

그날 밤, 데이비드의 의식 없는 얼굴을 처음 본 순간 내가 끔찍한 비명을 질러 댔다고 어머니가 말했다. 나는 어머니가 비명을 질렀기 때문에 그런 거라고 대답했다. 그러자 어머니는 전혀 비명을 지른 적이 없으며 비명을 지른 사람은 나뿐이라고 했다. 지금까지도 나는 내가 분명히 '들었던 것 같은' 그 소리가 어떤 내면의 비명, 의식을 잃어버린 형의 모습을 보고 느낀 본능적 공포였을 거라고 생각한다. 아니면 내가 비명을 지르기 전에 어머니가 실제로 비명을 지르고도 기억을 못하는 것일 수도 있다. 어쨌든 내게는 충격적인 사건이었다. 이 죽을 것 같던 순간 이후로 평생 나는 이따금 죽음의 공포에 시달리곤 했다.

실존적으로는 물론이고 신체적인 면에서도 나는 '죽음'에 불편함을 느낀다. 최근에도 이런 느낌이 다시 고개를 쳐든 적이 있다. 스테이시와 베를린에 있는 피터 페퍼코른의 집에 있을 때였다. 올해 83살인 피터는 내 아버지의 막역한 친구 가운데 한 분이다. 그들은 1950년대에 대학에서 만났다.

나는 18살 때 유럽 배낭여행을 하다가 베를린에 있는 피터의 집에서 일주일간 머물렀다. 그 후 19살에 다시 유럽에 가서 피터를 만났고, 토스카나의 언덕 꼭대기에 있는 그의 400년 된 오래된 시골 별장에서 일주일을 머물렀다. 당시 그는 여자친구 하이디와 그곳에 머무르고 있었다. 우리 셋은 근처 호수에서 수영을 하고, 여러 작은 식당에서 다양한 티라미수 케이크를 시식하고, 귄터 그라스(Gunter Grass, 『양철북』으로 노벨문학상을 수상한 독일의 소설가 겸 시인, 극작가—옮긴이)와 루카 시뇨렐리(Luca Signorelli, 세계의 종말을 그린 장대한 프레스코화를 남긴 이탈리아 르네상스기의 화가—옮긴이)에 대해 이야기하고 낮잠을 자면서 나이 차이에 아랑곳하지 않고 함께 즐거이 어울렸다.

그 후 20대 후반에 다시 토스카나의 그 오래된 별장을 찾아갔다. 이번에는 나의 약혼자가 된 스테이시와 함께였다. 우리 넷—피터와 하이디, 스테이시와 나—은 밤마다 그 지역에서 만든 적포도주를 여러 병 비우고, 질 좋은 빵과 맛있는 자두를 먹고, 웃고 떠들며 브리지 게임을 하는 등 함께 즐거이 7월의 공기를 음미했다. 오래된 나무 탁자에 둘러 앉아 촛불로만 얼굴을 밝히고 있는 기분이 너무 좋았다. 스테이시와 나는 28살이었고, 피터와 하이디는 68살이었다.

한 달 전 스테이시와 나는 핀란드에서 열리는 회의에 참석하러 갔다.(나는 혼자서 비행기를 타고 싶지는 않았다.) 도중에 우리는 베를린에 3일 동안 머무르면서 피터를 만났다. 그는 몇 년 전에 이탈리아에 있던 별장을 팔고 지금은 베를린에 정착해서 살고 있었다. 그는 훨씬 나이 들어 보였다. 걷는 것도 힘겨워 했고, 아침식사를 할 때는 침을 약간 흘리기도 했다. 그러나 재치와 매력, 정신은 예전 그대로였다.

그러나 불행하게도 하이디는 그렇지 못했다. 알츠하이머에 걸려 버린 것이다. 지금 그녀는 피터의 집에서 길 아래쪽에 있는 노인요양병원에 있었다. 그런데 우리가 베를린에 묵은 지 이틀째 되는 날 하이디가 피터의 집 뒷마당을 목적 없이 배회하고 있는 게 보였다. 어떻게 된 영문인지 그녀가 시설에서 나와 피터의 집으로 온 것이다. 가정부가 그녀를 부엌으로 데려와 식탁에 앉혔다. 그녀는 자신이 어디에 있는지도 몰랐다. 내가 누구인지도, 스테이시가 누구인지도 몰랐다. 흥미롭게도 우리 둘에게 영어로 말하는 걸 보면, 어느 차원에서는 우리에 대해 많이는 아니어도 무언가 알고 있는 것 같았지만 말이다.

그녀가 우리를 알아보는 것 같으냐고 피터에게 묻자, 그가 픽 웃으며 말했다. "나도 못 알아보는걸." 우리는 그녀와 함께 식탁에 앉아서 빵에 꿀을 발라 먹고 커피를 마시면서 즐겁게 대화를 나누려 노력했다. 하지만 하이디는 거의 내내 멍하니 꿈꾸는 듯한 눈빛을 한 채 아주 희미하게 미소 같은 걸 머금고 있기만 했다. 물론 부엌의 나무 탁자 ─ 토스카나의 별장에 있던 그 탁자 ─ 를 그녀가 알아볼 때처럼 기분 좋은 순간들도 몇몇 있었다. 그러나 전체적으로 모임을 지배하는 감정은 극심한 상실감과 우울감이었다. 하이디는 거의 정신이 없었다. 곧 죽을 것 같았으며, 어떤 것도 더 이상 오래 기억하지 못했다.

나는 커피를 마신 후 식탁에서 일어나 뒷베란다로 가서 펑펑 울었다. 실존적 비애가 가슴을 후벼 팠기 때문이다. 토스카나에서 여름을 보낼 때 우리가 함께했던 그 멋진 시간들을 어떻게 잊어버릴 수 있단 말인가? 그래, 그래 맞아. 그녀는 늙었고 알츠하이머에 걸렸어. 곧 죽을 거야. 이것이 삶의 자연스러운 이치라는 건 나도 잘 알고 있었다.

피터도 너무 늙어서 곧 죽을 것이었다. 언젠가 스테이시와 나도 그렇게 될 것이다. 나 역시 정신을 잃고, 아무것도 기억하지 못할지 모른다. 20년 전 토스카나에서 어느 늦은 오후에 스테이시와 피터가 커다란 올리브 나무 아래서 서로 초상화를 그려 주었을 때 스테이시가 어떤 모습이었는지도 기억하지 못할 수 있다. 나는 피터와 하이디, 스테이시 그리고 나를 포함한 모든 것들의 죽음과 맞서 싸우면서 뒷베란다에서 얼마간 더 울었다. 도대체

이게 다 무슨 의미야? 무슨 이유에선지 그런 하이디의 모습을 보자, 그렇게 늙은 피터를 보자, 모든 것의 덧없음에 본능적인 슬픔이 밀려왔다.

그렇지만 이 실존적 절망의 순간은 그리 오래 지속되지 않았다. 실제로 금세 사라져 버렸다. 절망과 우울, 무감각처럼 심신을 쇠약하게 만드는 상태에 빠져 버리는 대신 나는 더욱 활력에 넘쳤다. 삶의 절박함도 더욱 예민하게 느껴졌다. 나는 얼른 눈물을 훔치고 뒷베란다를 떠나 안으로 들어갔다.

그날 오후 나는 스테이시의 손을 많이 잡아 주었다. 커피를 즐기고, 다시 힘을 내서 피터에게 재미있는 이야기들을 들려주었으며, 밤에는 아이들과 스카이프로 대화를 나누었다. 그리고 이렇게 살아 있을 수 있다는 것이, 베를린의 고택 마루에서 이렇게 잠들 수 있다는 것이, 내가 아는 사람들을 알게 된 것이, 이런 경험들을 하게 된 것이 참으로 축복이라고 생각하면서 잠이 들었다.

어느 날 나도 죽을 것이다. 그리고 죽어 가는 모든 것들은 삶의 모든 면들을 더욱 깊이 열정적으로 음미하고 싶게 만들어 준다. 나만 이런 성향을 갖고 있는 게 아님을 나도 안다. 저기 수백만의 사람들도 그들의 유한성과 삶의 덧없음을 받아들이고 있다. 이것에 우울해하지도 않고, 무신경해지거나 의기소침해지지도 않는다. 반대로 이들은 풍요롭고 의미 있게, 깊이 감사하며 살아가고 있다.

삶은
실제적인 것이다

부모님은 두 분이 쓰던 욕실에 작은 시집을 비치해 두었다. 시집은 변기 옆 작은 테이블 위에서 《뉴요커》, 《주이시 커런츠(Jewish Currents)》, 《주이시 데일리 포워드(Jewish Daily Forward)》 같은 잡지들에 파묻혀 있었다. 나는 자라면서 늘 이 시집을 펼쳐 들고 세계의 위대한 시인들이 쓴 온갖 다양한 시들을 읽곤 했다. 그런데 무슨 이유에선지, 거기 앉아 온갖 시들을 읽었는데도, 그 모든 시들을 수도 없이 읽었는데도 시집 전체에서 지금까지 기억나는 건 단한 행뿐이다. 이 행은 언제나 내게 감동을 준다. "삶은 진실하고, 삶은 신실한 것이니, 무덤이 삶의 목표는 아니다." 1838년에 발표된, 헨리 워즈워스 롱펠로우(Henry Wadsworth Longfellow)의 「인생찬가(A Psalm of Life)」에 나오는 구절이다. 이 시에는 "머리 위의 신(God O'erhead)" 같은 구절도 있지만, 나는 언제나 이것을 대단히 무종교적인 시로 이해했다. 이 생과 지금의 존재를 열정적으로 찬미하는 시 말이다. 이 시는 가능한 한 최선을 다해서 이 생을 살아가라고, 분투하고 성취하고 추구하면서 이 생을 살아가라고 촉구한다. 어느 날 죽으리라는 사실에 개의치 말고.

이 시는 내가 이제까지 만난 거의 모든 종교 없는 사람들이 갖고 있던 생각을 확인시켜 준다. 우리에게는 이 생이 전부이므로 이 생에 최선을 다해야 한다는 사실을 확고하게 믿거나 조용히 받아들이라는 것이다. 종교가 없는 사람들에겐 유한성이라는 실재가 삶을 더욱 절박한 것으로, 더욱 귀중하고 놀라운 것으로 만들어 줄 뿐이다. 한때 기독교 설교자였다가 공공연한 무신론자로 돌아선 댄 바커(Dan Barker)가 최근에 주장한 것처럼, 종교가 없는 사람들은 죽음 이후의 삶을 믿지 않는다. 그보다 죽음 이전의 삶을 믿는다.

수 세기 동안 무신론자와 불가지론자, 회의론자들이 이런 정서를 표현해 왔다. 그 출발점에는 기원전 4세기에 태어난 그리스의 철학자 에피쿠로스가 있다. 그는 죽음 이후의 삶은 없으며, 죽음이라는 실제가 삶을 무의미하게 만들지는 않는다고 주장했다. 그보다는 우리에게 주어진 짧은 삶이 행복과 평온, 평화, 자유, 기쁨, 관조, 좋은 친구들과의 교류를 통해서 계속 최선을 다해 살아가도록 채찍질해 준다고 했다.

마찬가지로 전도서를 쓴 고대의 유대인 저자도 죽음 이후의 분명한 삶은 없으며, "모든 것이 흙에서 생겨나 흙으로 다시 돌아간다."고 했다. 그래도 우리에게 주어진 이 짧은 시간을 즐기고, 기쁘게 빵을 먹고, 행복한 마음으로 포도주를 마시고, 노동에서 즐거움을 발견하고, 감사하는 마음으로 배우자를 사랑하도록 최선을 다해서 이 생을 살아야 한다고 했다. 또 중세 페르시아의 시인이자 수학자인 오마르 하이얌은 삶이 새의 짧은 지저귐과 같으며 이 노래는 곧 끝나 버리지만, 우리는 지금 여기에 초점을 맞추고 할 수 있는 한 가능한 것들을 만끽해야 한다고 했다. 새의 노래는 짧아도 엄연히 존재하기 때문이다.

실존주의 철학자 장 폴 사르트르(Jean - Paul Sartre)도 이 문제에 명확한 생각을 갖고 있었다. 그는 죽음 이후의 삶은 없으며, 성숙한 삶을 위해서는 이 사실을 의식하고 인정해야 한다고 했다. 그리하여 삶에서 정말로 중요한 것을 깨닫고, 더욱 충분히 더욱 진정성 있게 이것을 경험해야 한다고 했다. 철학자 마르틴 하이데거(Martin Heidegger)도 비슷한 생각을 표현했다. 그는 유한성으로 인해 삶이 즉각적인 궁극성(immediate ultimacy)을 획득하며, 우리 자신의 유한성을 냉철하게 이해해야만 비로소 진정으로 완전한 삶을 살 수 있다고 했다.

유한성을
인정한다는 것

아내 스테이시는 죽음을 두려워하지 않는다. 터럭만큼도 두려움이 없다. 그녀는 어떤 종류의 내세도 믿은 적이 없으며, 존재의 유한성을 언제나 온전히 받아들이고 있다. 그래서인지 우리가 함께 아는 친구가 암으로 죽어 갈 때도 나보다 훨씬 잘 대처했다.

장인이 폐암으로 돌아가셨을 때도 그가 영원히 떠나 버렸다는 것을 이해했고, 그러면서도 그가 우리 삶의 한 부분으로 남아 있기를 바라고 그리워하면서 계속 그의 죽음을 애도했다.

그리고 비행의 두려움에 대해 말하자면, 기체가 아주 거칠게 덜커덕 흔들려도 그녀는 계속 잡지 기사를 읽는다. 비행기가 수백 피트나 위아래로 튀고 급강하거나 곤두박질치는 등 위태롭게 비행해도, 그녀는 알아차리지도 못한다.

이처럼 나는 겁이 많은 승객이라 죽음을 정말로 두려워하는 반면, 스테이시는 차분한 승객이라 죽음을 조금도 두려워하지 않는다. 하지만 죽음을 냉철하게 받아들이고 있다는 점에서는 둘 다 똑같다. 나는 죽음을 걱정하고 그녀는 안 할지 모르지만, 둘 다 죽음을 인정하고 있는 것이다.

우리는 죽을 것이다. 존재를 멈출 것이다. 솔직히 말하면 이것은 괜찮은 일이다. 단순하고 차분하게 생각해 보면 자연스러운 일이기도 하다. 물론 우리 둘 다 곧 죽기를 바라지는 않는다. 우리의 죽음이 무리하게 연장되거나 폭력적으로 끝맺어지기를 바라지도 않는다. 둘 다 지긋한 나이에 죽고 싶으며, 우리가 알고 사랑하는 모든 사람들도 편안하게 죽음을 맞이하기를 바란다. 그리고 죽음 자체에 대해 말하자면, 죽음이 불가피하다는 것을 잘 이해하고 받아들이고 있다. 솔직히 다른 것은 어떤 것도 상상하지 못하겠다.

죽음을 삶의 자연스럽고 불가피한 부분으로 받아들이는 것이 본질적으로 무종교인의 특징이라면, 삶에 대한 감사는 이런 특징이 불러오는 미덕이다. 종교가 없는 거의 모든 사람들은 불멸을 믿지 않고, 죽음이 돌이킬 수 없는 최후임을 냉철하게 받아들인다. 이로 인해 더욱 절실하게 삶을 살아가고, 사랑을 더욱 중요하게 인식하며, 진실성을 더욱 많이 보여 주고, 친구나 가족과 보내는 시간을 더욱 소중히 여긴다.

무종교적인 감성을 지닌 사람들에게 삶은 환영도 아니고 죄로 점철되어 있는 것도 아니다. 더욱 찬란한 천국이나 불타는 지옥으로 인도하는, 덜 중요한 전초기지 같은 것도 아니다. 그보다 삶은 지금 이 순간 여기에 있으며, 실제적이다. 삶은 힘들 때도 있고 평탄할 때도 있지만, 언제나 너무도 유한하다. 눈부시게 빛나는 삶과 그 삶이 가진 소용돌이의 핵심에는 바로 삶의 유한성이 있다. 이 빛과 소용돌이는 심장의 산소를 통해 흐르며, 귀를 얼얼하게 만들 만큼 컸던 그 행복한 웃음 — 10대 시절 고깃덩어리가 키클롭스의 눈에 퍽 하고 부딪혔다는 소리에도 더욱 거세졌던 — 을 통해 울려 퍼진다.

8장

삶을
있는 그대로
□ 바라보면
어떤 모습일까?

삶, 이 세상, 존재. 모두가 초현실적이고 유쾌하고 짜릿한 신비다. 무한의 깊이와 모든 존재의 근원, 우주의 기원, 시간과 공간의 시작이나 끝. 이런 문제들에 관한 한 우리에게는 한 조각의 단서도 없다. 아마 앞으로도 그럴 것이다.

언젠가는 존재하지 않으리라는 것을 인식하면서도 존재하고 있는 유일한 동물. 자신의 본질과 목적을 깊이 생각하고 논쟁까지 벌이는 유일한 생명체. 추상적인 예술품을 만들어서, 칠면조가 든 버거를 파는 카페와 예술 철학을 다룬 작은 책들을 파는 선물가게가 입점해 있는 커다란 건물에 이 예술품을 진열해 두는 유일한 탄소 기반 생명체. 이런 존재로서 우리는 참으로 우습고도 기이한 상황에 처해 있다.

감탄할 만한 과학적 진보 덕에 생명을 구하고, 고통을 줄이고, 소통을 개선하고, 이동성을 증가시키고, 에너지를 이용하고 지식을 넓힐 수 있게 되었지만, 이것들이 다 무엇을 의미하며 애초에 왜 있는 것인지, 실제로 어떻게 이것들이 가능하게 되었는지에 대해서는 여전히 제대로 이해하지 못하고 있다. 앞으로도 결코 이해하지 못할 것이다. 철학자 앙드레 콩트-스폰빌(André Comte-Sponville)이 인정했듯 '모름에서 완전히 벗어날 수 없는 것이 인간의 운명'이다.

물론 우리는 빅뱅의 떠나갈 듯한 울림은 들을 수 있다. 그러나 이 우주적인 진동은 빅뱅 이전에 무엇이 있었는지에 대해서, 그 전에는 무엇이 있었는지에 대해서, 한바탕 소란을 일으킨 폭발이 도대체 어떻게 왜 일어났는지에 대해서 아무것도 말해 주지 않는다. 대부분이 젖어 있으며 들�꿩과 말총머리들과 가난이 가득한 이 구체는 10억 개의 다른 구체들 사이에서 우주를 떠다니고 있다. 소용돌이치는 별들과 팽창하는 우주도 있다. 이것들 자체도 사실 측정하기가 더욱 힘들게 무한히 퍼져 있는 안개의 한가운데, 우리가 인지하지도 못하는 어떤 것의 끝에서 너울거리는 점 같은 것일지도 모른다.

내게는 이런 상황이 지독하게, 분명히, 황홀할 만큼 놀랍게 여겨진다. 또한 성경과 코란, 베다, 우파니샤드, 다이어네틱스

(Dianetics, 해로운 심상을 제거하려는 심리 요법으로서 사이언톨로지의 출발점이기도 하다.—옮긴이), 모르몬교의 교리와 성약들, 티베트 사자의 서에서 읽은 그 어떤 이야기들보다도 흥미진진하고 경이로웠다.

그러니 귤의 냄새를 맡거나, 덜시머(dulmer, 공명상자에 금속선을 치고 조그마한 망치로 쳐서 연주하는 현악기 —옮긴이)를 민첩하게 두드리거나, 닭의 털을 뽑고 양심에 귀 기울이거나, 새로운 알고리즘을 정복하거나, 걸어서 출근을 하거나, 자동차를 얻어 타라. 우리는 여기에 존재하기 때문이다. 게다가 이 모든 일이 정확히 어떻게 왜 일어나는지 우리는 영원히 결코 알지 못할 것이기 때문이다. 이런 게 우리가 처해 있는 상황이다. 이 상황을 직시하고 인정해야 한다. 신비는 그대로 두고.

내 조부모의 집 뒷마당에서는 매년 특정한 시기가 되면 노란색 꽃들이 환하게 줄지어 피어났다. 그 꽃들은 아주 매혹적이고 사랑스럽고 아름답고 선명하고 다정했다. 어렸을 때는 이 꽃들을 바라보는 게 너무 좋았다. 하지만 그들도 어느 면에서는 그저 평범한 잡초에 지나지 않았다. 그것들의 이름은 옥살리스 컴프레사, 노랑 사랑초였다. 지금도 마찬가지지만 내게는 세상에서 가장 멋진 꽃이다.

조부모님의 뒷마당에는 포도나무도 있었다. 포도나무는 벽돌로 된 뒤뜰 근처의 나무 격자를 뒤덮고 가지를 아래로 늘어뜨린 채 열매를 풍성하게 매달고 있었다. 포도껍질은 두텁고 짙은 푸른색을 띠고 있었으며 입안에 들어온 알맹이의 감촉은 마치 눈알처럼 느껴졌다. 나는 뒷마당에서 이 밝은 빛의 노란 꽃이나 짙은 푸른빛의 포도와 놀며 많은 시간을 보냈다. 또 조부모의 집에 있을 때는 낮잠도 많이 잤는데, 어느 날 오후에 깨어 보니 작은 먼지 알갱이들이 창문으로 쏟아져 들어온 햇살 속에서 무심하게 떠다니고 있었다. 정말로 고요했다. 그런데 어느 순간 할머니가 방으로 들어와서 내게 간식을 주었다. 바삭바삭한 포테이토칩 몇개와 풋사과, 향기로운 오렌지 체다 치즈였다.

어느 날 아침에는 혼자 몬태나 주 화이트피시에서 픽 포크를 지나 폴슨으로 계속 차를 몰았다. 8월 초순이었다. 플랫헤드 호수를 따라 운전을 하는데, 길은 거의 비어 있고 계곡은 광대했으며 멀리 보이는 거대한 산은 금욕주의적이고 고요했다. 잠잠한 공기에서는 마른 솔 향이 났다. 그때 라디오에서 레드 제플린의 「나는 당신을 떠날 거예요(Babe, I'am gonna Leave You)」가 흘러나오자 내 정맥이 약간 확장되는 것 같았다. 모비 그레이프(Moby Grape, 미국의 사이키델릭 록밴드 ─ 옮긴이)의 「그(He)」가 나올 때는 내가 점점 어려지면서 동시에 점점 늙어 가는 같은 느낌이 들었다. 몇 년 전 6월의 어느 밤처럼 말이다.

1990년대 오리건 주에서 대학원을 다니던 시절 나는 같은 집에 살던 친구와 파티를 열었다. 그날 밤 나는 빛바랜 청바지에 피츠패트릭 티셔츠를 입고 춤을 많이 췄다. 스테이시도 연노랑 드레스에 나막신을 신고 춤을 췄다. 새벽 3시경 파티장을 나와 유진 시내를 지나서 앞에 거대한 삼나무가 있는 그녀의 아파트 쪽으로 걸어가는데, 계속 둥둥 떠가는 것 같은 느낌이 들었다. 또 덴마크 유틀란트 반도 동쪽 해안의 어느 정신병원 옆에 있던 경사가 완만한 언덕도 생각났다. 그 언덕은 길고 완벽하게 아래로 기울어져 있었다. 1월의 어느 밤이었고, 언덕은 완전히 얼어붙어서 길바닥이 순전히 얼음으로 덮여 있었다. 반달이 빛을 비춰 주는데도 길에는 아무도 없었다. 스테이시와 나, 플로라, 루비, 어거스트, 우리의 친구 낸시와 루이스, 라스 그리고 줄리는 모두 썰매를 들고 그 길을 내려갔다. 그러나 썰매는 필요 없었다. 얼어붙은 비탈길이 워낙 유리처럼 매끄러워서 그냥 미끄러져 내려갈 수 있었기 때문이다. 실제로 우리는 혼자서 혹은 짝을 이뤄 등이나 배를 바닥에 대고 팔은 쭉 펼친 채 웃으며 뱀처럼 미끄러져 내려갔다. 우리 밑에는 부드러운 눈 말고는 아무것도 없었고, 저기 아래쪽에는 건조 더미들이 몇 개 있었다. 우리는 그 추운 밤에 손을 맞잡고 미끄럼을 타다 가쁜 숨을 몰아쉬고 땀을 흘리면서 몇 시간이나 함께 놀았다. 학창시절 비 오던 어느 가을 밤, 공원의 조명등 아래서 나와 14살 먹은 친한 친구 행크, 형 데이비드와 조쉬가 함께 진흙탕 속에서 축구를 하고 놀 때처럼.

요전 날 플로라와 나는 산타모니카 근처의 해변에 갔다. 둘이 곧장 물속으로 들어갔는데, 파도가 계속 거세게 몰아쳤다. 나는 오른손으로 플로라의 왼손을 거머쥔 채 파도가 가까이 다가올 때마다 위로 뛰어올라 파도를 넘을지, 아니면 파도 밑으로 들어갈지, 아니면 그냥 파도가 우리를 후려치게 가만히 있을지를 눈 깜짝할 사이에 결정했다. 이렇게 바닷물과 다가오는 파도, 후두둑 떨어지는 물방울을 만끽하면서 우리는 계속 깔깔거리며 놀았다. 햇살 속에서 플로라의 얼굴이 반짝였다. 어느 무더운 오후 뒷마당에서 트램펄린의 그물망 위에 임시로 호스를 설치하고, 부드럽게 흩뿌려 내리는 물 아래서 폴짝폴짝 뛰어논 적도 있었다. 그때 아들 어거스트도 플로라처럼 안개 같은 물방울 아래서 미소를 짓고 있었다.

이제 14살이 된 루비는 최근에 우주를 연구하고 싶다는 꿈을 내게 고백했다. 그녀는 줄곧 문학과 음악을 사랑했지만, 최근 근처 대학에서 일주일짜리 우주론 수업을 들었다. 그녀는 수학의 많은 부분을 잘 이해할 수 없었지만, 교수님이 우리가 어떻게 별과 똑같은 물질로 만들어졌는지를 설명해 줄 때—즉 우리가 자의식을 갖춘 우주진과 같다는—는 눈물이 고이면서 막 흥분이 됐다고 했다. 그러고 나서 몇 주 후 친구 엘로이즈와 야영을 하다가 누워서 별을 바라보는데, 하늘에서 유성우가 쏟아졌단다. 거기 누워 그 모든 광경을 받아들이는 동안 그녀는 이런 걸 포함하지 않는 음악은 상상도 할 수 없음을 깨달았다. 방에 있을 때든 운전을 하거나 친구들과 어울릴 때든 그녀는 언제나 배경으로 음악을 틀어 놓는 걸 좋아했다. 그리고 어떤 상황에 놓이면 종종 특정 순간들에 함께 하면 좋을 음악을 상상하고, 이런저런 노래가 배경으로 완벽할 것이라고 생각하곤 했다. 그런데 야영장에 누워 하늘의 별을 올려다보는 순간, 어떤 노래나 음악도 그 순간을 더욱 좋거나 더욱 깊이 느끼게 만들어 줄 수 없으며, 그렇게 되지도 않으리라는 것을 깨달았다. 그녀 위에 펼쳐져 있는 우주의 깊은 고요가 충분히 경이로워서 음악이 전혀 필요하지 않았기 때문이다.

삶에 대한 경외감

이따금 내게 '어떤 사람인지' 묻는 이들이 있다. 나를 만나는 사람들은 내가 유대인이라는 걸 쉽게 알아차린다. 하지만 신앙이나 구체적인 종교적 믿음과 교리의 영역으로 대화가 옮겨 가거나, 내가 피처 칼리지에서 무종교 연구 프로그램을 진행하고 있다는 이야기를 하거나, 연구를 위해 누군가를 인터뷰할 때면 사람들은 나를 잘 파악하지 못한다. 급기야 그들은 내가 어떤 사람인지, 스스로 나를 어떤 사람이라고 규정하는지 묻는다. 그럴 때마다 나는 언제나 흔히 해 줄 수 있는 답변이 내게 없음을 깨닫는다.

'무신론자'라는 명칭만 해도 그렇다. 나는 무신론자인가? 그렇고말고. 물론 무신론자다. 나는 분명히 신이 실제로 존재한다고 믿지 않는다. 이제까지 인간들이 창조하고 지어내고 상상해 낸 그 모든 신들도 마찬가지다. 이것은 단순한 증거 부족의 문제다. 그럼 우주를 무엇이 창조했는지 아느냐고? 모른다. 그렇다고 이것이 신에 대한 믿음으로 옮겨 가지는 않는다. 이제까지 어떤 해답도 찾아내지 못한 진지하고 경이로운 신비들이 저기에 존재한다는 것을 인정한다는 의미일 뿐이다. 하지만 신비에 대한 이런 인식과 인정도 창조주 신에 대한 믿음을 보장하지는 않는다.

내게는 유신론적인 생각이 부족하다. 무신론자이기 때문이다. 하지만 이 말은 나를 공정하게 표현해 주지 못한다. 사람들이 내게 어떤 사람이냐고 물을 때 이 '무신론자'라는 명칭을 사용하는 것도 내키지 않는다. 이것이 본질적으로 부정의 말이기 때문이다. 무신론자라는 말은 내가 무엇을 믿지 '않는지', 무엇을 진실이라고 생각하지 '않는지', 무엇을 인정하지 '않는지' 분명하게 밝혀 준다. 그런데 이것이 내게는 실패처럼 느껴진다. 사람들이 내게 '어떤 사람'이냐고 물을 때, 다른 사람들이 믿는 것을 무력화하거나 부정하는 말이 아니라, 긍정적인 명칭이나 확신을 주는 표현을 쓰고 싶기 때문이다. 비유를 하자면, 자신을 무신론자라고 설명하는 것은 실제로 한국인 조상이 있거나 아프리카계 미국인이거나 촉토족(Choctaw)이면서 자신을 '비(非)백인'이라고 설명하는 태도와 좀 비슷하다.

이런 문제를 넘어 나는 '무신론자'라는 명칭 자체도 좋아하지 않는다. 이 말은 내가 종종 경험하는 삶의 기쁨을 제대로 담아내지 못하기 때문이다. 플로라와 바다에서 놀거나, 아주 친한 친구들과 축구를 하거나, 루비와 별에 대해 이야기하거나, 12월의 투명한 밤에 스테이시와 눈 덮인 숲을 걷거나, 내 아이들이 태어나는 장면을 목격하거나, 하브즈와 젤리, 다니엘과 함께 시내 중심가의 카페에 가거나, 조부모님의 뒷마당에서 자라던 그 노란 꽃들을 볼 때, 달콤하고 안타깝고 슬프게 골수까지 휘젓는 그 깊은 감사하는 마음과 전체적인 경이감을 이 말은 포착해 내지 못한다.

실존의 심오한 신비와 존재의 아름다움, 창조의 숭고함에 대한 느낌은 말할 것도 없고, 나는 삶에 깊은 사랑을 품고 있다. 그렇기 때문에 자칭 '무신론자'라는 말은 솔직히 좀 모자라고 무미건조하게 느껴진다.

'불가지론자'는 그나마 좀 낫다. 이 말은 좋아한다. 종종 이 말을 사용하기도 한다. 그렇지만 이 말에도 부족한 점이 있다. 첫째, 가장 일반적인 쓰임새를 살펴보면, 불가지론자라는 말은 신의 존재를 믿지도 않고 그렇다고 안 믿는 것도 아닌 사람을 의미한다. 줄리언 바지니(Julian Baggini)의 표현을 빌리자면, 불가지론자는 "신의 존재 여부를 우리는 알 수 없기 때문에 유일한 합리적 선택은 판단을 유보하는 것이다."라고 주장한다. 신이 존재할 수도 있고 그렇지 않을 수도 있다. 우리는 뭐라고 단언할 수 없다.

이것은 훌륭한 입장처럼 여겨진다. 하지만 더욱 자세히 들여다보면, 이것을 정말로 입장이라고 할 수 있을까 하는 의문이 든다. 사실 이것은 입장의 부재에 더 가까운 것이거나, 본질적으로 공인된 우유부단함이거나, 수용된 기회주의에 지나지 않는다. 신의 존재 여부에 분명한 생각을 갖지 못하거나, 이렇게 저렇게 말하는 것은 불가능하다고 느끼는 사람은 우유부단하고 자신이 없는 사람에 불과하기 때문이다. 그런데 신의 존재에 관한 문제에서 나는 그런 기회주의자가 아니다. 이것이 스스로를 불가지론자라고 부르지 않는 한 가지 이유다.

그러나 불가지론자들의 입장에는 다른 점들도 있다. '불가지론자'라는 말 속에는 사실 철학적으로 더 깊고 미묘한 의미가 박혀 있다. 이 의미는 '지식이 없는'이라는 그리스어의 뜻에 훨씬 더 가깝다. 이 차원에서 불가지론자가 된다는 것은 사물이나 상황, 일, 문제, 주제, 실존의 양상들 중에는 간단하게 알거나 이해할 수 없는 것들이 있다는 입장을 견지한다는 의미다. 인간의 정신이 불가피하게 제한되어 있고, 과학적 방법에도 한계가 있어서 실제의 몇몇 측면들이 언제나 우리의 이해와 납득을 넘어서 있기 때문이다.

로버트 잉거솔이 간명하게 말한 것처럼, 불가지론자들은 "누구도 신이 어떻게 존재하는지 모른다. 인간의 정신은 기원이나 운명 같은 문제들에 답할 정도로 그렇게 크지 않다."고 주장한다.

혹은 철학자 에릭 메이젤(Eric Maisel)의 말처럼, 불가지론자는 "누구도 우주의 목적 혹은 목적의 부재에 대해서 특별한 지식을 갖고 있지 않으며, 우리에게 있는 것은 오로지 한계를 지닌 과학적 지식과 역시 한계를 지닌 의식의 추측, 모두가 공유하고 있는 얼마간의 신비, 시간이 끝날 때까지 설명되지 않은 채로 남아 있을 가능성이 큰 신비뿐이다."라고 믿는다.

물론 총명한 우주학자들로 이루어진 팀이 어느 날 시간과 공간, 실존의 복잡한 문제들에 대해서 해답을 찾아낼 수 있을지도 모른다. 하지만 그렇더라도 독일의 수학자이자 철학자인 고트프리드 빌헬름 라이프니츠(Gottfried Wilhelm Leibniz)가 날카롭게 제기한 그 피할 수 없는 중요한 문제는 그대로 남는다. "왜 무(nothing) 대신 무언가 있어야만 하는가?" 루트비히 비트겐슈타인(Ludwig Wittgenstein)이 주장한 것처럼, "신비적인 신비는 세계가 존재하는 방식이 아니라 세계가 존재한다는 그 자체다."

이것이 바로 불가지론과 관련해서 내가 깊이 공명하는 부분이다. 나는 저기 바깥에 영원한 미지의 것이 존재할 수 있다고 믿는다. 셰익스피어 식으로 표현하자면, 이 미지의 것은 '하늘과 땅 사이에' 어떤 철학에서나 꿈꿀 수 있는 것 '이상의 것이 존재'함을 시사한다.

그러나 이런 맥락에서 자신이 불가지론자라고 여겨도, 이 말을 너무 자주 사용하는 것은 좋아하지 않는다. 이 말이 너무 지적으로 느껴지기 때문이다. 인식의 면에서 지나치게 면밀하고, 너무 완고하며, 무미건조할 정도로 철학적이다. '불가지론자'라는 말에서는 삶과 삶의 성가신 문제와 신비들에 너무 엄중하고 사색적인 태도가 풍긴다.

어떤 실존적 문제와 우주의 신비들을 깊이 생각할 때면, 나는 무미건조한 당혹감이나 차가운 사색을 넘어서 종종 정서적으로 반응하기도 한다. 무언가를 실제로 느끼는 것이다. 그저 숙고하거나 사색하는 수준을 넘어서, 때때로 삶과 죽음, 존재, 우주 같은 실존적인 문제와 신비들을 경험하거나 느낀다고 말할 수 있을 정도다. 그런데 '불가지론자'라는 말은 이런 경험적이고 정서적인 느낌의 차원을 제대로 담아내거나 만족스럽게 전달해 주지 못한다.

그럼 '무종교적 인본주의자'라는 말은 어떨까? 이런 명칭은 아주 좋아한다. 그래서 이 책에서도 이것의 가치를 선전하기도 했다. '무신론자'라는 말과는 달리 무종교적 인본주의자라는 말은 내가 무엇을 위해 존재하는지를 잘 전달해 주고, '불가지론자'라는 말과는 달리 알 수 없는 실존적 문제들을 추상적·철학적으로 숙고하는 사람이나 기회주의적인 사람이라는 의미도 담겨 있지 않기 때문이다.

자신을 무종교적 인본주의자라고 선언한다는 것은 문제를 해결하거나 세계를 더 좋고 안전하고 공정한 곳으로 만들 수 있는 인간의 잠재력에 낙천적 믿음을 갖고 있다는 의미다. 무종교적

인본주의자는 이성과 과학, 이성적 탐구를 믿고, 민주주의와 관용, 열린 토론, 인권 등에 헌신하는 사람이다. 그래서 나는 '무종교적 인본주의자'라는 규정이 유용하고 적절하다는 생각도 가끔 든다. 종교와 정치에 관한 토론회 참석자로 초대를 받았을 때나, 보수적인 기독교인과 논쟁을 벌일 때나, 종교가 없는 자식들을 뭐라고 불렀으면 좋겠느냐고 종교가 없는 부모들이 물었을 때처럼 말이다.

하지만 자신을 지칭하는 말로 언제나 이 말을 쓰고 싶은 건 아니다. 이 말이 늘 적합한 것은 아니기 때문이다. 먼저 좀 더 정확히 말하면, 이 무종교적 인본주의는 내가 지지하는 하나의 입장이나 의제에 더 가깝다. 무종교적 인본주의는 정교의 분리와 피임권, 장애인 권리 증진, 연민하는 마음 키우기, 예술에 대한 존중처럼 내가 옹호하는 일련의 가치와 이념, 관습들을 수반한다. 또 무종교적 인본주의에는 내가 진심으로 환영하는 정치적인 측면도 있다. 무종교적 인본주의가 관용과 민주주의, 소수의 인권, 환경결정론, 여권, 성적인 권리 등을 강조하기 때문이다.

하지만 내가 어떤 사람인지를 설명할 때는 내가 지지하고 옹호하는 가치와 이념, 관습보다는 무언가 더 사적인 다른 것을 전달하고 싶다. 나의 느낌과 경험을 설명해 주고 싶다. 예컨대 아서 리(Arthur Lee, 앞서 나온 그룹 러브Love의 보컬리스트로서 최초의 흑인 히피로 알려져 있다.—옮긴이)가 석방된 날 밤에 바로 니팅 팩토리에서 공연을 하리라는 소식을 듣고는 표가 매진되었으리라는 생각에도 아랑 곳 않고 차를 몰고 가서 어찌어찌 공연장 안으로 들어가 무대 바로 앞에서 그가 「너의 마음에 우리는 함께해(Your Mind and We Belong Together)」를 부르는 걸 들었다는 이야기를 할 때, 나는 전혀 '무종 교적 인본주의자' 같은 느낌이 들지 않는다. 내가 느끼는 것은 눈 물이 날 것 같은 기쁨과 경이, 완전한 환희다.

로빈 헤켈(Robin Heckle)이 체육관에서 열린 중학교 할로윈 파티 에서 마녀 복장에 검은 립스틱을 바르고 나를 움켜쥔 채 커튼 뒤 로 끌고 가 키스를 퍼부었을 때도 나는 '무종교적 인본주의자' 같 은 느낌은 들지 않았다. 그저 감정이 마구 일어나 흥분되고 행복 해지는 걸 느꼈을 뿐이다. 무덥고 건조한 날 스테이시와 아이들 을 데리고 노르웨이의 높은 산길을 오랫동안 걷다가 얼음처럼 차 갑고 하늘빛처럼 새파라며 헤엄칠 수 있을 만큼 깊은 연못을 우 연히 발견하자마자 그 얼음 같은 눈에서 흘러내린 폭포수를 마시 고는 모두들 홀렁홀렁 옷을 벗어던지고 깨끗한 물속으로 뛰어들 어 헤엄을 쳤을 때도 나는 '무종교적 인본주의자' 같은 느낌은 들 지 않았다. 그저 믿기지 않을 만큼 행복하고, 지지와 포용, 사랑, 살아 있다는 느낌을 받았을 뿐이다. 요컨대 내 삶에서 가장 중요 하고 기억할 만하고 의미 깊었던 순간들 ─ 내가 덧없는 동시에 영원한 존재라는 느낌이 들었던 순간, 내가 누구인지 분명해지면 서 깊은 자아감이 느껴지던 순간 ─ 을 떠올릴 때면 이 '무종교적

인본주의자'라는 명칭이 약간 부족하게 여겨진다.

물론 맞다. 나는 무종교적 인본주의의 그 온당하고 고귀한 목적들을 지지하고 옹호한다. 맞다. 나는 무신론자다. 불가지론자인 것도 맞다. 적어도 인간의 지식이 영향을 미치는 범위에도 한계가 있으리라고 생각하는 사람이라는 점에서는 그렇다. 하지만 나는 그 이상의 존재이기도 하다. 내 안에서는 종종 심오한 느낌들이 넘쳐흐른다. 그리고 이런 느낌을 가장 잘 표현해 주는 말은 경외다. 그러므로 근본적으로 나는 '경외주의자(aweist)'다.

물론 내가 언제나 끊임없이 넘쳐흐르는 경외감을 안고 주변을 돌아다니는 것은 아니다. 입을 헤 벌리고 눈은 몽롱하게 뜬 채 등골에서는 저릿한 느낌을 받으면서 언제나 한가롭게 걸어 다니지는 않는다. 하지만 꽤 자주 경외감을 경험한다. 때로는 순간적으로 희미하게 느끼기도 하고, 때로는 잊지 못할 만큼 강렬하게 느끼기도 한다.

이런 느낌은 자연 속에 있을 때나 사람들과 어울릴 때 일어난다. 월트 휘트먼의 글을 읽을 때나 리처드와 미미 파리나(Richard and Mimi Fariña, 존 바에즈의 여동생 미미 바에즈와 남편 리처드 파리나로 이루어진 듀엣 — 옮긴이)가 부르는 「어둠의 자식들(Children of Darkness)」을 들을 때, 아이들을 학교에서 차로 데려오거나 시가행진에 데리고 갈 때, 수천 명의 사람들과 불필요한 전쟁에 반대하는 시위를 할 때도 이런 느낌이 불타오르기 시작한다. 물론 시간과 공간, 시작과 끝

같은 실존적 신비들과 이것들의 불가해성 ─ 적어도 내게는 그렇다. ─ 을 깊이 생각할 때도 이런 느낌이 일어난다. 그리고 심오한 것은 물론이고 삶의 세속적인 것들도 무시로 이런 경외감을 자극한다. 그 근원이 무엇이든, 이 경외감은 내 삶의 경험에서 진실하고 본능적이며 사랑스러운 한 부분을 차지한다.

경외주의(aweism)는 궁극적으로 실존이 아름다운 신비이며, 살아 있다는 것 자체가 경이의 원천이고, 창조와 시간, 공간 같은 실존의 심오한 문제들이 깊은 기쁨과 통렬한 아픔, 숭고한 경외감을 자아낼 정도로 강력하다는 개념을 압축하고 있다. 경외주의는 또 우리가 여기에 존재하는 이유, 우주가 생겨나게 된 과정과 이유는 누구도 영원히 진정으로 알 수 없다는 믿음에 겸허하고도 행복하게 기초하고 있다. 이런 통찰은 우리를 맥도 못 추게 만들지만 동시에 계속 춤추게 만드는 원동력이 되기도 한다.

경외주의자는 살아간다는 것이 놀랍도록 신비로우며 삶이 심오한 경험임을 인정하는 사람이다. 그리고 경외주의자는 역사학자 제니퍼 마이클 헥트(Jennifer Michael Hecht)의 생각에 공감한다. 그는 가브리엘 마르셀(Gabriel Marcel, 프랑스의 철학자이자 극작가로서 그리스도교적 실존주의자 ─ 옮긴이)과 앨런 왓츠(Alan Watts, 동양의 철학과 불교를 미국에 소개한 영국의 철학자 겸 작가, 강연자 ─ 옮긴이)의 통찰에서 다음과 같은 생각을 이끌어 냈다. 즉 어떤 문제들은 풀 수 있지만 깊은 신비들은 풀리지 않으므로 즐겨야 한다. 우주와 실존의 그런 신비를 받아

종교 없는 삶

들이면 더욱 행복할 수 있다. 경외주의자는 또 (자칭 불가지론자인) 앨버트 아인슈타인의 말에도 귀를 기울인다. 그는 "우리가 경험할 수 있는 가장 아름다운 감정은 신비다. 이것은 모든 진정한 예술과 학문의 요람에 서 있는 근본적인 감정이다. 이 감정이 낯선 사람, 더 이상 감탄하지 못하는 사람, 넋을 잃고 경외할 줄 모르는 사람은 죽은 사람이나 완전히 꺼져 버린 촛불과 같다."고 했다.

종교를 믿는 많은 신자들도 아인슈타인의 이런 생각이나 경외주의에 공감할지도 모른다. 또 종교적인 지향성을 세상을 향해 드러낸 것이 경외주의라고 보는 이들도 있을 수 있다. 하지만 다양한 종교와 경외주의 사이의 유사성은 그렇게 넓지 않다. 미국의 철학자 루이스 앤서니(Louise Anthony)가 설명했듯 "유신론자처럼 우리도 인간 정신이 제한되어 있으며 실수를 잘 범한다는 것을 인정한다. 그들처럼 우리도 자연계의 광대함과 복잡함을 경외심을 갖고 받아들인다. 그러나 유신론자들과는 달리 우리는 세계의 기원이나 궁극적 미래를 설명할 중심적 이야기를 갖고 있지 않다. (…) 우리에게는 경전도, 분명한 대답을 지닌 권위자들도 (…) 계율도 없다." 그리고 덧붙이자면, 신도 없다.

찰스 다윈은 기독교 신앙을 버리고 불가지론자가 된 후에도 창조의 숭고함을 변함없이 깊게 느끼고 인식했다. 동시에 그는 이렇게 말하기도 했다. "이런 인식의 기원을 설명하는 일이 아무리 어려워도, 이것을 신의 존재를 주장하기 위한 논거로 제시할 수는 없다." 그러나 신앙심이 깊거나 종교적으로 영적인 사람들은 바로 그렇게 할 것이다. 경이로운 느낌이나 경험, 황홀한 신비감을 더 나은 어떤 존재, 다른 신성한 존재가 저기에 있다는 증거로 해석하는 것이다. 그러나 경외주의자는 이런 믿음의 도약을 허용하지 않는다. 그저 이따금 경외감을 느끼고, 음미하고, 인정하고, 만끽하면서, 초자연이나 사후세계에 대한 케케묵은 생각 없이 계속 살아갈 뿐이다.

소설가 조지프 콘래드(Joseph Conrad)는 그의 표현대로 "황홀한 상태"에서의 삶에 대해 이야기했다. 콘래드에게 이 황홀한 상태는 순전히 자연적이고 전적으로 이 세상과 관련된 것이었다. 그가 설명했듯 "나의 도덕적이고 지적인 존재를 관통하는 것은 누구도 꺾을 수 없는 확신이다. 우리 오감의 지배 속에 들어오는 것은 무엇이든 자연 속에 있는 것이며, 아무리 예외적인 것이어도 자의식을 가진 우리가 한 부분을 이루고 있는 가시적이고 실체적인 세계의 다른 모든 대상들과 본질적으로 다르지 않다는 확신 말이다. 지금 우리가 살아가는 세계 속에는 기적과 신비들이 충분히 많이 존재한다."

프랑스 철학자 앙드레 콩트-스퐁빌의 생각처럼 "우리는 불가해한 것들 속에서 살고 있다." 그러나 종종 광대한 초월의 느낌이 생겨나도, "이런 광대한 느낌에 본질적으로 종교적인 것은 전

종교 없는 삶

혀 없다. 사실 (…) 모든 것과 하나라는 느낌이 들면 더 이상 아무 것도 필요하지 않게 된다." 혹은 미국의 무신론자 샘 해리스(Sam Harris)가 더욱 깊이 있게 표현한 것처럼, 우리의 우주가 실제로 "신비로 가득 차 있어도 (…) 우리의 오묘한 환경과 소통하기 위해 어떤 신화를 받아들일 필요는 없다. 인격신을 숭배하지 않아도 창조의 광대함과 아름다움에 경외감을 느끼며 살아갈 수 있다."

실존에 대한 경이와 깊은 감사에 푹 젖어 있지만 경외주의는 여전히 이 세상에 아주 많이 바탕을 두고 있다. 철학자 로버트 솔로몬(Robert Solomon)이 말한 "자연주의적인(naturalized)" 영성과 비슷하다. "바로 여기, 어디 다른 곳이 아닌 우리의 삶, 우리의 세계를 중시하는 비종교적이고 비신학적이며 비교조적인 성향" 말이다.

나는 지금 여기에서 나의 생을 살고 있으며, 시간의 흐름 속에서 이따금 심오한 초월감과 터질 듯한 경외감을 경험하기도 한다. 그리고 이런 느낌을 그저 즐긴다. 나의 경외감은 여기서 멈춘다. 아인슈타인이 썼듯 "우리가 이해할 수 있는 한, 우리는 이 세계의 구조가 지닌 아름다운 조화를 겸허히 칭송해야 한다. 그것이 전부다." 그래서 나는 내 경외감의 근원을 확인하기 위해 그다지 노력하지 않는다. 게다가 나는 이따금씩 느끼는 깊은 경이감이나 행복, 짜릿한 기쁨을 자연주의적이고 신경학적이며 심리학적인 관점에서 설명하는 것만으로도 완벽하게 만족한다. 사실 근원은 내게 아무 상관이 없다. 내가 관심 갖는 것은 경외감이며, 나의 인성과 삶의 경험에서 정말로 중요한 부분을 이루는 것이 바로 이 경외감이라고 생각한다.

신에 대한 믿음이 없다고 해서 이 세상이 덜 경이롭고 덜 싱그럽고 덜 신비롭고 덜 놀랍게 보이는 것은 아니다. 자유롭게 생각하는 무종교적 성향을 갖고 있다고 해서, 미학적인 영감과 신비함을 향한 경이, 줄어들지 않는 감사의 마음, 실존적인 기쁨, 타인과 자연 및 불가사의한 것과의 깊은 유대감 없이 차갑고 무미건조하게 살아가는 것은 아니다. 이와는 정반대다. 경외를 느끼고 경험하는 데 신은 필요하지 않다. 생명이 필요할 뿐이다.

나오며

몇 년 전 로드아일랜드에 있는 크랜스턴 하이 스쿨 웨스트에 다니던 제시카 알퀴스트(Jessica Ahlquist)는 학교 강당 벽에 붙어 있는 대형 기독교 기도문 현수막에 문제를 제기했다. 그녀는 공립 학교에서 종교적 믿음을 강요하는 일은 하지 말아야 한다고 생각했다. 그래서 표현의 자유를 보장하는 미국 수정헌법 제1조에 위배된다고 주장하면서 이 현수막을 제거하려 했다. 그녀의 이런 행동이 나중에 소송까지 불러오면서, 그녀는 언어적으로 괴롭힘을 당하고 살해 위협까지 받았다. 급기야는 수업을 들으러 오가는 사이에 경찰의 보호까지 받아야 했다. 로드아일랜드를 관할하는 미국 지방법원이 제시카에게 우호적인 판결을 내려 그 현수막을 철거하라고 명령한 다음 날에도 로드아일랜드 주의회 의원인 피터 팔럼보(Peter Palumbo)는 지역 라디오 쇼에 출연해서 "사악하고 보잘 것 없는 것"이라고 그녀를 모욕했다.

미국인들의 질대다수 — 실제로 2/3이나 — 가 미국을 '기독교 국가'로 생각한다고 한다. 이것은 많은 사람들이 무신론자나 불가지론자를 본질적으로 '비미국적인' 사람으로 여긴다는 의미다. 실제로 현재 사우스캐롤라이나와 아칸소, 메릴랜드, 미시시피, 테네시, 텍사스 같은 주의 헌법에서는 무신론자가 공직에서 일하는 것을 금지하고 있다. 또 '국기에 대한 맹세' 속에는 "하느님 아래(under God)"라는 말이 들어 있고, 미국의 주도적인 정치인들은 흔히 우리를 하나의 국가로 묶어 주는 것은 무엇보다도 하느님에 대한 우리의 믿음이라고 선언한다. 이런 사실들을 감안하면 하느님을 믿지 않는 사람은 누구든 확실히 애국심이 덜한 사람으로 취급하는 것도 이해가 된다. 그렇지 않은가?

1980년대 아버지 부시 대통령의 입장도 이와 같았다. 그는 공공연하게 이렇게 말했다. "무신론자를 진정 시민으로 여겨야 하는지, 그들을 애국자로 여겨야 하는지 정말 모르겠습니다. 신 님 아래서 우리는 하나의 국가입니다." 다양한 조사들에서 입증되었듯이 많은 미국인들이 이런 생각에 분명히 동조하고 있다. 많은 조사 결과, 미국인들은 무신론자를 대통령으로 뽑는 데 거부감을 갖고 있는 것으로 나타났다. 앞서 살펴본 것처럼, 무신론자보다는 회교도나 동성애자, 모르몬교도, 라틴계 남자, 유대인, 가톨릭교도, 여성 혹은 아프리카계 미국인을 대통령으로 뽑을 미국인들이 더 많다.

오늘날 미국의 많은 식자들과 정치인들 — 때로 민주당원도 있지만 보통은 공화당원인 — 은 종교적 믿음을 갖는 것과 미국인이 된다는 것에 관련이 있다고 주장한다. 아들 부시 대통령 — 예수야말로 그가 좋아하는 철학자이기 때문에 이라크 침공 전에도 예수와 논의를 했다고 주장했다. — 도 2003년에 국회의 한 국정연설에서 이렇게 말했다. "우리 미국인들은 우리 자신에게 믿음을 갖고 있지만, 우리 자신만 믿는 것은 아니다. 하느님의 모든 뜻을 안다고 주장할 수는 없지만, 하느님의 뜻을 신뢰하고 있다. 우리는 모든 생명과 모든 역사의 뒤에 계신 사랑하는 하느님에게 확신을 갖고 있다." 여기서 중요한 말은 "우리 미국인"이라는 말이다. "사랑하는 하느님"에게 확신이 없는 사람은 "우리"에 포함되지 않으므로 진정한 미국인이라고 할 수 없다는 것이 바로 미국의 43대 대통령이 여기서 노골적으로 주장하고 있는 내용이다.

요즈음엔 이런 생각이 꽤 대세를 이루고 있다. 유력한 인사들이 연단에서 이런 주장을 펼친 경우들을 모두 열거하자면 아주 많은 지면이 필요할 것이다. 그러므로 아주 전형적인 최근의 한 예만 살펴보도록 하겠다. 2012년 8월 30일 플로리다 주 탐파에서 열린 공화당 전당대회에서 상원의원 마르코 루비오(Marco Rubio)는 대회 마지막 날 밤에 끝에서 두 번째로 아주 중요한 연설 기회를 부여받았다. 미트 롬니(Mitt Romney)가 무대에 올라 당의 지명을 수락하기 직전에 연설할 기회를 얻은 것이다.

젊고 표현력도 뛰어난 데다 자긍심까지 넘치는 미국인 마르코 루비오는 현재의 공화당이 주장하는 모든 것들 즉, 세금과 정부의 관료주의에 대한 증오, 가족과 자유에 대한 사랑, 그리고 —아마도 다른 무엇보다도— 하느님에 대한 믿음을 상징하는 인물이었다. 여기서 내가 '아마도 다른 무엇보다도'라고 말한 이유는 루비오 상원의원이 그의 연설에서 강조한 점이 바로 이것이었기 때문이다. 그날 밤 그는 이렇게 주장했다. "우리의 국가적 모토인 '하느님을 우리는 신뢰한다.'는 말은 우리의 창조주에 대한 믿음이 무엇보다도 중요한 미국의 가치임을 일깨워 준다." 그는 또 "우리는 똑같은 인종이나 민족이 아니라 (…) 우리가 가진 모든 것의 원천인 전능하신 하느님이라는 공통의 가치에 의해 하나로 묶여 있기 때문에" 미국은 축복받은 특별한 국가라고 주장했다.

이것은 도저히 동의할 수 없는 주장이다. 미국의 역사와 인구통계학적 사실들만 봐도 이런 주장에는 공감할 수 없다. 하느님에 대한 믿음의 공유가 우리를 같은 미국인으로 묶어 준다는 주장은 분명이 잘못된 것이다. 모든 미국인들이 그런 믿음을 받아들이고 있는 것은 아니라는 분명한 사실만 봐도 그렇다. 내가 이

종교 없는 삶

책에서 보고한 것처럼, 정신과 의사나 간호사, 참전용사나 비서, 변호사나 전업주부, 학생이나 부동산자산관리자, 약물중독치료 사나 홀로코스트 생존자, 접객원이나 카메라 감독, 트럭 운전사 나 경찰 할 것 없이 하느님을 믿지 않고 살아가는 미국인이 수백 만에 이른다. 게다가 어떤 종교든 종교에 대한 관심 없이 살아가 는 미국인도 수백만이나 된다. 서문에서 언급한 것처럼, 통계자 료들을 보면 이런 사실을 분명하게 확인할 수 있다. 요컨대 스스 로 비종교적이라고 밝힌 미국인이 현재 20~30%에 달한다. 무종 교인에 가까운 미국인이 수천만 명에 이른다는 말이다.

그러므로 우리를 미국인으로 묶어 주는 것은 분명 신에 대한 우리의 믿음이 아니다. 그랬던 적도 없다. 토머스 제퍼슨에서 부터 남북 전쟁의 영웅인 이튼 알렌(Ethan Allen), 제4대 대통령 제 임스 매디슨(James Madison), 여성운동가 엘리자베스 캐디 스탠튼 (Elizabeth Cady Stanton), 토머스 페인, 산아제한운동을 벌인 여성운동 가 마가렛 생어(Margaret Sanger), 노예해방론자 프레데릭 더글라스 (Frederick Douglass), 사회개혁운동가이자 노예해방운동가였던 프란 시스 라이트(Frances Wright), 변호사이자 노예해방론자였던 존 헨 리 카기(John Henry Kagi), 페미니스트이자 시인이었던 샬롯 퍼킨 스 질만(Charlotte Perkins Gilman), 의사이자 작가였던 찰스 놀턴(Charles Knowlton), 문필가였던 H. L. 멘켄(Mencken), 로버트 잉게솔(Robert Ingersoll), 노예제도폐지운동가였던 수전 B. 앤서니(Susan B. Anthony),

20대 대통령이었던 윌리엄 하워드 태프트(William Howard Taft), 노동운동과 공민권운동지도자였던 필립 랜돌프(Philip Randolph), 저명한 변호사였던 클라렌스 대로우(Clarence Darrow), 소설가이자 철학자였던 아인 랜드(Ayn Rand), 펠릭스 아들러 교수(Felix Adler), 소설가 넬라 라슨(Nella Larsen), 노예해방을 부르짖은 언론인 윌리엄 로이드 개리슨(William Lloyd Garrison), 반전운동가이자 아나키스트였던 엠마 골드만(Emma Goldman), 사업가이자 저술가였던 앤드류 카네기(Andrew Carnegie), 피아니스트 마틸다 죠슬린 게이지(Matilda Joslyn Gage), 철학자이자 교육학자 존 듀이(John Dewey), 페미니스트이자 심리학자인 베티 프리단(Betty Friedan), 소설가 마크 트웨인(Mark Twain), 축구선수였던 팻 틸먼(Pat Tillman), 커스틴 시네마 의원(Kyrsten Sinema), 축구선수 후안 멘데스(Juan Méndez), 소설가 매리 매카티(Mary McCarthy), 재즈 뮤지션 찰리 파커(Charlie Parker), 마크 주커버그(Mark Zuckerberg), 빌 게이츠(Bill Gates), 자유사상가, 회의주의자, 불가지론자, 의혹자, 인본주의자, 세속주의자, 무신론자들도 언제나 미국의 문화에 기여한 중요한 일원들이었다.

우리를 미국인으로 결속시켜 주고 결속시켜 주어야 하는 것은 미국의 헌법을 준수하고 존중하는 마음이다. 이게 전부다. 지배로부터의 자유와 권리로서의 자유, 민주주의를 사랑하고 믿고 기꺼이 지키려는 마음, 피통치자들의 동의에 의한 통치.

그럼 이제 형이상학이나 영성, 내세, 종교, 초월과 관련된 문제에 관해 말해 보자. 신이 정말 있을까? 죽은 뒤에는 어떻게 될까? 우리는 왜 여기에 존재하는 것일까? 카르마는 어떻게 작용할까? 예수는 어떤 존재인가? 기(氣)는 어디에 있는가? 성령은 무엇인가? 신령은 어떻게 달래는가? 이런 문제들에 대한 답은, 그 답이 무엇이든, 우리를 미국인이나 시민, 인간으로 규정지어 주지 않는다.

그러므로 갈수록 많은 정치인들이 이렇게 하고 있는 것 같지만, 선량하고 점잖은 미국인이 되려면 창조주를 믿어야 한다고 주장하거나, 기독교적인 가치가 유일한 가치라고 암시하거나, 우리의 법은 하느님이 유일하게 우리를 위해 준 것이라고 말하거나, 비신자들이 미국의 기업에서 별로 달갑지 않은 상대라고 끊임없이 폄하하는 것은 모두 톡 까놓고 말하면 아주 비미국적인 태도다.

1797년에 선포된 트리폴리 조약 11조에서 알 수 있듯, 미국의 훌륭한 건국의 아버지들은 새로운 미국의 비전을 아주 분명하게 밝혔다. "미합중국 정부는 어떤 의미에서도 기독교에 기반을 두지 않는다."고 밝힌 것이다. 헌법을 제정하고 10년밖에 지나지 않은 상황에서 이것은 매우 대담한 선언이었다. 더욱 놀라운 점은 이 조약이 미국 상원의원들에 의해 만장일치로 통과되었다는 점이다. 이때까지 실시된 339번의 투표 중에서 의원들의 만장일치로 통과된 것은 이것이 세 번째였다.

1779년에 선포된 독립선언서에서는 양해도 없이 신을 언급했다. 그러나 미국은 독립했고 사실상 새로운 국가를 건설하려는 열정적인 작업이 진행되고 있었다. 이 때문에 헌법의 작성자들은 토대가 되는 훌륭한, 그리고 너무도 무종교적인 헌법 전체에서 신이라는 말을 일부러 빼 버렸다. 그리고 모든 권위를 신이 아닌 '우리 국민들'의 손에 쥐여 주었다. 신앙과 기도, 예수, 성경, 창조주, 천국, 구원, 기독교, 십계명, 하느님, 이 모든 것들을 미국의 공식적인 청사진에서 일부러 배제한 것이다. 하지만 이것이 전부가 아니다.

미국 건국의 아버지들은 토머스 제퍼슨의 말처럼 종교와 정치 사이에 '분리의 벽'을 세우기 위해 비상한 노력을 기울였다. 제임스 매디슨이 현명하게 표현한 것처럼, 종교와 정치는 서로 떨어져 있을 때 둘 다 더욱 순수하게 존재할 수 있다고 생각했기 때문이다. 이를 위해 미국의 건국자들은 공직에 오르기 위해 어떤 '종교적 검증'도 거칠 필요가 없다고 명시했다. 또 대통령 취임 선서를 할 때도 신(이나 어떤 초자연적인 존재)을 언급하지 말아야 한다고 명기했다. 뿐만 아니라 미국의 초대 입법자들이 제정하고 1789년에 조지 워싱턴이 비준한 의회선서에서도 신이나 어떤 초자연적인 존재에 대한 언급을 배제했다.

그러므로 미국인본주의자협의회 전 회장인 데이비드 니오스

종교 없는 삶

(David Niose)가 결론지은 것처럼, 권리장전과 미국 헌법 전문에서 신을 언급하지 않고 있다는 사실이나, 입안자들이 대통령이나 국회위원들이 공직을 받아들이기 전에 종교적 선서를 하는 것을 바라지 않았다는 사실이나, 상원의원들이 트리폴리 조약을 만장일치로 통과시켰다는 사실을 놓고 볼 때 "미국 의회가 기독교 국가를 건설하기 위해 일했다고 볼 수는 없을 것이다."

또 상원의원 루비오가 언급한 "신 아래서 하나의 국가"라는 국가적 모토에 대해 이야기하자면, 이것은 원래 미국의 국가적 모토가 아니었다! 1782년 의회의 결의에 의해 채택된 실제의 미국 건국 모토는 "이 플루리버스 우님(E Pluribus Unum, 여럿으로 이루어진 하나)"이었다. 무종교적인 모토란 것이 있다면 이것이야말로 분명한 무종교적 모토다.

그러다 냉전이 최고조에 달했던 1956년 신을 믿지 않는 러시아의 공산주의자들과 우리를 구분하기 위해 이 모토를 "우리는 신을 신뢰한다."로 바꾸었다. "신 아래서"라는 말도 '국기에 대한 맹세' 속에 원래는 없었는데 1954년에 첨가했다.

미국의 건국자들은 종교적 열기가 국가에 미칠 수 있는 해악을 알고 있었다. 또 종교에 의한 분열과 불화, 교파간의 분쟁이 사회에 일으킬 수 있는 문제도 알고 있었다. 나아가 권력을 쥔 이들이 종교의 이름으로 저지를 수 있는 악행도 잘 알고 있었다. 갓 태동된 민주주의에 종교가 어떤 위협을 가할 수 있는지도 충분히 인지하고 있었다.

그러나 개인적인 차원에서는 이들 대부분이 다양한 정도로 종교를 믿고 있었기 때문에 종교가 거의 모든 사람들에게 얼마나 중요한지, 신앙이 얼마나 힘과 용기를 불어넣어 줄 수 있는지, 종교적인 공동체가 얼마나 필요한지, 종교의 자유가 얼마나 필요한 것인지도 알고 있었다.

그래서 발언과 언론의 자유, 집회의 자유를 논하기도 전에 미국 수정헌법 제1조를 통해서 종교에 대한 공정한 입장을 분명하게 밝혔다. "연방의회는 국교를 정하거나 또는 자유로운 신앙 행위를 금지하는 법률을 제정할 수 없다."고 한 것이다. 이로 인해 정부는 종교에 관여할 수 없게 되었다. 미국 교회(Church of America)라는 것도 있을 수 없게 되었으며, 하느님의 의사당(House of Committe of God)이라는 것도 있을 수 없게 되었다. 정부는 종교를 홍보하거나 지원하거나 '설립'할 수 없게 되었다. 자신이 공유하지 않는 종교적 믿음이나 자신이 반대하는 종교 활동을 지원하기 위해 세금을 내려는 사람은 아무도 없을 것이기 때문이다.

다른 한편으로 정부는 분명히 종교를 갖고 싶어 하는 사람들의 권리까지 빼앗아 가서는 안 된다고 했다. 정부는 종교를 억압하거나 파괴하거나 탄압하거나 전복시키지 말아야 한다. 다시 말해 정부는 종교의 '자유로운 행사'를 침해하지 말아야 한다. 이 얼마나 현명하고 균형 있는 입장인가? 이 얼마나 철저히 본연의 미국인다운 입장인가?

요컨대 상원의원 마르코 루비오 같은 정치가나 식자들이 미국인이 되는 것을 신자가 되는 것과 같은 것으로 이야기하는 것은 미국의 인구통계학적 실제에 무지하기 때문이다. 이런 주장은 건국의 아버지들이 갖고 있던 비전과도 정면으로 배치된다.

율리시즈 그랜트(Ulysses Grant) 대통령이 1875년에 선언한 것처럼 "종교의 문제는 가정의 제단과 교회, 사적인 기부자들이 전적으로 지원하는 사립학교에 맡겨 두고, 교회와 국가는 영원히 분리 상태를 유지"해야 한다. 혹은 로널드 레이건(Ronald Reagan) 대통령이 100년이 지난 1984년에 선언한 것처럼 "우리는 이 나라에 어떤 종교도 세우지 않는다. (…) 교회와 국가는 분리되어 있으며, 계속 분리되어 있어야 한다." 사실 엄밀히 말해서 제퍼슨식의 정치적인 무종교주의는 바로 이런 것이다. 공공의 광장을 종교 문제로부터 자유롭게 만들지 못한다면 최소한 적극적으로 중립적인 상태를 유지하게 만드는 것 말이다. 이런 상황이 종교가 없는 미국인과 종교가 있는 미국인들 모두에게 유익하다.

하지만 이런 상태를 획득하는 것은 쉬운 일이 아니다. 자크 베를리너 블라우 교수가 주장한 것처럼 "미국의 광장에서는 비신자들을 언제나 경멸의 마음으로 대해 왔으며 지금도 마찬가지"이기 때문이다. '들어가며'에서 이야기한 것 같은 많은 연구와 여론조사 결과들이 이것을 뒷받침해 준다.

나는 아메리카 원주민들과 아프리카계 미국인, 라틴계 미국인, 아시아계 미국인, 유대인, 가톨릭교도들, 모르몬교도, 회교도, 동성애자 등이 경험하는 적의와 배척, 편견 등을 종교가 없는 미국인들이 직면하고 있다고는 생각하지 않는다. 그러나 무신론자와 불가지론자, 세속주의자처럼 종교를 피하는 사람들이 종종 혐오와 불신의 대상이 되거나, 비도덕적인 사람으로 취급당하거나, 완전한 미국인이 아닌 것처럼 여겨지고 있다는 것은 분명한 사실이다.

종교가 없으면 보이스카우트나 미국재향군인회, 해외참전용사회에도 들어가지 못한다. 인본주의자 목사는 미국의 군대에서 설교를 할 수 없다. 자선단체들은 무종교적 단체에서 보내온 기부물을 거부해 버린다. 이런 문화적 배척과 정치적 박해, 사회적 비난을 변화시킬 유일한 방법은 종교를 믿지 않는 미국인들이 그들의 무종교적인 등을 꼿꼿하게 펴고, 인본주의자의 목청을 가다듬고, 지식과 자신감, 자부심을 갖고 자신의 입장을 내세우는 것이다.

우리의 무종교적 인본주의는 가족과 친구, 동료들에게 숨겨야 할 어떤 것이 아니다. 자랑스럽게 여기고 설명하고 논의해야 할 것이다. 무종교적 인본주의자들의 가치도 우리의 학교와 도시, 국가, 세계를 형성하는 데 적극적으로 관여하도록 북돋아 준다. 그러므로 다른 무종교적 인본주의자는 물론이고 우리의 가치와 비전을 공유하는 종교적인 미국인들과도 조직적으로 함께 일해야 한다.

도덕성과 가치의 유일한 근원, 제정자, 조달자가 종교는 분명히 아니라는 점을 공적으로나 사적으로 주장하는 것은 중요한 일이다. 종교를 도덕성과 동등한 것으로 생각하거나, 유신론을 '가치 있는 것'과 똑같이 여기는 것은 역사·사회·철학적으로 심각한 오류다. 역사적으로 도덕과 윤리 면에서 정말로 위대했던 몇몇 진보는 종교 없는 사람들이 지지하는 확실한 무종교적 이데올로기에 기초한 것이었다. 민주주의를 위한 계몽사상 고취, 현대의 여성인권운동, 인도의 신분제도 철폐를 위한 싸움, 동성애 인정은 예에 불과하다. 또 다른 예로 세계인권선언을 들 수 있다. 기술과 의학, 과학의 진보에 대해 말하자면, 이 분야들에 무종교주의가 한 기여는 정말로 어마어마하고 비할 데 없이 무시무시하다.

사회학적으로 종교가 전혀 도덕성을 보장하지 않는다는 것을 우리는 알고 있다. 2장에서 논의한 것처럼, 오늘날 종교가 없는 사람들의 비율이 높은 사회들은 흔히 지구상에서 가장 인간적이고 도덕적인 사회에 속하는 경향이 있다. 반대로 가장 종교적인 사회들은 불평등에서부터 부패, 살인까지 심각한 수준의 사회적 병폐에 시달리는 경향이 있다.

철학적으로 무종교적 도덕성의 바탕을 이루는 것은 신에 대한 순종적인 믿음이 아니다. 또 무종교적 도덕성은 천상에서의 영원한 보상이나 끔찍한 지옥살이와도 관련이 없다. 철학자 임마뉘엘 레비나스(Emmanuel Levinas)의 말을 쉽게 풀어서 설명하자면, 무종교적 도덕성은 '타자들의 얼굴'에 기초하고 있다. 우리의 도덕적 나침반은 우리가 타인들에게 일으킬 수도 있고 그렇지 않을 수도 있는 고통과의 관계 속에서 눈금이 매겨지고 조정된다. 이렇게 우리는 타자들의 주체성을 진지하게 인정하고 우리가 대우받고 싶은 방식대로 그들을 대하려 노력한다. 이 황금률은 어떤 믿음의 도약도 필요로 하지 않는다. 황금률은 단순하고, 분명하고, 보편적으로 이해 가능한 것이다. 이것은 아마도 우리가 지닌 신경학적 공감 능력과 수천 년에 걸쳐 사회적 동물로 변화해 온 생물학적 진화의 결과일 것이다.

저녁 만찬 토론에서 누군가를 화나게 할지도 모른다는 두려움에 종교적으로 침묵을 지키는 시간이 길어질수록 교육위원회에 동참하는 것을 피하는 기간이 길어지고, 그러면 결국 영혼 창조론자들이 우리의 교육 아젠다를 정하게 된다. 보수적인 종파들이 '가치'의 유일한 소유자라고 주장하도록 허용하는 시간이 길어질수록, 무종교인들의 문화적 소외가 지속되는 기간은 길어질 것이다. 그러면 결국 우리는 종교 없는 사람들의 세계관을 통합하지도, 존중하지도, 심지어는 이해하지도 못하는 나라에 살게 될 것이다.

무종교적인 세계관은 정당하고 인간적이고 고결한 것이다. 그

종교 없는 삶

어느 때보다도 지금 절실하게 필요한 것이 아마도 무종교적 세계관일 것이다. 지구 온난화와 불평등의 증가, 테러리즘, 폭정, 극단주의, 국제적 분쟁, 굶주림, 무자비한 폭력 같은 문제들을 가장 잘 해결할 수 있는 것은 바로 세속주의의 본질적 토대이자 궁극적 바탕을 이루는 것, 즉 현세와 경험을 중심에 두는 이성적 준거틀이다. 경제 위기와 만년설의 해빙, 민주주의에 대한 위협, 가정폭력, 성매매, 병원을 위한 재정 지원 부족, 부패, 대량학살, 산림의 파괴, 약물중독, 학교폭력, 기업범죄, 노상범죄, 에이즈로 죽어 가는 아이들 모두 현 세계의 문제들이므로, 이 문제들의 유일한 해결책도 현 세계에서 나올 것이다. 인간의 의지와 이성적인 탐구, 비판적인 사고, 과학의 발견, 자료에 기초한 결정, 증거에 기초한 정책 입안, 빈번하게 주어지는 희망이라는 선물, 공감, 낙관주의, 창조성 같은 것들이 바로 그 해결책이다.

인류는 분명 많은 야만성과 고통, 파괴의 주요한 원천이기도 하지만 동시에 친절과 연민, 보상의 주요한 근원이기도 하다. 우리에게는 도움을 호소할 신도, 아바타도, 구세주도, 우리를 위해 우리의 일을 대신해 줄 예언자도 없다. 너무도 인간적인 우리 자신이 있을 뿐이다. 우리의 몸과 마음, 이성, 사랑 그리고 우리의 동지애가 있을 뿐이다.

무신론자들은 흔히 분노에 젖은 어투를 구사한다고 비난을 받는다. 베스트셀러 작가이자 대통령 서임자, 복음을 전하는 목사인 릭 워렌(Rick Warren)도 언젠가 이렇게 말한 적이 있다. "분노에 젖어 있지 않은 무신론자를 만난 적이 없어요." 내가 이 책에서 소개한 사람들, 몇 년 동안 인터뷰했던 수백 명의 사람들이 있는데, 워렌 박사가 분노에 젖어 있지 않은 종교 없는 사람들을 만난 적이 없다니 참으로 이상한 일이다.

종교가 없는 거의 모든 사람들은 종교를 파괴시키려고 하지 않는다. 무종교인이 된다는 것은 종교를 증오하거나 종교를 문젯거리로 본다는 의미가 아니다. 무종교인은 그저 정치의 영역에서든 사적인 삶에서든 종교를 해결책으로 보지 않을 뿐이다. 물론 종교가 없는 사람들 중에는 종교에 적대적인 이들도 있지만, 대부분의 무종교인은 종교를 인정하고 인정할 수 있다. 심지어는 때때로 종교의 다양한 면들에 고마움을 느끼기도 한다.

그러므로 크리스토퍼 히친스를 존경하기는 하지만, 종교가 "모든 것을 오염시킨다."는 그의 가혹한 주장에는 동의할 수 없다. 절대 그렇지 않다. 종교는 매일 수많은 사람들에게 아주 많은 자양분과 지지, 영감, 희망을 선사하고 있다.

알랭 드 보통(Alain de Botton)은 그의 멋진 저서 『무신론자를 위한 종교(Religion for Atheists)』에서 종교에는 아름답고, 감동적이고, 효과적이고, 지혜로운 것들이 많다고 인정했다. 종교는 사람들에게 종종 사랑이 없는 것 같은 세계에서 사랑받고 있다고 느끼게 해 준다. 우리를 종종 무가치한 존재처럼 대하는 세계에서 신앙심은 우리 자신을 특별한 존재라고 느끼게 해 준다. 또 신자들의 모임은 사회적 지지와 탁아, 상담을 제공해 주기도 한다. 종교적 유산은 우리를 부모와 조부모, 자식, 손주들과 이어 준다.

종교적인 삶은 흔히 음악과 음식, 축제의 분위기, 전통 그리고 기쁨으로 가득 차 있다. 종교는 흔히 이타주의와 자선, 선의, 겸양을 고취시킨다. 종교는 또 삶의 지침들을 제시해 주고, 문화와 민족의 유대를 강화시키고, 아픔과 고통·죽음에 직면했을 때 위안이 되어 주는 한편 삶에서 힘든 변화들을 쉽게 겪어 내도록 도와주기도 한다.

사회심리학자 밥 알트미어가 인정한 것처럼 "종교를 강력하게 믿으면 엄청나게 많은 보상이 주어진다. 자신이 누구인지 알게 되고, 삶이 무엇인지, 자신이 앞으로 무엇을 해야 하는지도 알게 되고, 평생 친구들을 만나리라는 것도 알게 되고, 자신이 결코 진실로 죽지는 않으리라는 것도 알게 되고, 자신보다 먼저 혹은 후에 죽은 사랑하는 이들과 다시 만나리라는 것도 알게 된다. 이 모든 것들이 우리 앞에 펼쳐져 있다."

확실히 종교가 매력적이고 보람 있다고 느끼는 이들은 수없이 많다. 그래서 또 다른 무신론자 작가 데일 맥고원(Dale McGowan)은 종교적 충동을 이해하지 못하는 사람은 인간의 조건을 충분히 파악하지 못한다고 했다.

그러나 위의 내용들을 기쁘게 모두 인정해도, 실상은 종교 없이 살아가는 편을 더 좋아하는 사람들이 점점 많아지고 있다. 그렇다고 이런 사람들이 종교를 가진 이들보다 덜 정상적이거나 덜 자연스럽거나 덜 미국인답거나 덜 인간적인 것은 아니다. 이들은 '아무것도 아닌 존재', 삶의 의미와 목적이 본질적으로 결여된 존재도 아니다. 이런 존재에 가깝지도 않다.

내가 들려준 이야기들도 미국을 포함해서 전 세계에 퍼져 있는 수억 명의 종교 없는 사람들이 긍정적이고 적극적이고 지속적인 방식으로 나름의 위안과 혜택, 보상을 충분히 누리면서 그들의 무종교성을 경험하고 있음을 입증해 준다. 이런 종교 없는 사람들은 신앙보다는 이성을, 기도보다는 행동을, 납득할 수 없는 확신보다는 실존적 모호성을, 권위에 대한 복종보다는 생각의 자유를, 초자연적인 것보다는 자연적인 것을, 신보다는 인류에 대한 희망을 더욱 가치 있게 여긴다.

내가 이 책을 쓴 이유는 이런 종교 없는 사람들의 삶과 가치, 경험을 탐구하고 조명해서 이들이 어떻게 사랑과 낙천주의, 독립적인 사고를 중시하면서 살아가는지, 또 어떻게 자녀들을 키우는지를 조금이라도 이해할 수 있게 하기 위해서다. 종교 없는 사람들이 어떻게 공감을 기초로 하는 실제적이고 현세적인 도덕성을 키우는지, 삶의 고난에 직면했을 때 자기신뢰를 어떻게 적용하는지, 죽음을 어떤 식으로 다루고 받아들이는지, 숱한 의식과 전통에 어떻게 참여하는지, 참여하거나 하지 않는다면 그 이유는 무엇인지, 자율적인 성향을 유지하면서 어떻게 다양한 형태의 공동체를 만들어 내는지, 이 세상과 이 시대, 생의 한가운데서 경외감을 경험한다는 것이 우리에게 어떤 의미인지를 조금이나마 이해하도록 돕기 위해서다.

감사의 글

도움과 지원, 지지, 조언을 아끼지 않은 분들, 미리엄 알트슐러와 아메드 알위샤, 자크 베를리너블라우, 새미 클레랜드, 마이클 드루이즈, 이안 도드, 샬롯 에울렛, 에밀리오 페레, 리안 팔시오니, 사라 그랜드, 샌디 해밀턴, 아서 리, 에이미 메자하브, 데이비드 무어, 프랭스 파스퀘일, 카렌 페리스, 피처 칼리지, 벤자민 플랫, 댄 폴 로즈, 엘리자베스 새프트, 수제트 소토, 트리쉬 바우터, 수전 웜브룬, 찬탈 야카본, 마빈 주커만에게 진심으로 고마운 마음을 전하고 싶다.

종교도 믿기 힘든 시대,
우리는 무엇으로 살아야 할까?

어느 한쪽이 커지면, 다른 쪽은 작아지기 마련이다. 인간의 내
적인 문제에든 번잡한 세상사에든 이 말은 그대로 적용된다. 우
리의 마음이 좋고 싫음의 분별에서 벗어나 늘 객관적이고 열린
상태를 유지하기가 생각처럼 쉽지 않기 때문이다. 학문과 종교
영역의 많은 선지자들이 예전부터 중용의 진정한 의미를 강조한
것도 그래서일 것이다.

　종교와 편견의 관계도 마찬가지다. 가장 멀리 떨어져 있어야
할 두 말이 현실에선 동전의 양면처럼 딱 붙어 있다. 진정한 종교
인이라면, 종교를 믿든 안 믿든 모든 생명이 동등하며 바다 저 밑
바닥에서는 모두가 하나로 이어져 있음을 느낄 것이다. 종교적

실천은 바로 이런 인식에서 비롯된다.

그러나 현실을 보면, '맹목적인' 종교인들은 쉽게 타종교인이나 무종교인들을 무시하고 이들의 삶까지 비도덕적인 것처럼 비난한다. 무례한 포교 활동이나 폭력적인 종교 갈등, 일부 종교인들이 종교의 이름으로 비윤리적인 행위를 일삼는 주요 원인의 하나도 이런 편견에 있을 것이다. 이런 뿌리 깊은 편견과 이로 인한 해악은 사람들을 점점 종교에서 멀어지게 만들 뿐이다. 전 세계적으로 무종교인들의 수치가 갈수록 증가하는 현상이 이것을 입증해 준다.

이 책의 출발은 이런 편견을 없애는 데 있다. 사회학자로서 무종교성(Secularity)을 실증적인 학문의 영역으로 끌어들인 저자는 세계 각지의 많은 무종교인들을 인터뷰한다. 더불어 여러 통계 자료와 연구들을 통해, 무종교인들이 중요하게 여기는 가치와 삶의 방식, 교육 철학, 공동체 속에서의 삶의 태도 등을 살펴본다. 또 종교와 무종교성이 정치와 경제, 철학과 어떤 관계를 맺고 있으며, 우리의 삶에 실제로 어떤 영향을 미치는지도 통계학적으로 밝혀낸다. 이런 흥미로운 연구 결과와 통계 자료들은 독자들에게 큰 재미와 발견을 선사한다. 나아가 무종교인과 무종교성에 대한 잘못된 편견들에서도 자연스럽게 벗어나도록 도와준다.

이런 면에서 이 책은 무종교인과 무종교성을 위한 변론서처럼 여겨지기도 한다. 그러나 책장을 넘길수록 이 책의 본질적인 목적과 의미가 다른 곳에 있음을 깨닫게 된다. 무종교성의 실제를 밝혀냄으로써 역설적으로 가장 종교적이고 명상적인 삶이 어떤 것인지를, 종교에 대한 불신도 점점 깊어지는 이 혼돈의 시대에 우리가 삶의 기둥으로 삼아야 할 가치가 무엇인지를 다시 일깨워 주는 것이다.

　책을 옮기면서 역자가 가장 흥미를 느낀 점도 이것이었다. 저자의 연구 결과에 따르면, 무종교인들은 이분법적인 논리가 아닌 통합적 이성의 힘을 중시한다. 또 타인이나 사회와의 관계에 있어서도 황금률을 중요한 가치로 여긴다. 이것은 무종교인들이 자기 삶의 중심을 외부가 아닌 내면에 두고 끊임없이 자신을 성찰한다는 점을 말해 준다. 또 타인의 입장을 헤아리고 행동한다는 점에서 무종교인들이 본질적으로는 맹목적인 종교인들에 비해 더욱 종교적인 삶을 산다는 것도 알려 준다. 종교의 본령 가운데 하나인 자기성찰과 사랑의 실천을 무종교인들이 그들의 삶을 통해서 묵묵히 보여 주고 있는 것이다.

　이와 비슷한 맥락에서 역자는 이 책의 마지막 장을 넘기면서 '21세기의 종교는 명상이다.'라는 말도 다시 떠올리게 됐다. 명상의 본질 가운데 하나도 부단한 자기성찰과 주의집중을 통해 내가 진정 어떤 존재인지를 느끼는 것, 생각이 빚어 낸 온갖 망상과 분리에서 벗어나 모두가 하나임을 아는 것, 이런 깨우침을 바탕으로 내가 곧 너고 우리라는 인식을 일상에서 실천하는 것, 요컨대 사랑을 느끼고 실천하는 것이기 때문이다. 이런 점에서 이 책은 사실 무종교인이나 종교인, 명상가나 비명상가 모두에게 삶의 근본적인 가치와 태도를 다시 확인시켜 준다고 할 수 있다. 출발점은 무종교인에 대한 편견을 없애는 것이었지만, 그 목적지에서는 혼돈의 시대에 누구나 삶의 든든한 버팀목으로 삼을 수 있는 덕목들을 알려 주고 있는 것이다.

마지막으로, 몇 년 전에 돌아가신 김수환 추기경은 "머리에서 가슴으로 오는 데 한 평생이 걸렸다."고 했다. 또 얼마 전에 입적한 '설악산 호랑이' 무산 스님은 평소 중생의 고통을 화두로 삼으라고 제자들을 다그치셨다 한다. 두 종교계의 거목이 공부의 정점에서 왜 이런 말씀들을 남기셨는지 이 책을 계기로 모두가 다시 생각해 보았으면 좋겠다. 이 책의 저자가 진정으로 전하려던 것도 이와 크게 다르지 않은 것 같기 때문이다.

종교인과 무종교인을 나누고 정의하고 서로 비난하기 전에, 그 밑바탕의 본질을 알고 실천하는 것. 이 실천 속에서 지금 시대에 필요한 탈종교적 종교를 새로이 세워 가는 것. 이 세움을 통해 혼돈의 시대를 함께 평화롭고 따뜻하게 헤쳐 나가는 것. 그럴 수 있는 힘이 이 책으로 인해 조금이나마 커지기를 바란다.

— 박윤정

주

들어가며

21쪽 1950년대 미국인들 가운데~: 30%라는 수치와 관련해서는 "Mississippi Most Religious State, Vermont Least Religious", Gallup, February 3, 2014, gallup.com/poll/167267/ mississippi-religious-vermont-least-religious-state.aspx and Global Index of Religiosity and Atheism, WIN-Gallup International, 2012, www.wingia.com/web/files/news/14/file/14. pdf 참조. 20%와 관련해서는 Hout, Fischer, and Chaves (2013) 참조. 근 19%는 "'Nones' on the Rise," Pew Research Center's Religion & Public Life Project, October 9, 2012, pewforum.org/2012/10/09/nones-on-the rise 참조. 18%에 대해서는 Merino (2012). 또한 Putnam and Campbell (2010); Grossman (2012); and the American Religious Identification Survey, commons.trincoll.edu/aris/publications/2008-2 참조.

21쪽 이것은 지난 25년 동안~: Kosmin 외. (2009).

22쪽 현재 18세에서 29세 사이의~: "'Nones' on the Rise," Pew Research Center's Religion & Public Life Project, October 9, 2012, pewforum.org/2012/10/09/nones-on.the-rise.

22쪽 1970년대 초에는 종교 예배에~: Cragun (2013), 173.

22쪽 이런 현상은 《타임》지가~: Amy Sullivan, "The Rise of the Nones," Time, March 12, 2012.

27쪽 이런 생각은 광범위하게~: Edgell, Gerteis, and Hartmann (2006).

27쪽 또 최근의 여론조사 결과, 미국인들의~: Jeffrey Jones, "Atheists, Muslims See Most

Bias as Presidential Candidates," Gallup, June 21, 2012, gallup.com/pol/15585/atheists-muslims-bias-presidential-candidates.aspx.

28쪽 최근에 실시된 다른 연구들에서도~: Hwang, Hammer, and Cragun (2011); Jenks (1986).

28쪽 한 예로, 심리학 교수인 아드리안 퍼넘은~: Furnham, Meader, and McClelland (1998).

28쪽 또 법학자인 유진 볼록은~: Volokh (2006).

28쪽 심리학자 마르셀 하퍼는 많은 미국인들이~: Harper (2007).

28쪽 또 심리학 교수 윌 제르베는~: Gervais, Shariff,and Norenzayan (2011).

28쪽 마지막으로 사회학자 페니 에겔은~: Edgel, Gertais, and Hartmann (2006).

1장 신을 믿지 않으면 도덕적인 사람이 될 수 없는 걸까?

34쪽 또 대법관 안토닌 스칼리아는 최근에~: Daniel Burke, "Scalia Says Atheism 'Favors the Devil's Desires," CNN.com, October 7, 2013, religion.blogs.cnn.com/2013/10/07/scalia-says-satan-is-a-real-person 재인용.

35쪽 다양한 전국적 조사에서도 대다수의~: Bloom (2012).

36쪽 1896년에 출간된 저서에서 그는~: 홀리요크에 관해서는 English Secularism(1896) and "George Holyoake," wikipedia, en.wikipedia.org/wiki/George_Holyoake 참조.

36쪽 종교가 없는 현대인들에게 이 답은~: Wattles (1996).

37쪽 말로 표현된 것은 분명히 더 오래전이겠지만~: Richard Jasnow, A Late Period Hieratic wisdom Text (P. Brooklyn 47.218.135) (Chicago: University of Chicago Press, 1992).

37쪽 또 고대 중국에서도 공자의 가르침 가운데~: Wattles (1996), 16-17.

38쪽 또 고대 그리스에서는 탈레스가~: 위의 책, 29-31.

38쪽 기원전 1세기에 살았던 고대 이스라엘의 랍비 힐렐은~: 위의 책, 48.

38쪽 불교에서부터 이슬람교, 자이나교, 바하이교에 이르기까지~: Epstein (2005), 115.

39쪽 영국의 위대한 철학자 존 스튜어트 밀은~: John Stuart Mill, "Moral Influences in Early Youth," from Autobiography, in Hitchens, ed. (2007), 61.

39쪽 『신이 필요 없는 윤리학』의 저자인 카이 닐센은~: Nielsen (1990), 17.

41쪽 이런 표현을 쓴 사람은 46살의 밀턴이었다~: 이것은 실명이 아니다. 이 책에 등장하는 많은 개인들의 이름과 이들을 인지할 수 있는 핵심적인 특징들은 분명한 이유들 때문에 바꿔서 표기했다.

42쪽 철학자이자 인문주의자인 스티브 로는~: Law (2011), 2.

47쪽 사고 실험에 의존하지 않아도, 무종교적 도덕성이 가지는~: Shook (2013); Didyoung, Charles, and Rowland (2013).

47쪽 이 인상적인 메타-분석에서 그들은 종교적으로 강경한~: Hal, Matz, and Wood (2009); 또한 Jackson and Hunsberger (1999) 참조.

48쪽 또 심리학자 랄프 우드와 피터 힐, 버나드 스필카가~: Hood, Hill, and Spilka (2009), 411.

48쪽 종교가 없는 백인들이 종교적인 백인보다~: Eckhardt (1970).

48쪽 종교가 없는 백인 남아프리카공화국인들이~: Beit-Hallahmi (2010, 2007). 또한 Jacoby (2004) 참조.

48쪽 이와 관련해 2009년에 실시한 전국 설문조사 결과를 보면~: "The Religious Dimensions of the Torture Debate," Pew Research Center's Religion & Public Life Project, April 29, 2009, pewforum.org/2009/04/29/the-religious-dimensions-of-the-torture-debate.

49쪽 사형제도 찬반에서도 똑같은 결과가~: Joseph Carrol, "Who Supports the Death Penalty?", Death Penalty Information Center, November 16, 2004, deathpenaltyinfo.org/gallup-poll-who-supports death-penalty; 또한 Beit-Hallahmi (2007). 아프리카계 미국인들은 이런 주장에 들어맞지 않는 주요한 예외다. 그들은 대단히 종교적이지만 일반적으로 사형을 반대한다. 그러므로 종교성과 사형 지지 사이의 상관성은 백인 미국인들에게서 가장 두드러지게 나타난다고 볼 수 있다.

49쪽 이처럼 종교가 없는 사람들은 종교적인 사람들에 비해서~: Cota-Mckinley, Woody, and Bell (2001).

49쪽 뿐만 아니라 강경한 국수주의자가 될 가능성도~: Greeley and Hout (2006), 83; 또한 Tobin Grant, "Patriotism God Gap: Is the U.S. the Greatest Country in the World?" Christianity Today Politics Blog, August 5, 2011, blog.christianitytoday.com/ctpolitics/2011/08/patriotism_god.html 참조.

49쪽 또 군국주의에 대한 태도만 따로 살펴보면, 종교적인~: Smidt (2005); 또한 Guth 외. (2005); Hamilton (1968); Connors, Leonard, and Burnham (1968) 참조.

49쪽 종교적인 사람들에 비해 어떤 입장에든 관대하다~: Putnam and Campbell (2010), 482-84; 또한 Froese, Bader, and Smith (2008); Gay and Ellison (4993) 참조.

49쪽 종교적인 미국인들은 환경을 보호하는 문제에~: "Religion and the Environment: Polls Show　Strong Backing for Environmental Protection Across Religious Groups," Pew Research Center's Religion & Public Life Project, November 2, 2004, pewforum. org/2004/11/02/religion-and-the-environment-polls-show-strong-backing-for-environmental-protection-across-religious-groups.

49쪽 종교적인 미국인들에 비해서 지구 온난화로~: McCright and Dunlap (2011).

49쪽 그들은 또 여성 평등도 더욱 잘~: Petersen and Donnenwerth (1998); Hoffman and Miller (1997); Brinkerhoff and Mackie (1998, 1985); Hayes (1995).

50쪽 부인이 남편에게 순종해야 한다고~: Cragun (2013), 113.

50쪽 그럼 게이의 인권에 대해서는~: Pew Research Center's Religion & Public Life Project, "Religion and Attitudes Toward Same-Sex Marriage," February 7, 2012, pewforum,org/2012/02/07/Religion-and-Attitudes-Toward-Same-Sex-Marriage/; 또한 Rowatt 외. (2006); Linneman and Clendenen (2009); Schulte and Battle (2004) 참조.

50쪽 아이들을 때리는 것에 대해서는~: Ellison (1996); Ellison and Sherkat (1993a).

50쪽 미국 내 불법이민자들의 법적 신분 문제에 대해서도~: "Few Say Religion Shapes Immigration Environment Views," Pew Research Center's Religion & Public Life Project, September 17, 2010, pewforum.org/2010/09/17/few-say-religion-shapes-immigration-environment-views.

50쪽 동물들의 고통에도 관심을 더 많이~: Peek, Konty, and Frazier (1997); DeLeeuw 외. (2007).

50쪽 예를 들어, 관대함과~: 선과 도덕성에 관한 한, 종교인들이 무종교인들에 비해 확연하게 뛰어난 한 가지 중요한 영역이 있다. 바로 관대함이다. 현대 미국인들의 종교생활을 포괄적으로 분석한 저서 『아메리칸 그레이스』에서 로버트 퍼트넘과 데이비드 캠벨은 무종교인들에 비해서 종교적인 사람들이 그들의 시간과 돈을 바칠 가능성이 더 많다고 했다. 종교적인 미국인들은 (종교적인 대의는 물론 비종교적인 대의를 위해서도) 자발적으로 일하며, 헌혈을 하고, 집 없는 이들을 돕고, 자선사업에 돈을 내고, 무종교인들에 비해 더욱 많은 돈을 기부하는 경향이 있는 것으로 나타났다. 종교적인 미국인들이 무종교적인 미국인들에 비해서 평균적으로 약간 더 가난하다는 사실을 감안할 때, 이것은 참으로 놀라운 일이다. 인종이나 성, 교육, 혼인상태, 연령 같은 변수들을 통제해도 상관관계는 똑같이 나타났다. 종교적 가르침을 잘 따르는 미국인들이 인구통계학적으로 비슷한 무종교적 미국인들에 비해서 그들의 시간과 돈 모두에 훨씬 관대했다. 아서 브룩스(Arthur Brooks)와 제임스 윌슨(James Q.)이 쓴 유명한 저서 『진정으로 신경 쓰는 자 누구인가?(Who Really Cares?)(2007)』에서도 비슷한 결과를 보고하고 있다.

이것을 어떻게 해석해야 할까? 우리가 아는 것처럼, 그리고 퍼트넘과 캠벨의 자료들이 보여 주는 것처럼, 신은 사실 종교적인 사람들의 관대함을 이해할 수 있는 열쇠가 아니다. 대부분의 종교인들이 그토록 인정이 많은 이유가 하나님에 대한 믿음 때문은 아니라는 말이다. 관대함은 특별히 종교적인 가르침이나 믿음, 계율이 아니다. 그보다는 종교생활의 공동체적 측면, 사회적 그룹의 일원이 되는 것과 관련 있다. 현재 많은 연구들은 유신론이 아닌 교회에 소속되었다는 의식이 종교적 자선의 분명한 열쇠임을 지적한다. 신학적 견해는 관대함이나 자원봉사의 증가와 상관관계가 없다는 것이다. 또 사람들이 지닌 믿음의 내용이나 신앙심의 깊이와도 사실 상관이 없다. 퍼트넘과 캠벨이 인정하는 것처럼, "신에 대한 두려움이나 구원에 대한 희망 때문에 종교적인 사람들이 더 인정이 많다고 생각하기 쉽지만 (…) 이런 짐작을 뒷받침해 주는 증거는 발견하지 못했다."

중요한 것은 집단의 유대감이다. 퍼트넘과 캠벨은 "예배를 본 후 친구와 나누는 잡담이나 성경공부 등을 통해 종교성은 관대함이나 선하고 친밀한 이웃관계에 영향을 미친다. 설교나 신에 대한 열정적인 믿음이 이런 영향을 미치지는 않는다."고 설명했다.

사회적 통합과 참여, 타인들과의 어울림 같은 동력들이 이타주의적이고 자애로운 성향을 낳는 것 같다. 그러나 무종교인들은 종교인들만큼 공동체적 삶에 잘 참여하지 않는 경향이 있다. 그래서 그들의 도덕적 삶에선 자선과 관련된 몇 가지 측면들이 잘 발현되지 않고, 개인으로서 세상에 선행을 베푸는 능력도 최적의 수준에는 못 미칠 수 있다.

50쪽 폭력적 범죄에 대해 말하자면~: "Percentage of atheists," Freethoughtpedia, freethoughtpedia.com/wiki/Percentage_of_atheists, note 6; 또한 Golumbaski (1997).

51쪽 영국에서도 수감자들 중에 종교가 없는 사람들의 비율은~: "UK Prison Population 2009," Wikipedia, en.wikipedia.org/wiki/File:UK Prison_Population 2009.jpg.

51쪽 심리학 교수인 벤저민 베이트-할라미의 결론처럼~: Beit-Hallahmi (2010), 134; 또한 Bonger (1943) 참조.

57쪽 현재 급속히 증가하고 있는 이런 새로운 연구들은~: J. Anderson Thomson and Clare Aukofer, "Science and Religion: God Didn't Make Man; Man Made Gods," Los Angeles Times, July 18, A11.

57쪽 심리학 교수 제임스 월러가 설명했듯~: Waller (2007), 156-58.

62쪽 미국에서 어떤 종교도 없이 자라는 사람들의 수가~: Merino (2012).

62쪽 종교심리학자인 벤저민 베이트-할라미의 주장처럼~: Beit Hallahmi (2010), 134-35.

2장 종교에서 멀어지면 좋은 사회에서도 멀어질까?

83쪽 이 두 유형의 나라들을 비교해 보면~: Rees (2009b); Zuckerman (2013).

84쪽 런던대학교 스티븐 로 박사의 말처럼~: Law (2011), 81.

84쪽 "신이 없으면 도덕적인 사회도 없다.": Dennis Prager, "No God, No Moral Society," Jewish Journal, February 2, 2011, jewishjournal.com/dennis_prager/article/no_god_no_moral_society_20110202.

85쪽 종교는 사회의 안녕에 좋은 영향을 미치므로~: Steve Benen, "Gingrich's Night-mare." Political Animal blog, Washington Monthly, November 20, 2011, washingtonmonthly.com/political-animal/2011_11/gingrichs_nightmare033613.php.

85쪽 또 몇 년 앞선 2006년 그는~: Gingrich (2010).

85쪽 코네티컷 주 뉴타운에서 어린 학생들이 이유도 없이~: Melissa Jeltsen, "Newt Gingrich: Sandy Hook Shooting Tied to Godless Society," Huffington Post, December 19, 2012, huffingtonpost.com/2012/12/19/newt-gingrich-sandy-hook-_n_2330506.html.

86쪽 유명한 계몽주의 철학자 볼테르는 유신론이~: Lewy (2008), 13.

86쪽 알렉시스 드 토크빌은 1835년에 출간된 고전~: Tocqueville (1969), 544.

86쪽 폭스 뉴스의 정치평론가인 빌 오라일리의 말도~: "Bill O'Reilly Confronts Richard Dawkins," YouTube, youtube.com/watch?v=qVWxo3fspew.

87쪽 베스트셀러가 된 그의 저서들에서 종교가 없으면~: O'Reilly (2006).

87쪽 미국의 라디오 진행자인 태미 브루스도~: Bruce (2003), 58.

87쪽 2011년 12월 CNN의 사설 난에 눈에 띄게 실린 글에서~: Larry Alex Taunton, "My Take: When Bedford Falls Becomes Pottersville, Belief blog, CNN.com, December 24, 2011, religion.blogs.cnn.com/2011/12/24/my-take-when-bedford-falls-becomes pottersville.

88쪽 그래도 이런 결과들은 신을 믿어야만 사회가~: Norris and Inglehart (2004).

89쪽 다양한 나라들에서 신을 믿고 신앙심이 있으며 기도를 하는~: Ingelhart의 국제적 조사 분석 자료 (2004), Inglehart와 Norris의 다변량 분석 자료 "Strength of Religiosity Scale" (2003), Steve Crabtree와 Brett Pelham의 "What Alabamians and Iranians Have in Common,", 2009년 2월 9일자 갤럽 조사 gallup.com/poll/114211/alabamians-iranians-common.aspx 참조. Diener와 Tay, Myers 의 조사 (2001), Keysar와 Navarro-Rivera 의 조사 (2013), 여러 국내외 조사들을 바탕으로 한 전 세계 유신론 비율 조사 (Zuckerman, 2007) 참조.

92쪽 사회학자와 범죄학자들이 실시한 추가 연구 결과~: Jensen (2006); Paul (2005); Fajnzylber, Lederman, and Loayza (2002); Fox and Levin (2000).

92쪽 중앙아메리카의 범죄 조직을 연구한 사회학자 로버트 브레네멘은~: Brenneman (2012), 158.

93쪽 주관적 행복을 평가하는 다양한 연구들도 살펴볼 수~: Georgia McCafferty, "World's Happiest Nations Are…," CNN.com, September 9, 2013.

93쪽 이런 문제를 폭넓게 연구한 학자들 가운데 그레고리 S. 폴이~: Paul (2010, 2009, 2005).

94쪽 신에 대한 믿음이 가장 높은 10개 주는~: Pew Research Center's Religion & Public Life Project, U.S. Religious Landscape Survey, religions.pewforum.org.

95쪽 실제로《포브스》지는 최근 본인이 평가한 삶의 만족도와~: Rebecca Ruiz, "America's Best States to Live," Forbes.com, March 11, 2009, forbes.com/2009/03/11/united-states-healthy-lifestyle-health-healthy-living.html.

95쪽 미시시피 주에서는 아동학대 치사율이 뉴햄프셔보다~: "U.S. Rates of Child Abuse Fatalities," NPR, March 2, 2010, npr.org/templates/story/story.php?storyId-123891714.

96쪽 사회의 선을 창조하고 불러일으키는 요인들은~: Rees (2009b).

종교 없는 삶

97쪽 사회가 풍요롭고 평화로우며 평등하고 민주적으로 변화하면서~: 예를 들어 Solt, Habel, and Grant (2012) 참조.

97쪽 무종교성이 필연적으로 사회의 선과 안녕을 불러일으키는 것은 아니지만~: 이것이 Norris와 Inglehart의 입장이다. (2004).

97쪽 조르쥬 델라몽테뉴의 연구들도 바로 이런 점을~: Delamontagne (2010).

97쪽 서구의 주요한 역사적·정치적 개선을 살펴보자~: Schulman (2011).

97쪽 종교적 권위자들이 정계와 근본적인 차원에서 혁신적으로 결별한 것도~: Berlinerblau (2012).

97쪽 여권도 확실히 세속주의의 격려 덕분에~: Keysar (2013); Quack (2012) 참조.

98쪽 인도의 카스트 제도에 대항하는 투쟁에서도~: Quack (2012).

98쪽 분별 있고 효과적인 성 교육의 발달에서도~: Sanger (1971).

98쪽 스칸디나비아 반도에서 부러울 정도로 성공적인 복지국가들이~: Nordstrom (2000).

99쪽 가톨릭 신자였던 그 망할 히틀러 치하의 제3제국~: 히틀러는 자신이 기독교인이며 예수를 자신의 구세주로 믿는다고 여러 번 밝혔다. 그리고 독특한 종교적·유신론적 관점에서 그의 집단학살 목적을 이야기했다. 『나의 투쟁』에서는 자신이 신의 뜻에 따라 움직이는 것 같다고 분명하게 적기도 했다. 실제로 나치 장교와 군인, 공무원들이 하던 '히틀러에 대한 충성 맹세'는 "신을 걸고 맹세한다."는 말로 시작되었다. 더 자세한 것은 Steigmann-Gall (2003); Mannheim (1999); Baynes (1969); Jlm Walker, "Hitler's Religious Beliefs and Fanaticism", November 28, 1996, nonbelief.com/hitler.htm. 참조.

99쪽 전체주의적인 상황에서는 종교가 악마 취급을 당하며~: Froese (2008).

100쪽 종교성이 확실히 만병통치약은 아니기 때문~: 고도의 종교성이 사회의 안녕을 보장하지는 않음을 보여 주는 마지막 예로 1994년 당시의 르완다를 생각해 보자. 르완다는 아프리카의 모든 국가들 중에서 가장 철저한 가톨릭 국가였다. 이곳에서는 무신론자를 조금도 찾아볼 수 없었다. 그런데 약 100일에 걸쳐 80만 명의 남녀와 어린아이들이 상상도 못할 만큼 잔인하게 대량학살 되었다. 물론 르완다 사회에 널리 퍼져 있는 깊고도 뜨거운 종교적 열기가 이런 대량학살을 불러온 것은 아니다. 그렇지만 이들의 종교가 대량학살을 막지 못했다는 점도 아주 분명하다. 그런데 르완다의 후투 족이 가끔 성직자들의 부추김까지 받아 가면서 날이 넓고 무거운 칼로 그들의 동족들을 도살하던 바로 그 시기에, 지구의 다른 편에 있던 일본——세계에서 종교를 믿는 사람들의 비율이 아주 낮은 나라에 속한다.——에서는 역사상 가장 낮은 살인율을 자랑하며 안전하고 온건한 사회체제의 이점들을 전부 만끽하고 있었다.

3장 종교 없는 사람들이 늘어나는 이유는?

105쪽 기원전 7세기 인도에 존재했던 철학자 집단인 차르바카 학파~: 이 단락의 내용은 Jennifer Michael Hecht가 2003년에 발표한 저서에 특히 도움을 받았다. Bremmer (2007)와 Thrower (2000)의 저서 참조.

106쪽 "오감을 통해 지각할 수 있는 것만이 존재": Hecht (2003), 96, 98; 또한 Quack (2012), chapter 5 참조.

107쪽 욥기의 알려지지 않은 저자는 고대 유대인들의~: Malkin (2007).

107쪽 루크레티우스는 신은 존재하지 않으며~: Hecht (2003); Lucretius (1995).

108쪽 데모크리토스는 모든 신성한 것의 존재를 부정하고~: Thrower (2000).

108쪽 프로타고라스는 어떻게 해도 신의 존재 여부를 알기는~: Hecht (2003).

108쪽 진정한 회의주의자 카르네아데스는 신의 창조론과~: Hecht (2003); Thrower (2000).

108쪽 아낙시만드로스는 우주의 작용들을 과학적으로~: Couprie, Hahn, and Naddaf (2003).

108쪽 9세기 무함마드 알 와락의 비판적 합리주의가~: Warraq (2003).

109쪽 "인간은 천국에 대해 이야기하지만~": Quote in Hitchens, ed. (2007), 8.

109쪽 초기 형태가 역사를 통틀어 수천 년 전부터 존재했음을 보여 주는 증거들이~: Hecht (2003), Thrower (2000).

109쪽 수억 명이 종교적인 믿음과 참여를 피하는 대신~: Keysar and Navarro-Rivera (2013).

110쪽 현재 더욱 많은 사람들이 종교를 포용하기보다~: Skirbekk, Kaufmann, and Goujon (2010).

110쪽 세속화는 결코 불가피하거나 돌이킬 수 없는 것이 아니다~: Bruce (2011).

110쪽 100년 전의 캐나다에서는 인구의 2%만 종교가~: Bruce (2011), 14; 또한 Ron Csillag, "'No Religion' Is Increasingly Popular for Canadians: Report," Huffington Post, May 15, 2013, huffingtonpost.com/2013/05/15/no-religion-is-increasingly-popular-for-canadians-report_n_3283268.html 참조.

110쪽 5명 가운데 약 1명은 신을 믿지 않는다~: Altemeyer (2009); 또한 Bibby (2002) 참조.

110쪽 오스트레일리아도 100년 전에는 종교적 정체성이~: Bruce (2011), 14. 길러드가 무신론자인 것과 관련해서는 "Gillard Won't Play Religion Card," ABC News (Australia), June 29, 2010, abc.net.au/news/2010-06-29/gillard-wont-play-religion-card/885142 참조.

111쪽 세속주의의 증가율은 유럽에서 훨씬 급격하다~: Bruce (2011, 2002).

111쪽 100년 전 네덜란드에서 어떤 종교에도 소속돼 있지 않다고~: Bruce (2011), 10; 또한 Halman (2010) 참조.

111쪽 현대 영국에서는 인구의 반이 종교적 정체성이 전혀 없다고~: Bagg and Voas (2010), 97; 또한 Voas and Day (2007); Crockett and Voas (2006); Gil, Hadaway, and Marler 1998) 참조.

111쪽 영국의 역사학자 캘럼 브라운도~: Brown (2001), 1.

111쪽 스웨덴에서도 비슷한 상황을 발견할 수 있다~: Ahlin (2005), 94.

111쪽 뿐만 아니라 체코인의 61%~: Inglehart 외. (2004).

111쪽 프랑스인의 33%, 벨기에인의 27%~: Eurobarometer report, Social Values, Science, and Technology (2005), ec.europa.eu/public_opinion/archives/ebs/ebs_225_report en.pdf; 또한 Shand (1998).

111쪽 일본에서 가장 최근에 실시한 조사 결과도~: Reader (2012).

112쪽 우루과이: Jenkins (2013).

112쪽 칠레: Rossi and Rossi (2009).

112쪽 한국: Eungi (2003).

112쪽 이스라엘: "Israel 2010: 42% of Jews Are secular," Ynetnews, May 18, 2010, ynetnews.com/articles/o,7340,.3890330,00.html; 또한 Dashefsky, Lazer-witz, and Tabory (2003) 참조.

112쪽 아제르바이잔: Cornell (2006).

112쪽 미국은 오랫동안 이 폭넓게 관찰되는 세속화의 물결에서~: Berger, Davie, and Fokas

(2008).

112쪽 하지만 지난 25년 동안 미국에서도 세속주의가 현저하게~: Chaves (2011); Laurie Goodstein, "Percentage of Protestant Americans Is in Steep Decline, Study Finds.", New York Times, October 9, 2012, http://www.nytimes.com/2012/10/10/us/study-finds-that-percentage-of protestant-americans-is-declining.html.

112쪽 하버드 대학교의 로버트 퍼트넘 교수가 최근에~: Putnam and Campbell (2010), 3.

112쪽 종교가 무엇이냐고 물었을 때 없다고 답하는 사람들이~: 30%라는 수치와 관련해서는 "Mississippi Most Religious State, Vermont Least Religious", Gallup, February 3, 2014, gallup.com/poll/167267/mississippi-religious-vermont-least-religious-state.aspx and Global Index of Religiosity and Atheism, WIN-Gallup International, 2012, www.wingia.com/web/files/news/14/file/14.pdf 참조. 20%와 관련해서는 Hout, Fischer, and Chaves (2013) 참조. 근 19%는 "'Nones' on the Rise," Pew Research Center's Religion & Public Life Project, October 9, 2012, pewforum.org/2012/10/09/nones-on-the rise 참조. 18%에 대해서는 Merino (2012). 또한 Putnam and Campbell (2010); Grossman (2012); and the American Religious Identification Survey, commons.trincoll.edu/aris/publications/2008-2 참조.

112쪽 지난 25년 동안 종교가 없는 미국인들이 200%도 넘게 증가해~: Kosmin 외. (2009).

112쪽 절대 인구수를 보면 지난 10년 동안~: Kosmin (2013); Kosmin 외. (2009).

113쪽 무종교적인 미국인은 현재 미국에서 두 번째로 큰 '종교' 집단이~: Goodstein, "Number of Protestants Is in Steep Decline"; 또한 Putnam and Campbell (2010), 17.

113쪽 현재 50개 주에서 증가하고 있는 유일한 '종교적' 집단은~: Abrams, Yaple, and Wiener (2011).

113쪽 종교가 없는 사람들 가운데 1/3에서 반은 무신론이나~: Cragun 외. (2012); Baker and Smith (2009b); Kosmin 외. (2009); Public Religion Research Institute, "2012 Pre-election American Values Survey," October 22, 2012, publicreligion.org/research/2012/10/american-values-survey-2012.

113쪽 실제로 현재 9%에서 21%의 미국인들은 무신론자이거나~: Kosmin 외. (2009). 또한 Hout, Fischer, and Chaves (2013); Humphrey Taylor, "While Most Americans Believe in God, only 36% Attend a Religious Service Once a Month or More Often," Harris Poll #59, October 15, 2003, harrisinteractive.com/vault/Harris-Interactive-Poll-Research-While-Most-Americans-Believe-in-God-Only-36-pct-A-2003-10.pdf.

113쪽 현재 27%의 미국인들은 어떤 종교도 믿지 않는다고~: "Spirituality in Amerien" Parade, October 1, 2009, parade.com/news/2009/10/04-spirituality-poll-result.

113쪽 젊은 미국인들 사이에서 세속주의의 비율이 눈에 띌 정도로~: "'Nones' on the Rise," Pew Research Center's Religion & Public Life Project, October 9, 2012, pewforum.org/2012/10/09/nones-on-the-rise/. 또한 Nona Willis Aronowitz, "The Rise of the Atheists: 1 in 4 Millennials Don't Identify with Any Religion," Good, November 7, 2011, magazine.good.is/post/the-rise-of-the-atheists-1-in-4-millennials-don't-identify-with-any-religion. Kosmin 외. (2009) 참조.

113쪽 수십 년 전과 비교해 보면 이것은 대단한 변화다~: Putnam and Campbell (2010), 125.

113쪽 종교가 없는 미국인들의 대다수는 현재의 정체성에~: "'Nones' on the Rise," Pew Research Center's Religion & Public Life Project, October 9, 2012, pewforum.

org/2012/10/09/nones-on-the-rise.

117쪽 사회학자 데이비드 보아스는 주어진 종교 전통을 추종하지 않고~: Voas (2009).

117쪽 로버트 퍼트넘은 '경계인들(liminals)'에 대해~: Lim, MacGregor, and Putnam (2010).

117쪽 그레이스 다비는 '소속 없는 신자'로 분류할 수 있는 사람들을~: Davie (1990); Winter and Short (1993).

118쪽 반대로 사실상 '믿음 없이 종교에 소속되어 있는' 사람들도~: Riis (1994).

118쪽 종교 모임에 적극적으로 참여하고 주어진 종교 전통에 공감하지만~: Kelly (1997).

118쪽 내가 개인적으로 아는 몇몇 교회 목사들 중에도~: Dennett and LaScola (2010).

118쪽 '문화적으로 종교적인' 사람들이다~: Demerath (2000).

119쪽 철학자 존 슈크가 '무관심론자'라고 규정한 사람들도~: Shook (2010).

119쪽 마지막으로 다양한 유형의 배교자들이~: Zuckerman (2011); Bromley (1988).

119쪽 이처럼 종교적인 사람들과 무종교적인 사람들을 단순하게 두 부류로 나누는 것은~: Zuckerman, Galen, and Pasquain (2015) 참조.

120쪽 사회심리학자 브루스 헌스버거와 밥 알트미어가~: Hunsberegr and Altemeyer (2006), 12.

124쪽 그러나 이 모든 일들은 정치적으로 좌경화되어 있거나~: Hout and Fischer (2002).

124쪽 혹은 사회학자 마크 차베스의 주장처럼~: Chaves (2011), 21.

124쪽 무종교성이 증가하는 이유를 설명하는 데 도움이 되는 두 번째 요인은~: Michael D'Antonio, "What Went Whong in the Catholic Church?," Los Angeles Times, February 10, 2013, A32.

125쪽 이런 범행의 심각성은 아무리 강조해도 지나치지~: Barry Kosmin, "One Nation, Losing God," Point of Inquiry radio interview, December 31, 2010, http://www.pointofinquiry.org/barry_kosmin_one_nation_losing_god.

125쪽 그 결과는 아주 분명하게 나타났다~:G. Jeffrey MacDonald, "Who's Filling America's Church Pews?," Christian Science Monitor, December 23, 2012, 26-31.

125쪽 1990년에는 매사추세츠 주 시민들의 54%가 가톨릭교도였는데~: Barton (2012).

125쪽 2012년부터 실시한 '미국인들의 가치' 조사 결과에 따르면~: Public Religion Reserch Institute, "2012 Pre-election American Values Survey," October 22, 2012, publicreligion. org/research/2012/10/american-values-survey-2012.

126쪽 아주 중요한 세 번째 요인은 종교와 상관이 없다~: Brown (2001).

126쪽 이렇게 여성들의 종교적 관심이 줄어들면서~: Hertel (1998) and Riis (1994) 참조.

126쪽 유럽의 많은 나라들에서도 비슷한 양상은~: De Vaus and McAllister (1987) and Dubach (2009).

126쪽 그런데 오늘날에는 40%도 넘는 가정이~: Emily Alpert, "More U.S. Women Than Ever Are Breadwinners, Pew Study Finds," Los Angeles Times, May 28, 2013.

127쪽 스톤월과 하비 밀크 시대 이래로~: Zuckerman (2011).

128쪽 다음으로 인터넷도 최근 수십 년 동안~: 더 자세한 것은 Armfield and Holbert (2003) 참조.

129쪽 인터넷상에서 이런 조롱은 차고 넘친다~: Laurie Goodstein, "Some Mormons Search the Web and Find Doubt," New York Times, July 20, 2013, nytimes.com/2013/07/21/us/some-mormons-search-the-web-and-find-doubt.html.

129쪽 린다 라스콜라는 믿음이 없는 성직자들을~: Dennett and LaScola (2010) 참조.

129쪽 또 뉴욕 브루클린에 있는 대단히 폐쇄적이고 결속력이 강하며~: Winston (2005).

129쪽 둘째로 인터넷은 자신의 종교에 남몰래 의심을~: 예를 들어 Cimino and Smith (2011) and Smith and Cimino (2012) 참조.

131쪽 코스민 박사는 늘어나는 종교 없음을 이해해야 할 필요성을~: 전화를 통한 사적인 인터뷰가 이루어졌다.

131쪽 그러나 우리는 인류 문화에서 이어져 온~: Pasquale (2007b).

132쪽 노트르담 대학교에 있는 '종교와 사회 연구 센터'의 책임자이자~: Smith (2012).

133쪽 스미스 교수만 이런 견해를 옹호한 것은 절대~: Wilson (2002); Barrett (2004); Bering (2010); Murray (2009).

133쪽 사회학자 폴 프로에제는 종교성이 인간의 조건에~: Froese (2008).

133쪽 심리학 교수 저스틴 바렛은 인간은 말 그대로~: Barrett (2012, 2004).

134쪽 오늘날 네덜란드인의 42%는 자신을~: Global Index of Religiosity and Atheism, WIN-Gallup International, 2012, wingia.com/web/files/news/14/file/14.pdf, 또한 Grotenhuis and Scheepers (2001) 참조.

134쪽 인류학자 다니엘 에버릿은 깊은 아마존 우림 지역에서~: Everett (2008)

135쪽 19세기 노예폐지론자이자 페미니스트였던 어네스틴 로즈가~: Hecht (2003), 388. 에서 인용.

136쪽 최근의 분석에 따르면, 전 세계적으로 종교를 믿지 않는 사람들이~: Keysar and Navarro-Rivera (2013); Zuckerman (2007).

136쪽 사회학자 마르타 트레비아토스카와 스티브 브루스도~: Trzebiatowska and Bruce (2012), 171.

136쪽 셋째로, 신경적, 심리적 혹은 인지적인 면에서~: Boyer (2011).

136쪽 회의주의자나 불가지론자, 종교에 무관심하거나 확실하게 무종교적인~: 예를 들어 Thomson and Aukofer (2011) 참조.

137쪽 그러므로 니콜라스 웨이드 같은 작가는~: Wade (2009).

137쪽 또 인지심리학자 아민 기츠와 구드문더 잉기 마쿠슨이~: Geertz and Markusson (2010).

137쪽 2장에서 이야기한 것처럼 사실 오늘날에도~: Amanda Marcotte, "Eight Countries Where Atheism Is Accepted, Even Celebrated, Instead of Demonized," Alternet.com, August 28, 2012, alternet.org/8-countries-where-atheism-accepted-even-celebrated-instead-demonized; Bruce (2011).

138쪽 한편 수 세기 동안 대단히 종교적이었지만~: Brown (2001).

138쪽 한동안 상대적으로 무종교적이었다가~: 한 예로, 현대 이스라엘의 상황에 대해서는 Assaf Inbari, "The End of the Secular Majority," Haaretz.com, February 3, 2012와 Efron (2003) 참조.

138쪽 수십 년 동안 종교를 열렬히 믿다가 갑자기~: Altemeyer and Hunsberger (1997).

4장 종교 없는 부모들은 아이를 어떻게 키울까?

155쪽 무신론자들 가운데 41%가 종교가 같지 않다는 이유로~: Hammer 외. (2012).

161쪽 이해 위에 세워진 도덕성보다 본질적으로 덜 안정적이다~: 한 예로 Oliner and Oliner는 유대인 대학살 중에 무종교적인 사람들이 종교적인 사람들보다 유대인들을 더 잘 도와주었다는 점을 발견했다.

161쪽 아이들의 도덕성 교육에 대한 데보라의 생각은~: Kohlberg, Levine, and Hewer (1983).

162쪽 콜버그는 도덕적 추론과 발달에 대한 연구들로~: 또한 Mercer (2007) and Cottone, Drucke and Javier (2007) 참조.

163쪽 그리고 버트런드 러셀 같은 철학자나~~: Nunn (1964); Nelsen and Kroliczak (1984).

164쪽 무종교적인 양육에 대해 우리는 또 무엇을~: Merino (2012), 13.

164쪽 그러나 이제 막 융합연구가 싹트기 시작하고~: Baker and Smith (2009a); Bruce (2011), 204.

164쪽 스티븐 메리노는 미국의 다양한 세대 집단들을 장기적으로~: Merino (2012), 12

164쪽 펜실베이니아 주립대학의 사회학 교수 하트 넬슨은 부모의 무종교성이~: Nelson (1990).

165쪽 이 연구는 몇 년 후 스코틀랜드의 사회학자 스티브 브루스와~: Bruce and Glendinning (2003).

165쪽 텍사스 대학교에서 사회학과 종교를 가르치는 마크 리그너러스 교수는~: Regnerus (2007), 66-81.

166쪽 베른 벵슨 교수는 35년간 종교와 가정생활을 연구해 오다가~: Bengtson (2013), 163-64.

166쪽 사회학자인 브라이언 스타크스와 로버트 로빈슨은~: Starks and Robsinson (2007).

166쪽 실제로 다양한 조사들에서 자녀들에게 바라는 자질이~: Cragun (2013), 87.

166쪽 종교가 없는 부모들이 자녀의 자율성을 강조하는 이런 경향은~: Pearce and Denton (2010), 67.

167쪽 사회학자 크리스토퍼 엘리슨과 대런 세랫은~: Ellison and Sherkat (1993b).

167쪽 사회학자 브루스 헌스버거와 밥 알트미어가 실시한~: Hunsberger and Altemeyer (2006).

169쪽 마지막으로 그녀는 종교가 없는 부모들에게도 분명한 도덕관념이~: Manning (2010).

169쪽 종교가 없는 부모들에게 자녀를 키우는 일은~: Merino (2012).

170쪽 1925년에서 1943년 사이에 태어난 미국인들 가운데 종교 없이 자라난~: 위의 책.

183쪽 사회학자 린 데이빗먼의 주장처럼, 많은 사람들은~: Davidman (1993).

184쪽 이 자리는 다니엘 에르비외-레제가 적절하게 표현한 대로~: Hervieu Legér (2000).

5장 무신론자를 위한 공동체가 가능할까?

190쪽 그러던 어느 날 우연히 캠프 퀘스트의 웹사이트를~: 캠프 퀘스트에 대해 더 알고 싶다면 Metskas and Brunsman (2007) 참조.

192쪽 미국 문화에서 비교적 새롭게 커지고 있는 움직임에~: Cimino and Smith (2007).

192쪽 시애틀 무신론자 공동체: "AHA Reaches 100,000 on Facebook," Free Mind 57, no. 1 (2013).

200쪽 미군은 복음주의적 기독교 속에 일반적으로 드러나 있는~: Chris Rodda, "Mandatory U.S. Army Survey Says Non-believers Unfit to Serve," Huffington Post, January 1, 2011.

201쪽 이 일이 발생하기 몇 년 전에는 공군사관학교 출신의 장교였던~: Patrick O'Driscoll, "Plaintiffs Say Air Force Recruiters Told to Use Religion as Tool," USA Today, March 10, 2006.

201쪽 제레미 홀은 이라크에서 복무하는 동안 무신론자라는 이유로~: Neela Bauerjee, "Soldier Sues Army, Saying His Atheism Led to Threats," New York Times, April 26, 2008.

201쪽 또 남녀 불문하고 군대에 무종교인들이 수없이 많지만~: Zucchino (2013).

208쪽 미국 역사에도 분명히 저명한 흑인 무신론자와 불가지론자들이~: Allen (1991).

208쪽 아프리카계 미국인들은 대부분 아주 종교적이다~: Taylor (1988); Taylor 외. (1996); Baker and Smith (2009a).

208쪽 퓨 리서치 센터가 최근에 실시한 미국의 종교 실태 조사에 의하면~: "A Religious Portrait of African-Americans," Section II: Religious Beliefs and Practices, Pew Research Center's Religion & Public Life Project," January 30, 2009, pewforum.org/A-Religious-Portrait-of African-Americans.aspx

209쪽 흑인 중에서 종교가 없다고 말한 사람은 8%에~: Kosmin 외. (2009).

213쪽 사람들이 이러한 그룹들에 가입하는 이유는~: Smith (2010).

214쪽 종교 없음이 그들의 정체성을 규정하는 중요한 일면이라는~: 무종교적 정체성에 관한 더 자세한 논의는 Smith (2010) 참조.

216쪽 오리건 주 포틀랜드에 사는 인류학자 프랭크 파스퀘일 박사다~: Pasquale (2010, 2007a).

218쪽 심리학적 연구도 이것을 뒷받침해 주고 있다~: Saroglou, (2010); Farias and Lalljee (2008).

218쪽 또 퓨 리서치 센터에서 최근에 실시한 연구 결과~: ""Nones' on the Rise," Pew Research Center's Religion & Public Life Project, October 9, 2012, pewforum.org/2012/10/09/nones-on-the-rise.

219쪽 많은 학자들도 이런 평가에 동의한다~: Nelson (2012), 55.

220쪽 조지타운 대학의 자크 베를리너블라우 교수는~: Berlinerblau (2012), 113; 또한 Bainbridge (2005) 참조.

221쪽 무종교인이 종교가 있는 사람들에 비해서 일반적으로 훨씬 덜 사교적이고~: Caldwell-Harris (2012).

221쪽 "사회적 지원을 덜 필요로 한다.": 위의 책, 17.

223쪽 무종교주의를 (최소한) 정교분리나 (기껏해야) 사회에서~: 자세한 내용은 Kurtz (1994) 참조.

224쪽 1877년 펠릭스 아들러가 시작한 윤리 문화 운동의 선언에 따르면~: McGowan, ed. (2007.), 255에서 재인용.

226쪽 "동양적인 해법 같은 것은 없었다.": Hitchens (2007).

6장 종교 없이 삶의 고난을 잘 헤쳐 나갈 수 있을까?

243쪽 종교에는 이처럼 부정할 수 없는 위로의 측면이 있다~: 예를 들어 Krause 외. (2001) 참조.

243쪽 한 예로, 수많은 연구 결과~: Myers (1992).

243쪽 자녀의 죽음을 이겨 내게 도와주고~: McIntosh, Silver, and Wortman (1993).

243쪽 알코올 중독을 이겨 내려는 사람들을 도와주고~: Zemore and Kastukas (2004).

243쪽 만성적인 병(과 통증)을 치료하게 도와주고~: Mattlin, Wethington, and Kessler (1990).

243쪽 통증을 치료하게 도와주고~: Hayden (1991).

243쪽 암을 이겨 내게 도와주고~: Gall, de Renart, and Boonstra (2000).

243쪽 박해를 피해 도망친 난민들에게 위안을 주고~: Ai 외. (2005).

243쪽 성폭행 피해자들에게 도움을 주는~: Kennedy, Davis, and Taylor (1998).

243쪽 아주 여러 면에서 사람들에게 좋은 역할을 해 주는~: 자세한 것은 Pargament (1997) 참조.
243쪽 폭넓은 연구들 덕분에 종교심리학자 랄프 후드는~: Hood, Hill, and Spilka (2009), 461.
244쪽 종교적인 극복에 관한 선두적인 전문가인 케네스 파가먼트 교수가~: Pargament (1997), 301.
255쪽 신의 부재 속에서 인간의 삶에 남는 것은~: Laden (2007), 132.
256쪽 1943년 4월의 어느 날, 폴란드의 토마슈프 게토에서~: Neumark (2006).
276쪽 삶이 고달프거나 문제를 잘 이겨 내지~: 힐러리 웰스만 무종교적 치료를 강조하는 것은 아니다. 노스캐롤라이나의 한스 힐스(Hans Hils)도 seculartherapy.org를 지휘하고 있다. 지난 조사 결과, 전국에서 약 112명의 치유사들과 1,300명의 고객들이 이곳에 등록되어 있었다. (Ray, 2013).
276쪽 카렌 황도 무종교인들의 극복 방식을 조명하는~: Hwang (2008).
278쪽 그들이 장애를 갖게 된 '이유'나 의미를 묻기보다~: 위의 책.
278쪽 마티 톰슨과 파울라 바더먼은 종교가 있는 사람일 경우~: Thompson and Vardaman (1997).
278쪽 케네스 파가먼트는 종교를 믿는 사람들은~: Pargament 외. (1994)
278쪽 주디스 허먼이 그녀의 저서『트라우마와 회복』에서~: Herman (1997), 51.
279쪽 루크 갈렌은 미시간 주 앨런데일에 있는~: Galen (2009)
280쪽 나는 갈렌 교수에게 종교가 있는 사람이~: MeCullough and Smith (2003); Brown (1994).

7장 죽음 앞에서 종교는 어떤 의미일까?

307쪽 영적 체험을 했다면 이런 현상은 산소 부족의 결과일 가능성이~: McGowan (2013); Woerlee (2004).
307쪽 임사체험으로 설명하는 경우도 많다: Rivas (2003).
307쪽 많은 이들이 증언이나 글을 통해 터널의 끝에서~: 예를 들어 Sabom (1998) 참조.
308쪽 시드니 크루그와 솔 리바인은 최근에 심장마비를 일으킨~: Croog and Levine (1972).
309쪽 관련 연구들도 밀드레드처럼 중병을 앓은 사람이나~: Beit-Hallahmi and Argyle (1997), 196 참조.
309쪽 심리학자 벤저민 베이트-할라미와~: 위의 책, 193.
309쪽 하지만 모든 사람들이 이것을 받아들이지는 않는다~: Inglehart 외. (2004), 338.
309쪽 실제로 25%에 달하는 미국인은 내세를 믿지 않는다~: Pew Research Center's Religion & Public Life Project, U.S. Religious Landscape Survey, "Summary of Key Findings," religions.pewforum.org/pdf/reportzreligious-landscape-study-key-findings.pdf.
316쪽 비종교적인 장례식을 원하는 미국인도 갈수록 늘어가고~: American Religious Identification Survey (2008), commons.trincoll.edu/aris/publications/2008-2; Kosmin and Keysar (2009).
325쪽 오리건 주에서는 교회에 좀처럼 가지 않는 주민이 약 40%나~: Pew Research Center's Religion & Public Life Project, U.S. Religious Landscape Survey, religions.pewforum.org; Kosmin 외. (2009); Joseph Carroll, "Public Divided over Moral Acceptability of Doctor-Assisted Suicide," Gallup, May 31, 2007, gallup.com/poll/27727/public-divided-over-

moral-acceptability-doctorassisted-suicide.asp.

325쪽 또 최근 '미국 종교기구 통계자 연합회'에서 실시한~: Jahnabi Barooah, "Most and Least Christian Cities in America," Huffington Post, October 8, 2012, huffingtonpost. com/2012/10/08/most-and-least-christian-cities_n_1915050.html.

326쪽 사회학자 제니퍼 하밀-루커와 크리스티안 스미스의 연구에 의하면~: Hamil-Luker and Smith (1998); Burdette, Hill, and Moulton (2005).

336쪽 한때 기독교 설교자였다가 공공연한 무신론자로 돌아선~: Barker (2008), 343.

337쪽 실존주의 철학자 장 폴 사르트르도 이 문제에~: Sartre, Being and Nothingness.

337쪽 철학자 마르틴 하이데거도 비슷한 생각을~: Heidegger, Being and Time.

8장 삶을 있는 그대로 바라보면 어떤 모습일까?

344쪽 철학자 앙드레 콩트-스퐁빌이 인정했듯~: Comte-Sponville (2006), 72.

350쪽 이것이 본질적으로 부정의 말이기 때문이다~: Eller (2010).

351쪽 줄리언 바지니의 표현을 빌리자면, 불가지론자는~: Baggini (2003), 4.

351쪽 신이 존재할 수도 있고~: Le Poidevin (2010), 2 참조.

352쪽 로버트 잉거솔이 간명하게 말한 것처럼, 불가지론자들은~: Wakefield (1951), 274에서 재인용.

353쪽 철학자 에릭 메이젤의 말처럼, 불가지론자는~: Maisel (2009), 4.

353쪽 루트비히 비트겐슈타인이 주장한 것처럼~: Wittgenstein (1922), sect. 6.44-6.45.

358쪽 경외주의자는 역사학자 제니퍼 마이클 헥트의 생각에 공감한다~: Hecht (zoo3), xiii.

359쪽 경외주의자는 또 앨버트 아인슈타인의 말에도 귀를 기울인다~: Walter Isaacson, Einstein: His Life and Universe (New York: Simon and Schuster, 2007), 387.

359쪽 미국의 철학자 루이스 앤서니가 설명했듯~: Antony (2007), xiii; 또한 Laden (2007).

359쪽 찰스 다윈은 기독교 신앙을 버리고 불가지론자가~: Hitchens, ed. (2007), 96에서 재인용.

360쪽 소설가 조지프 콘래드는 그의 표현대로~: Hitchens, ed. (2007), 123에서 재인용.

360쪽 프랑스 철학자 앙드레 콩트-스퐁빌의 생각처럼~: Comte-Sponville (2006), 145.

360쪽 그러나 종종 광대한 초월의 느낌이 생겨나도~: 위의 책, 150.

361쪽 미국의 무신론자 샘 해리스가 더욱 깊이 있게 표현한 것처럼~: Harris (2004), 227.

361쪽 철학자 로버트 솔로몬이 말한 "자연주의적인" 영성과~: Solomon (2002), xvi.

361쪽 아인슈타인이 썼듯 "우리가 이해할 수 있는 한~": Hitchens, ed. (2007), 163에서 재인용.

나오며

364쪽 미국인들의 절대다수가 미국을 '기독교 국가'로~: Straughn and Feld (2010).

364쪽 실제로 현재 사우스캐롤라이나와 아칸소, 메릴랜드~: Heiner (1992); West (2006).

364쪽 1980년대 아버지 부시 대통령의 입장도 이와 같았다~: Heiner (1992), 6에서 재인용.

364쪽 많은 조사 결과, 미국인들은 무신론자를~: Hunter (1990).

364쪽 앞서 살펴본 것처럼, 무신론자보다는 회교도나~: Jones (2012).

365쪽 아들 부시 대통령도 2003년에 국회의 한 국정연설에서~: Bush on Jesus: Stephen Buttry, "Candidates Focus on Christian Beliefs," Des Moines Register, December 15, 1999, archives.cnn.com/1999/ALLPOLITICS/stories/12/15/religion.register; Bush on God and Iraq: "Robert Scheer, "With God on His Side," Los Angeles Times, April 20, 2004, available at commondreams.org/views04/0420-01.htm.

367쪽 통계자료들을 보면 이런 사실을 분명하게 확인할 수 있다~: 물론 비종교적이라고 주장하는 미국인들이 모두 무신론자나 불가지론자는 아니다. 2장에서 이야기한 것처럼, 무종교성도 다양한 색조를 띠고 있으며, 범위도 넓고, 비종교적이라고 해서 모두가 무종교인인 것도 아니다. 그래도 종교를 믿지 않는 사람들의 비율은 아주 높으며, 비종교적인 미국인들의 반은 성향 면에서 무신론자거나 불가지론자다. 더욱 자세히 알고 싶은 분은 American Religious Identification Survey(2008), commons.trincoll.edu/aris/publications/2008-2를 참고하기 바란다.

366쪽 하느님에 대한 믿음의 공유가 우리를 같은 미국인으로~: Jacoby (2004).

369쪽 1797년에 선포된 트리폴리 조약 11조에서 알 수 있듯~: Niose (2012).

370쪽 그러므로 미국인본주의자협의회 전 회장인 데이비드 니오스가~: 위의 책, 54.

373쪽 율리시즈 그랜트 대통령이 1875년에 선언한 것처럼~: Berlinerblau (2012), 85 재인용.

373쪽 로널드 레이건 대통령이 100년이 지난 1984년에~: "Ronald Reagan on Separation of Church and State," Atheist Revolution, atheistrev.com/2012/03/ronald-reagan-on-separation-of-church.html 재인용.

373쪽 사실 엄밀히 말해서 제퍼슨식의 정치적인 무종교주의는~: Berlinerblau (2012).

373쪽 하지만 이런 상태를 획득하는 것은 쉬운 일이~: 위의 책, 89.

374쪽 종교가 없으면 보이스카우트나~: Hammer 외. (2012).

377쪽 무신론자들은 흔히 분노에 젖은 어투를 구사한다고~: "The God Debate," Newsweek, April 9, 2007, web.archive.org/web/20100328002309/http://www.newsweek.com/id/35784/page/1.

378쪽 그러므로 크리스토퍼 히친스를 존경하기는 하지만~: Hitchens (2007).

378쪽 알랭 드 보통은 그의 멋진 저서~: de Botton (2012).

379쪽 사회심리학자 밥 알트미어가 인정한 것처럼~: Altemeyer (2010).

379쪽 확실히 종교가 매력적이고 보람 있다고 느끼는 이들은~: McGowan, ed. (2007)

참고문헌

Abrams, Daniel M., Haley A. Yaple, and Richard Wiener. 2011. "A Mathematical Model of Social Group Competition With Aplication to the Growth of Religious Non-Affiliation." *Physical Review Letters*, no. 8:id. 088701.

Ahlin, Lars. 2005. *Pilgrim, Turist Eller Flykting? En Studie av Individuell Religiös Rörlighet i Senmonderniteten*. Stockholm: Brutus Östlings Bokförlag Symposium.

Ai, A.L., et al. 2005. "Wartime faith-based reactions Among Traumatized Kosovar and Bosnian Refugees in the United States." *Mental Health, Religion, and Culture* 8: 291-308.

Allen, Norm R., Jr., ed. 1991. *African-American Humanism: An Anthology*. Buffalo, NY: Prometheus.

Altemeyer, Bob. 2009. "Non-Belief and Secularity in North America." *In Atheism and Secularity*, vol. 2, edited by Phil Zuckerman, Santa Barbara, CA: Praeger.

Altemeyer, Bob and Bruce Hunsberger. 1997. *Amazing Conversions: Why Some Turn to Faith and Others A band on Religion*, Amhert, New York: Prometheus.

Antony, Louise, M., ed. 2007. *Philosophers Without Gods: Meditations on Atheism and the Secular Life*. New York: Oxford University Press.

Armfield, Greg G., and R. Lance Holbert. 2003. "The Relationship Between Religiosity and Internet Use." *Journal of Media and Religion* 2, no.3: 129-144.

Bagg, Samuel and David Voas. 2010. "The Triumph of Indifference: Irreligion in British

Society." in *Atheism and Secularity*, vol.2, edited by Phil Zuckerman. Santa Barbara, CA: Praeger.

Baggett, Jerome. 2011. "Protagoras's Assertion Revisited: American Atheism and Its Accompanying Obscurities." *Implicit Religion* 14, no.3: 257–93.

Baggini, Julian. 2003. Atheism: A Very Short Introduction. New York: Oxford University press.

Baier, Kurt. 2008 [1957]. "The Meaning of Life." in *The Meaning of Life: A Reader*, edited by E. D. Klemke and Steven M. Cahn. New York: Oxford University Press.

Bainbridge, William Sims. 2005. "Atheism." *Interdisciplinary Journal of Research on Religion* 1: 2–26.

Baker, Joseph and Buster Smith. 2009a. "The Nones: Social Characteristics of the Religiously Unaffiliated." *Social Forces* 87, no.3: 1251–63.

_____. 2009b. "None Too Simple: Examining Issues of Religious Nonbelief and Nonbelonging in the United States." *Journal for the Scientific Study of Religion* 48, no.4: 719–33.

Barker, Dan. 2009. *Godless: How an Evangelical Preacher Became One of America's Leading Atheists*. New York: Ulysses Press.

Barrett, Justin L. 2012. *Born Believers: The Science of Children's Religious Belief*. New York: Free Press.

_____. 2004. *Why Would Anyone Believe in God?* Lanham, MD: Altamira.

Barton, Bernadette C. 2012. *Pray the Gay Away: The Extra ordinary Lives of Bible Belt Gays*. New York, NY: New York University Press.

Baynes, Norman H., ed. 1969. *Speeches of Adolf Hitler: April 1922–August 1939*. New York: Howard Fertig.

Beit-Hallahmi, Benjamin. 2010. "Morality and Immorality Among the Irreligious." in *Atheism and Secularity*, vol.1, edited by Phil Zuckerman. Santa Barbara, CA: Praeger.

_____. 2007. "Atheists: A Psychological Profile." in *The Cambridge Companion to Atheism*, edited by Michael Martin. New York: Cambridge University Press.

Beit-Hallahmi, Benjamin and Michael Argyle. 1997. *The Psychology of Religious Behavior, Belief, and Experience*. London: Routledge.

Bellah, Robert. 2003. "The Ritual Roots of Society and Culture." In *Handbook of the Sociology of Religion*, edited by MicheleDillon. New York: Cambridge University Press.

Bengtson, Vern L., with Norella Putney and Susan Harris. 2013. *Families and Faith: How Religion is Passed Down Across Generations*. New York: Oxford University Press.

Berger, Peter, Grace Davie, and Effie Fokas. 2008. *Religious America, Secular Europe? A Themeand Variations*. Burlington, VT: Ashgate.

Bering, Jesse. 2010. *The God instinct: The Psychology of souls, destiny and the meaning of life*. London: Nicholas Brealey.

Berlinerblau, Jaques. 2012. *How to be Secular: A Call to Arms for Religious Freedom*. New York: Houghton Mifflin Harcourt.

Bibby, Reginald W., 2002. *Restless Gods: The Renaissance of Religion in Canada*. Toronto: Stoddart.

Bloom, Paul. 2012. "Religion, Morality, Evolution." *Annual Review of Psychology* 63: 179-99.

Boehm, Christopher. 2012. *Moral Origins: The Evolution of Virtue, Altruism, and Shame*. New York: Basic Books.

Bonger, W. A. 1943. *Race and Crime*. New York: Columbia University Press.

Boyer, Pascal. 2001. *Religion Explained*. New York: Basic Books.

Braun, Claude. 2012. "Explaining Global Secularity: Existential Security or Education?" *Secularism and Nonreligion* 1, 68-93.

Bremmer, Jan. 2007. "Atheism in Antiquity." in *The Cambridge Companion to Atheism*, edited by Michael Martin. New York: Cambridge University Press.

Brenneman, Robert. 2012. *Homies and Hermanos: God and Gangs in Central America*. New York: Oxford University Press.

Brinkerhoff, Merlin B., and Marlene M. Mackie. 1993. "Casting off the Bonds of Organized: A Religious-Careers Approach to the Study of Apostasy." *Review of Religious Research* 34: 235 - 58.

_____. 1985. "Religion and Gender: A Comparison of Canadian and American Student Attitudes." *Journal of Marriage and the Family* 47: 415 - 29.

Bromley, David. 1988. *Falling From the Faith: Causes and Consequences of Religious Apostasy*, Beverly Hills, CA: SAGE.

Brooks, Arthur C., and James Q. Wilson. 2007. *Who Really Cares? The Surprising Truth About Compassionate Conservatism*. New York: Basic Books.

Brown, Callum G. 2001. *The Death of Christian Britain: Understanding secularisation*. New York: Routledge.

Brown, Laurence. B., ed. 1994. *Religion, Personality, and Mental Health*. New York: Springer-Verlag.

Bruce, Steve. 2011. *Secularization. In Defence of an Unfashionable Theory*. New York: Oxford University Press.

_____. 2002. *God is Dead: Secularization in the West*. Malden, MA: Blackwell.

_____. 2001. "Christianity in Britain, R.I.P." *Sociology of Religion* 62, no.2: 191-203.

Bruce, Steve, anthony Glendinning. 2003. "Religious Beliefs and Differences." In *Devolution: scottish answers to Scottish Questions*, edited by Catherine Bromley, John Curtice, Kerstin Hinds, and Alison Park. Edinburgh University Press, 86-115.

Bruce, Tammy. 2003. *The Death of Right and Wrong*. New York: Three Rivers Press.

Burdette, Amy, M., Terrence D. Hill, and Benjamin Moulton. 2005. "Religion and Attitudes Toward Physician-Assisted Suicide and Terminal Palliative Care." *Journal for the Scientific Study of Religion* 44, no.1: 79-93.

Caldwell-Harris, Catherine. 2012. "Understanding Atheism/Non-Belief as Expected Individual-Differences Variable." *Religion, Brain, and Behavior* 2, no.1: 4-47.

Chaves, Mark. 2011. *American Religion: Contemporary Trends*. Princeton, NJ: Princeton

University Press.

Cimino, Richard and Smith, Christopher. 2011. "The New Atheism and the Formation of the Imagined Secularist Community." *Journal of Media and Religion* 10, no.1: 24-38.

_____. 2007. "Secular Humanism and Atheism Beyond Progressive Secularism." *Sociology of Religion* 68, no.4: 407-24.

Comte-Sponville, André. 2006. The Little book of Atheist Spirituality. Translated by Nancy Huston. New York: Viking.

Connors, John. F., Richard C. Leonard, and Kenneth E. Burnham. 1968. "Religion and Opposition to War Among College Students." *Sociological Analysis* 29: 211-19.

Cornell, Svante. 2006. *The Politicization of Islam in Aerbaijan*. Central Asia-Caucasus Institute Silk Road Studies Program, October. www.silkroadstudies.org/new/docs/silkroadpepers/0610Azer.pdf.

Cota-McKinley, Amy, William Douglas Woody, and Paul A. Bell. 2001. "Vengeance: Effects of Gender, Age, and Religious Background." *Aggressive Behavior* 27: 343-50.

Cottone, John, Philip Drucker, and Rafael Javier. 2007. "Predictors of Moral Reasoning: Components of Executive Functioning and Aspects of Religiosity." *Journal for the Scientific Study of Religion* 46, no.1: 37-53.

Couprie, Dirk L., Robert Hahn, and Gerard Naddaf. 2003. *Anaximander in Context: New Studies in The Origins of Greek Philosophy*. Albany: State University of New York Press.

Cragun, Ryan T. 2013. *What you Don't Know About Religion (But Should)*. Durham, NC: Pitchstone Publishing.

Cragun, Ryan T., et al. 2012. "On the Receiving End: Discrimination Toward the Non-religious in the United States." *Journal of Contemporary Religion* 27, no.1: 105-27.

Crockett, Alasdair and David Voas. 2006. "Generations of Decline: Religious Change in 10th Century Britain." *Journal for the Scientific Study of Religion* 45, no.4: 567-84.

Croog. Sydney H., and Sol Levine. 1972. "Religious Identity and response to serious illness: A Report on Heart Patients." *Social Science and Medicine* 6: 17-32.

Dashefsky, Arnold, Bernard Lazerwitz, and Ephraim Tabory. 2003. "A Journey of the 'Straight Way' or the 'Roundabout Path': Jewish Identity in the United States and Israel." in *Handbook of the Sociology of Religion*, edited by Michele Dillon, New York: Cambridge University Press.

Davidman, Lynn. 1993. *Tradition in a Rootless World: Women Turn to Orthodox Judaism*. Berkeley, CA: University of California Press.

Davie, Grace. 1990. "Believing Without Belonging: Is This the Future of Religion in Britain?" *Social Compass* 37, no.4: 455-69.

de Botton, alain. 2012. *Religion for Atheists: A Non-believer's Guide to the Uses of Religion*. New York: Pantheon.

Delamontagne, R. Georges. 2010. "High Religiosity and Societal Dysfunction in the United States during the First Decade of the Twenty-First Century" *Evolutionary Psychology* 8, no.4: 617-57.

DeLeeuw, Jan, et al. 2007. "Support for Animal Rights as a Function of Belief in Evolution and Religious Fundamentalism." *Animals and Society* 15: 353-63.

Demerath, Nicholas Jay. 2000. "The Rise of 'Cultural Religion' in European Christianity: Learning from Poland, Northern Ireland, and Sweden." *Social Compass* 47, no.1: 127-39.

Dennett, Daniel and Linda LaScola. 2010. "Preachers Who are not Believers." *Evolutionary Psychology* 8, no.1: 122-50.

De Vaus, David, and Ian McAllister. 1987. "Gender Differences in Religion: A Test of Structural Location Theory." *American Sociological Review* 52, no.4: 480.

De Waal, Frans. 2013. *The Bonobo and the Atheist: In Search of Humanism Among Primates*. New York: W.W. Norton.

_____. 1997. *Good Natured: The Origins of Right and Wrong in Humans and Other Animals*. Harvard University Press.

Dewey, John. 1929. *The Quest for Certainty*. New York: Minton, Balach.

Didyoung, Justin, Eric Charles, and Nicholas Rowland. 2013. "Non-Theists Are No Less Moral Than Theists: Some Preliminary Results." *Secularism and Nonreligion* 2: 1-20.

Diener, Ed, Louise Tay, and David Myers. 2011. "The Religion Paradox: If religion Makes People happy, Why are so Many Dropping Out?" *Journal of Personality and Social Psychology* 101, no.6: 1278-90.

Douglas, Emily. 2006. "Familial Violence Socialization in Childhood and Later Life Approval of Corporal Punishment: A Cross-Cultural Perspective." *American Journal of Orthopsychiatry* 76, no.1: 23 - 30.

Dubach, Alfred. 2009. "The Religiosity Profile of European Catholicism." in What the World Believers, edited by Martin Rieger. Gütersloh, Germany: Bertelsmann Stiftung.

Durkheim, Emile. 1965 [1912]. *The Elementary Forms of the Religious Life*. New York: The Free Press.

Eckhardt, K. W. 1970. "Religiosity and Civil Rights Militancy." *Review of Religious Research* 11, no.3: 197-203.

Edgell, Penny, Joseph Gerteis and Douglas Hartmann 2006. 'Atheists as 'Other': Moral Boundaries and Cultural Membership in American Society.' *American Sociological Review* 71: 211 - 34.

Efron, Noah. 2003. *Real Jews: Secular vs. Ultra-Orthodox and the Struggle for Jewish Identity in Israel*. New York: Basic Books.

Eliade, Mircea. 1968. *The Sacred and the Profane: The Nature of Religion*. New York: Harvest.

Eller, Jack David. 2010. "What is Atheism?" in *Atheism and Secularity*, vol.1, edited by Phil Zuckerman. Santa Barbara, CA: Praeger.

Ellison, Christopher. 1996. "Conservative Protestantism and the Corporal Punishment of Children: Clarifying the Issues." *Journal for the Scientific Study of Religion* 35, no.1: 1-16.

Ellison, Christopher and Darren Sherkat 1993. "Conservative Protestantism and Support for Corporal Punishment." *American Sociological Review* 58: 131 – 44.

_____. 1993b. "Obedience and Autonomy: Religion and Parental Values Reconsidered."
Journal for the Scientific Study of Religion 32, no.4: 313-29.

Epstein, Greg. 2005. *Good Without God: What a Billion Nonreligious People Do Believe*.
New York: William Morrow.

Eungi, Kim. 2003. "Religion in Contemporary Korea: Change and Continuity." *Korea Focus*,
July-Auguest: 133 – 46.

Everett, Daniel. 2008. *Don't Sleep, There are Snakes: Life and Language In the Amazonian
Jungle*. New York: Vintage.

Fajnzylber, Pablo, Daniel Lederman and Norman Loatza. 2002. "Inequality and Violent
Crime." *Journal of Law and Economic* 45, no.1: 1 – 40.

Farias, Miguel, and Mansur Lalljee. 2008. "Holistic Individualism in the Age of Aquarius:
Measuring Individualism/Collectivism in New Age, Catholic, and Atheist/Agnostic
Groups." *Journal for the Scientific Study of Religion* 47, no.2: 277-89.

Flynn, Tom. 2012. "Does Secular Humanism Have a Political Agenda?" *Free Inquiry* 32,
no.6: 18-21.

Fox, James and Jack Levin. 2000. *The Will to Kill: Making Sense of Senseless Murder*.
Boston: Allyn and Bacon.

Froese, Paul. 2008. *The Plot to Kill God: Findings from the Soviet Experiment in
Secularization*. Berkeley: University of California Press.

Froese, Paul, Christopher Bader, and Buster Smith. 2008. "Political Tolerance and God's
Wrath in the United States." *Sociology of Religion* 69, no.1: 29-44.

Freud, Sigmund. 1927. *The Future of an Illusion*. New York: W.W. Norton.

Furnham, Adrian, Nicholas Meader and Alastair McClelland. 1998. "Factors Affecting
Nonmedical Participants' Allocation of Scarce Medical Resources." *Journal of Social
Behavior and Personality* 13, no.4: 735 – 46.

Galen, Luke W. 2009. "Profiles of the Godless: Results From a Survey of the Nonreligious."
Free Inquiry 29, no.5: 41-45.

Gall, Terry Lynn, Rosa Maria Miguez de Renart, and Bonnie Boonstra. 2000. "Religious
Resources in Long-Term Adjustment to Breast Cancer." *Journal of Psychosocial
Oncology* 18, no.2: 21-37.

Gay, David A., and Christopher G. Ellison. 1993. "Religious Subcultures and Political
Tolerance: Do Denominations Still Matter?" *Review of Religious Research* 34, no.2:
311-32.

Geertz, Armin and Guðmundur Ingi Markússon. 2010. "Religion Is Natural, Atheism Is Not:
On Why Everybody Is Both Right and Wrong." *Religion* 40, no.3: 152-65.

Gervais, Will, Azim Shariff, and Ara Norenzayan. 2011. "Do You Believe in Athiests?
Distrust is Central to Anti-Atheist Prejudice." *Journal of Personality and Social
Psychology* 101, no.6: 189-206.

Gil, Robin, C. Kirk Hadaway and Penny Long Marler. 1998. 'Is Religious Belief Declining in
Britain?' *Journal for the Scientific Study of Religion* 37, no.3: 507 – 16.

Gilman, Charelotte Perkins. 2003 [1922]. *His Religion and Hers*. Walnut Creek, CA: AltaMira.

Gingrich, Newt. 2010. *To Save America: Stopping Obama's Secular-Socialist Machine*. Washington, DC: Regnery.

Golumbaski, Denise. 1997. "Appendix: 1997 Federal Bureau of Prisons from Denise Golumbaski, as Formatted in Fice/Swift." In "Prison Incarceration and Religgious Preference," adherents.com/misc/adh_prison.html#altformat.

Greeley, Andrew and Michael Hout. 2006. *The Truth About Conservative Christians: What They Think and What They Believe*. Chicago: University of Chicago Press.

Grotenhuis, Manfred Te, and Peer Scheepers. 2001. 'Churches in Dutch: Causes of Religious Disaffiliation in the Netherlands, 1937-1995.' *Journal for the Scientific Study of Religion* 40, no.4: 591 - 606.

Guth, James, et al. 2005. "Faith and Foreign Policy: A View From the Pews." *Review of Faith and International Affairs* 3: 3 - 10.

Hall, Deborah, David Matz, and Wendy Wood. 2009. "Why Don't We Practice What we Preach? A Meta-Analytic Review of Religious Racism." *Personality and Social Psychology Review* 14, no.1: 126-39.

Halman, Loek. 2010. "*Atheism and Secularity* in the Netherlands." In *Atheism and Secularity*, vol.2, edited by Phil Zuckerman. Santa Barbara, CA: Praeger.

Hamil-Luker, Jenifer, and Christian Smith. 1998. "Religious Authority and Public Opinion on the Right to Die." *Sociology of Religion* 59, no.4: 373-91.

Hamilton, Richard F. 1968. "A Research Note on the Mass Support for 'Tough' Military Initiatives." *American Sociological Review* 33, no.3: 439-45.

Hammer, Joseph, et al. 2012. "Forms, Frequency, and Correlates of Perceived Anti-Atheist Discrimination." *Secularism and NonrReligion* 1: 43-67.

Harper, Marcel. 2007. "The Stereotyping of Nonreligious People by Religious Students: Contents and Subtypes." *Journal for the Scientific Study of Religion* 46, no.4: 539 - 52.

Harris, Sam. 2004. *The End of Faith*. New York: W. W. Norton.

Hayden, J. J. 1991. "Rheumatic Disease and Chronic Pain: Religious and Affective Variables." Paper presented at the annual convention of the American Psychological Association, San Francisco, CA, August 18.

Hayes, Bernadette. 1995. "Religious Identification and Moral Attitudes: The British Case." *British Journal of Sociology* 46, no.3: 457 - 74.

Hecht, Jennifer Michael. 2004. Doubt: A History. New York: HarperCollins.

Heiner, Robert. 1992. "Evangelical Heathens: The Deviant Status of Freethinkers in Southland." *Deviant Behavior* 13, no.1: 1-20.

Herman, Judith. 1997. *Trauma and Recovery*. New York: Basic Books.

Hertel, Bradley. 1998. "Gender, Religious Identity, and Work Force Participation." *Journal for the Scientific Study of Religion* 27, no.4: 574-92.

Hervieu-Léger, Danièle. 2000. *Religion as a Chain of Memory*. New Brunswick, NJ:

Rutgers University Press.

Hitchens, Christopher. 2007. *God Is Not Great: How Religions Poisons Everything*. New York: Twelve.

_____, ed. 2007. Editor. *The Portable Atheist: Essential Readings for the Nonbelievers*. New York: Da Capo.

Hoffman, John P., and Alan S. Miller. 1997. "Social and Political Attitudes Among Religious Groups: Convergence and Divergence Over Time." *American Sociological Review* 36, no.1: 52-70.

Hood, Ralph, Peter Hill, Bernard Spilka. 2009. *The Psychology of Religion*. New York: Guilford Press.

Hout, Michael, and Claude S. Fischer. 2002. "Why More Americans Have No Religious Preference: Politics and Generations." *American Sociological Review* 67, no.2: 165-91.

Hout, Michael, and Claude S. Fischer, and Mark Chaves. 2013. "More Americans Have No Religious Preference: Key Findings From the 2012 General Social Survey." Institute for the Study of Societal Issues, University of California, Berkeley.

Hunsberger, Bruce and Bob Altemeyer. 2006. *Atheists: A Ground breaking Study of America's Nonbelievers*. Amherst, NY: Prometheus.

Hunter, James Davison. 1990. "The Williamsburg Charter Survey: Methodology and Findings." *Journal of Law and Religion* 8, nos.1-2: 257-72.

Hwang, Karen. 2008. "Atheists With Disabilities: A Neglected Minority in Religion and Rehabilitation Research." *Journal of Religion, Disability, and Health* 12, no.2: 186-92.

Hwang, Karen, Jospeh Hammer, and Ryan Cragun. 2011. "Extending Religion-Health Research to Secular Minorities: Issues and Concerns." *Journal of Religion and Health* 50, no.3: 608-22.

Ingelhart, Ronald, Pippa Norris and Christian Welzel. 2003. "Gender Equality and Democracy." In *Human Values and Social Change*, edited by Ronald Inglehart, 91-116. Boston: Brill.

Inglehart, Ronald, et al. 2004. *Human Beliefs and Values: A Cross-Cultural-Source-book Based on the 1999-2002 Values Surveys*. Mexico City: Siglo Veintiuno Editores.

Jackson, Lynne M., and Bruce Hunsberger. 1999. "An Intergroup Perspective on Religion and Prejudice." *Journal for the Scientific Study of Religion* 38, no.4: 509-23.

Jacoby, Susan. 2004. *Freethinkers: A History of American Secularism*. New York: Metropolitan Books.

Jenkins, Philip. 2013. "A Secular Latin America?" *Christian Century*, March 12.

Jenks, Richard J. 1986. "Perceptions of Two Deviant and Two Nondeviant Groups." *Journal of Social Psychology* 126, no.6: 783-90.

Jensen, Gary F. 2006. "Religious Cosmologies and Homicide Rates Among Nations." *Journal of Religion and Society* 8: 1-13.

Kanazawa, Satoshi. 2010. "Why Liberals and Atheists Are More Intelligent." *Social*

Psychology Quarterly 73, no.1: 33-57.

Kelly, James. 1997. *Skeptic in The House of God*. New Brunswick, NJ: Rutgers University Press.

Kennedy, James, Robert Davis, and Bruce Taylor. 1998. "Changes in Spirituality and Well-Being Among Victims of Sexual Assault." *Journal for the Scientific Study of Religion* 37, no.2: 322-28.

Keysar, Ariela. 2013. "Freedom of Choice: Women and Demography in Israel, France, and the US." paper presented at the "Secularism on the Edge" Conference, Georgetown University, Washing, DC, February 20-22.

Keysar, Ariela and Juhem Navarro-Rivera. 2013. "A World of Atheism: Global Demographics." in *The Oxford Handbook of Atheism*, edited by Stephen Bullivant and Michael Ruse. Oxford: Oxford University Press.

King, Barbara. 2007. *Evolving God: A Provocative View of the Origins of Religion*. New York: Doubleday.

Klemke, Elmer D., and Steven M. Cahn. 2008. *The Meaning of Life: A Reader*. New York: Oxford University Press.

Kohlberg, Lawrence, Charles Levine, and Alexandra Hewer. 1983. *Moral Stages: A Current Formulation and a Response to Critics*. Basel: Karger.

Kosmin, Barry. 2013. "The Vitality of Soft Secularism in the U.S. and the Rise of the Nones." Paper presented at the "Secularism on the Edge" Conference, Georgetown University, Washington, DC, Febuary 20-22.

Kosmin, Barry, et al. 2009. *American Nones: The Profile of the No Religion Population*. Hartford, CT: Trinity College. commons.trincoll.edu/aris/files/2011.08/NONES_08.pdf

Krause, Neal, et al. 2001. "Chruch-Based Social Support and Religious Coping." *Journal for the Scientific Study of Religion* 40, no.4: 637-56.

Kurtz, Paul. 1994. *Living Without Religion: Eupraxophy*. Amherst, NY: Prometheus.

Laden, Anthony Simon. 2007. "Transcendence Without God: On Atheism and Invisibility." in *Philosophers Without Gods: Meditations on Atheism and the Secular Life*, edited by Louise M. Antony. New York: Oxford University Press.

Law, Stephen. 2011. *Humanism: A Very Short Introduction*. New York: Oxford University Press.

Le Poidevin, Robin. 2010. *Agnosticism: A Very Short Introduction*. New York: Oxford University Press.

Lewy, Guenter. 2008. *"If God is Dead, Everything is Permitted?"* New Brunswick, NJ: Transaction.

Lim, Chaeyoon, Carol MacGregor, and Robert Putnam. 2010. "Secular and Liminal: Discovering Heterogeneity Among Religious Nones." *Journal for the Scientific Study of Religion* 49, no.4: 596-618.

Linneman, Thomas J., and Margaret Clenenden. 2009. "Sexuality and the Secular." in *Atheism and Secularity*, vol.1, edited by Phil Zuckerman. Santa Barbara, CA:

Praeger.

Lucretius. *On the Nature of Things*, translated and edited by Anthony M. Esolen. Baltimore: Johns Hopkins University Press.

McCullough, Michael, and Timothy Smith. 2003. "Religion and Health: Depressive Symptoms and Mortality as Case Studies." In *Handbook of the Sociology of Religion*, edited by Michele Dillon. New York: Cambridge University Press.

McCright, Aaron M., and Riley E. Dunlap. 2011. "The Politicization of Climate Change and Polarization in the American Public's Views of Global Warming, 2001-2010." *Sociological Quarterly* 52, no.2: 155-94.

McGowan, Dale. 2013. "Humanism and the Big Problem." In *What s Humanism and Why Does It Matter?*, edited by Anthony Pinn. Durham, NC: Acumen.

———. 2007. "Seven Secular Virtues: Humility, Empathy, Courage, Honesty, Openness, Generosity, and Gratitude." In *Parenting Beyond Belief*, edited by Dale McGowan. New York: Amacom.

———, ed. 2007. *Pareting Beyond Belief*. New York: Amacom.

McIntosh, Daniel N., Roxane C. Silver, and Camille B. Wortman. 1993- "Religion's Role in Adjustment to a Negative Life Event: Coping with the Loss of a Child." *Journal of Personality and Social Psychology* 65, no. 4: 812-21.

Maisel, Eric. 2009. *The Atheist's Way: Living Well Without Gods*. Novato, CA: New World Library.

Malkin, Yaakov. 2007. *Epicurus and Apikorsim: The Influence of the Greek Epicurus and Jewish Apikorsim on Judaism*. Detroit: Milan Press.

Mannheim, Ralph, ed. 1999. *Mein Kampf*. New York: Mariner.

Manning, Christel. 2010. "Atheism, Secularity, the Family, and Children." In *Atheism and Secularity*, vol.1, edited by Phil Zuckerman. Santa Barbara, CA: Praeger.

Marler, Penny Long, and G. Kirk Hadaway. 2002. "Being Religious' or 'Being Spiritual' in America: A Zero-Sum Proposition?" *Jornal for the Seientifie Study of Religion* 41, no.2: 289-300.

Matlin, J. A., Wethington, E., and R. C. Kessler. 1990. "Situational Determinants of Coping and Coping Effectiveness." *Journal of Health and Social Behavior* 31, no.1: 103-22.

Mercer, Jean. 2007. "Behaving Yourself: Moral Development in the Secular Family." In *Parenting Beyond Belief*, edited by Dale McGowan. New York: Amacom.

Merino, Stephen. 2012. "Irreligious Socialization? The Adult Religious Preferences of Individuals Raised with no Religion." *Secularism and Nonreligion*, 1: 1-16.

Metskas, Amanda and August Brunsman. 2007. "Summer Camp Beyond Belief." In *Parenting Beyond Belief*, edited by Dale McGowan. New York: Amacom.

Moore, Sally Falk and Barbara G. Myerhoff, eds. 1977. *Secular Ritual*. Assen, Netherlands: Van Gorcum and Co.

Murray, Michael. 2009. "Evolutionary Explanations of Religion." in *God is Great, God is Great: Why Believing in God Is Reasonable and Responsible*, edited by William Lane Craig and Chad Meister. Downers Grove: Intervarsity Press.

Myers, David G. 1992. *The Pursuit of Happiness: Discovering the Pathway to Fulfillment, Well-Being, and Enduring Personal Joy*. New York: William Morrow.

Nall, Jeff. 2010. "Disparate Destinations, Parallel Paths: An Analysis of Contemporary Atheist and Christian Parenting Literature." In *Religion and the New Atheism*, edited by Amarnath Amarasingam, Boston: Brill.

Nelsen, Hart. 1990. "The Religious Identification of Children of Interfaith Marriages." *Review of Religious Research* 32, no.2: 122–34.

Nelsen, Hart M., and Alice Kroliczak. 1984. "Parental Use of the Threat 'God Will Punish': Replication and Extension." *Journal for the Scientific Study of Religion* 23, no.3: 267–77.

Nelson, John K. 2012. "Japanese Secularities and the Decline of Temple Buddhism." *Journal of Religion in Japan* 1, no.1: 37–60.

Neumark, Zenon. 2006. *Hiding in the Open: A Young Fugitive in Nazi-Occupied Poland*. Portland, OR: Vallentine-Mitchell.

Nielsen, Kai. 1990. *Ethics Without God*. Amherst, NY: Prometheus.

Niose, David. 2012. *Nonbeliever Nation: The Rise of Secular Americans*. New York: Palgrave Macmillan.

Nordstrom, Byron. 2000. *Scandinavia Since 1500*. Minneapolis: University of Minnesota Press.

Norris, Pippa and Ronald Inglehart. 2004. Sacred and Secular: *Religion and Politics Worldwide*. New York, NY: Cambridge University Press.

Nunn, Clyde. 1964. "Child-Control Through a 'Coalition With God,' *Child Development* 35, no2: 417–32.

Obama, Barack. 2006. *The Audacity of Hope*. New York: Crown.

Oliner, Samuel P., and Pearl M. Oliner. 1992. *The Altruistic Personality: Rescuers of Jews in Nazi Germany*. New York: Touchstone.

O'Reilly, Bill. 2006. *Culture Warrior*, New York: Broadway.

Ozment, Katherine. 2013. "Losing Our Religion." *Boston*, 51, no.1: 70–79.

Pasquale, Frank. 2010. "A Portrait of Secular Group Affiliates" in *Atheism and Secularity*, vol. 1, edited by Phil Zuckerman. Santa Barbara, CA: Praeger.

_____. 2007a. "The 'nonreligious' in the American Northwest." in *Secularism and Secularity: Contemporary International Perspectives*, edited by Barry Kosmin and Ariela Keysar. Hartford, CT: Institutefor the Study of Secularism in Society and Culture, Trinity College.

_____. 2007b. "Unbelief and Irreligion, Empirical Study and Neglect of." Entry in *The New Encyclopedia of Unbelief*, edited by Tom Flynn. Amherst, NY: Prometheus.

Paul, Gregory. 2010. "The Evolution of Popular Religiosity and Secularism: How First World Statistic S Reveal Why Religion Exists, Why it has Become Popular, and Whuy the Most Successful Democracies are the Most Secular." in *Atheism and Secularity*, vol.1, edited by Phil Zuckerman. Santa Barbara, CA: Praeger.

_____. 2009. "The Chronic Dependence of Popular Religiosity Upon Dysfunctional

Psychosociological Conditions." *Evolutionary Psychology* 7, no.3: 398-441.

_____. 2005. "Cross-National Correlations of Quantifiable Societal Health With Popular Religiosity and Secularism in the Prosperous Democracies." *Journal of Religion and Society* 7: 1-17.

Pargament, Kenneth I. 1997. *The Psychology of Religion and Coping*. New York: Guilford.

Pargament, Kenneth I., et al. 1994. "Methods of Religious Coping with the Gulf War: Cross-sectional and Longitudinal Analyses." *Journal for the Scientific Study of Religion* 33, no.4: 347-61.

Pearce, Lisa and Melinda Lundquist Denton. 2010. *A Faith of their Own: Stability and Change in the Religiosity of America's Adolescents*. New York: Oxford University Press.

Peek, Charles W, Mark A. Konty, and Terri E. Frazier. 1997. "Religion and Ideological Support for Social Movements: The Case of Animal Rights." *Journal for the Scientific Study of Religion* 36, no.3: 429-39.

Petersen, L. R., and G. V. Donnennworth. 1998. "Religion and Declining Support for Traditional Beliefs About Gender Roles and Homosexual Rights." *Sociology of Religion* 59, no.4: 353-71.

Putnam, Robert D., and David E. Campbell. 2010. *American Grace: How Religion Divides and Unites Us*. New York: Simon and Schuster.

Quack, Johannes. 2012. *Disenchanting India: Organized Rationalism and Criticism of Religion in India*. New York: Oxford University Press.

Rappaport, Roy A. 1999. *Ritual and Religionin in the Making of Humanity*. Cambridge: Cambridge University Press.

Ray, Darrel W. 2013. "The Secular Therapy Project." *Free Inquiry* 33, no.4 (June/July): 31-32.

Raymo, Chet. 1999. "Celebrating Creation." *Skeptical Inquirer* 23, no.4: 21-23.

Reader, Ian. 2012. "Secularisation R.I.P.? Nonsense! The 'Rush Hour Away from the Gods' and the Decline of Religion" *Journal of Religion in Japan* 1, no.1: 7-36.

Rebhun, Uzi and Shlomit Levy. 2006. "Unity and Diversity: Jewish Identification in American and Israel 1990-2000." *Sociology of Religion* 67, no.4: 391-414.

Rees, Tomas James. 2009. "Is Personal Insecurity a Cause of Cross-National Differences in the Intensity of Religious Belief?" *Journal of Religion and Society* 11: 1-24.

_____. 2009b. "Why Some Countries are More Religious Than Others." Epiphenom, July 8. http://epiphenom.fieldofscience.com/2009/07/why-some-countries-are-more-religious.html

Regnerus, Mark, Christian Smith, and David Sikkink. 1998. "Who Gives to the Poor? The Influence of Religious Tradition and Political Location on the Personal Generosity of Americans Toward the Poor." *Journal for the Scientific Study of Religion* 37, no.3: 481-93.

Ridlye, Matt. 1998. *The Origins of Virtue: Human Instincts and The Evolution of Cooperation*. New York: Penguin.

Riis, Ole. 1994. "Patterns of Secularization in Scandinavia." in *Scandinavian Values: Religion and Moralityin The Nordic Countries*, edited by Thorleif Pettersson and Ole Riis. Uppsala: ACTA Universitatis Upsaliensis.

Rivas Titus. 2003. "The Survivalist Interpretation of Recent Studies into the Near-Death Experience." *Journal of Religion and Psychical Research* 26, no.1: 27-31.

Roermer, Michael. 2009. "Religious Affiliation in Contemporary Japan: Untangling the Enigma." *Review of Religious Research* 50, no.3: 298-320.

Rossi, Ianina and Maximo Rossi. "Religiosity: A comparison between Latin Europe and Latin America." In *The International Social Survey Programme, 1984-2009: Charting the Globe*, edited by Max Haller, Roger Jowell, and Tom W. Smith, 302-312. New York: Routledge, 2009.

Rowatt, Wade, et al. 2006. "Associations Between Religious Personality Dimensions and Implicit Homosexual Prejudice." *Journal for the Scientific Study of Religion* 45, no.3: 397-406.

Sabom, Michael. 1998. *Light and Death: One Doctor's Fascinating Account of Near-Death Experiences*. Grand Rapids, MI: Zondervan.

Sanger, Margaret, 1971 [1938]. *The Autobiography of Margaret Sanger*. Mineola, NY: Dover.

Saroglou, Vassilis. 2010. "Religiousness as a cultural adaptation of basic traits: A five-factor model perspective." *Personality and Social Psychology Review* 14, no.1: 108-125.

Schulman, Alex. 2011. *The Secular Contract: The Politics of Enlightenment*. New York: Continuum.

Schulte, Lisa and Juan Battle. 2004. "The Relative Importance of Ethnicity and Religion in Predicting Attitudes Towards Gays and Lesbians." *Journal of Homosexuality* 47, no.2: 127-41.

Shand, Jack. 1998. 'The Decline of Traditional Christian Beliefs in Germany.' *Sociology of Religion* 59, no.2: 179-84.

Shermer, Michael. 2004. *The Science of Good and Evil*. New York: Holt.

Shook, John. 2013. "With Liberty and Justice for All." *Humanist*, Janury/February, 21-24.

_____. 2010. The God Debates: A 21st Century God for Atheists and Believers(and Everyone in Between). Hoboken, NJ: Wiley-Blackwell.

Skirbekk, Vegard, Eric Kaufmann, and Anne Goujon. 2010. "Secularism, Fundamentalism, or Catholicism? The Religious Composition of the United States to 2043." *Journal for the Scientific Study of Religion* 49, no.2: 293-310.

Smidt, Corwin. 2005. "Religion and American Attitudes Toward Islam and an Invasion of Iraq." *Sociology of Religion* 66, no.3: 243-61.

Smith, Christian. 2012. "Are Humans Naturally Religious?" Paper presented at the Berkley Center for Religion, Peace, and World Affairs, Georgetown University, February 12.

Smith, Christian, et al. 2003. "Mapping American Adolescent Subjective Religiosity and Attitudes of Alienation Toward Religion: A research Report." *Sociology of Religion*

64, no.1: 111-33.

Smith, Christopher and Richard Cimino. 2012. "Atheisms Unbound: The Role of New
    Media in the Formation of a Secularist Identity." *Secularism and Nonreligion* 1: 17-
    31.

Smith, Jesse. 2011. "Becoming an Atheist in America: Constructing Identity and Meaning
    from the Rejection of Theism." *Sociology of Religion* 72, no.2: 215-37.

Solomon, Robert C. 2002. *Spirituality for the Skeptic: The Thought ful Love of life*. New
    York: Oxford University Press.

Solt, Frederick, Philip Habel, and Tobin Grant. 2011. "Economic Inequality, Relative Power,
    and Religiosity." *Social Science Quarterly* 92, no.2: 447-65.

Stark, Rodney and Roger Finke. 2000. *Acts of Faith: Explaining the Human Side of
    Religion*. Berkeley: University of California Press.

Starks, Brian and Robert V. Robinson. 2007. "Moral Cosmology, Religion, and Adult
    Values for Children." *Journal for the Scientific Study of Religion* 46, no.1: 17-35.

Steigman-Gall, Richard. 2003. *The Holy Reich*. New York: Cambridge University Press.

Straughn, Jeremy Brooke and Scott Feld. 2010. "America as a 'Christian Nation'?
    Understanding Religious Boundaries of National Identity in the United States."
    Sociology of Religion 71, no.3: 280-306.

Tamney, Joseph, Shawn Powell, and Stephen Johnson, 1989. "Innovation Theory and
    Religious Nones." *Journal for the Scientific Study of Religion* 28, no.2: 216-29.

Taylor, Robert Joseph, et al. 1996. "Black and White Differences in Religious Participation:
    A Multisample Comparison." *Journal for the Scientific Study of Religion* 35, no.4:
    403-10.

_____. 1988. "Correlates of Religious Non-Involvement Among Black Americans." *Review
    of Religious Research* 30, no.2: 126-39.

Thompson, Martie P., and Paula J. Vardaman. 1997. "The Role of Religion in Coping With
    the Loss of a Family Member to Homicide." *Journal for the Scientific Study of Religion*
    36, no.1: 44-51.

Thrower, James. 2000. Western Atheism: A Short History. Amherst, NY: Prometheus.

_____. 1980. *The Alternative Tradition: A Study of Unbelief in The Ancient World*. The
    Hauge: Mouton.

Tocqueville, Alexis de. 1969 [1835]. *Democracy in America*. Edited by J. P. Mayer. New
    York: Harper Perennial.

Trzebiatowska, Marta and Steve Bruce. 2012. *Why are Women More Religious Than Men?*
    New York: Oxford University Press.

Van Doren, Carl. 2007 [1926]. "Why I am an Unbeliever." in *The Portable Atheist*, edited
    by Christopher Hitchens, Philadelphia: Da Capo.

Voas, David. 2009. "The Rise and Fall of Fuzzy Fidelity in Europe." *European Sociological
    Review* 25, no.2: 155 - 68

Voas, David and Abby Day. 2007. "Secularity in Great Britain." in *Secularism and
    Secularity*, edited by Barry Kosmin and Ariela Keysar. Hatrford, CT: Institute for the

Study of Secularism in Society and culture, Trinity College.

Volokh, Eugene. 2006. "Parent-Child Speech and Child Custody Speed Restrictions." *New York University Law Review* 81, no.2: 631 – 733.

Wade, Nicholas. 2009. *The Faith Instinct: How Religion Evolved and Why It Endures*. New York: Penguin.

Wakefield, Eva Ingersoll, ed. 1951. *The Letters of Robert Ingersoll*. New York: Philosophical Library.

Waller, James. 2007. *Becoming Evil: How Ordinary People Commit Genocide and Mass Killing*. New York: Oxford University Press.

Walsh, A. 2002. "Returning to Normalcy." *Religion in The News*, 5, no.1: 26–28. Trincoll. edu/depts/c Srpl/rinvol5no1/returning%20normalcy.htm

Warraq, Ibn, editor. 2003. *Leaving Islam: Apostates Speak Out*. Amherst, NY: Prometheus.

Wattles, Jeffrey. 1996. *The Golden Rule*. New York: Oxford University Press.

West, Ellis M. 2006. "Religious Tests of Office-Holding". In *Encyclopedia of American Civil Liberties*, edited by Paul Finkelman, 1314 – 5. New York: Routledge.

Willson, Jane Wynne. 2007. "Humanist Ceremonies." in *Parenting Beyond Belief*, edited by DaleMcGowan. New York: Amacom.

Wilson, David Sloan. 2002. *Darwin's Cathedral: Evolution, Religion, and the Nature of Society*. Chicago: University of Chicago Press.

Winston, Hella. 2005. *Unchosen: The Lives of Hasidic Rebels*. Boston: Beacon.

Winter, Michael and Christopher Short. 1993. "Believing and Belonging: Religion in Rural England." *British Journal of Sociology* 44, no.4: 635–51.

Wittgenstein, Ludwig. 1922. *Tractatus Logico-Philosophicus*. London: Routledge and Kegan Paul.

Woerlee, G. M. 2004. "Darkness, Tunnels, and Light." *Skeptical Inquirer* 28, no.3: 28–32.

Zemore, S. E., and L. S. Kastukas. 2004. "Helping, spirituality, and Alcoholic S Anonymous in Recovery." *Journal of Studies on Alcohol* 65, no.3: 383–91.

Zucchino, David. 2013. "He Wants to be the Navy's First Humanist Chaplain" *Los Angeles Times*, August 17.

Zuckerman, Phil. 2013. "Atheism and Societal Health." In *The Oxford Handbook of Atheism*, edited by Stephen Bullivant and Michael Ruse. Oxford: Oxford University Press.

_____. 2011. *Faith No More: Why People Reject Religion*. New York: Oxford University Press.

_____. 2009a. "Atheism, Secularity, and Well-Being: How the Findings of Social Science Counter Negative Stereotypes and Assumptions." *Sociology Compass* 3, no.6: 949–71.

_____. 2009b. "Aweism." *Free Inquiry*, April/May, 52–55.

_____. 2007. "Atheism: Contemporary Numbers and Patterns." In The Cambridge *Companion to Atheism*, edited by Michael Martin. New York: Cambridge University Press.

Zuckerman, Phil, Luke Galen, and Frank Pasquale. Forthcoming. *Being Secular: What We Know About the Non-religious*. New York: Oxford University Press.

종교 없는 삶

옮긴이 | 박윤정

한림대에서 영문학 석사 과정을 마친 후 현재 번역가로 활동하고 있다. 옮긴 책으로『사람은 왜 사랑 없이 살 수 없을까』,『디오니소스』,『달라이 라마의 자비명상법』,『틱낫한 스님이 읽어주는 법화경』,『식물의 잃어버린 언어』,『생활의 기술』,『생각의 오류』,『플라이트』,『만약에 말이지』,『영혼들의 기억』,『고요함이 들려주는 것들』,『치유와 회복』,『그대의 마음에 고요가 머물기를』등이 있다.

종교 없는 삶

1판 1쇄 펴냄 2018년 9월 11일
1판 5쇄 펴냄 2022년 2월 25일

지은이 | 필 주커먼
옮긴이 | 박윤정
발행인 | 박근섭
책임편집 | 정지영
펴낸곳 | 판미동

출판등록 | 2009. 10. 8 (제2009-000273호)
주소 | 06027 서울 강남구 도산대로 1길 62 강남출판문화센터 5층
전화 | **영업부** 515-2000 **편집부** 3446-8774 **팩시밀리** 515-2007
홈페이지 | panmidong.minumsa.com

도서 파본 등의 이유로 반송이 필요할 경우에는 구매처에서 교환하시고
출판사 교환이 필요할 경우에는 아래 주소로 반송 사유를 적어 도서와 함께 보내주세요.
06027 서울 강남구 도산대로 1길 62 강남출판문화센터 6층 민음인 마케팅부

한국어판 ⓒ (주)민음인, 2018. Printed in Seoul, Korea
ISBN 979-11-5888-450-5 03100

판미동은 민음사 출판 그룹의 브랜드입니다.